École des Sciences Politiques et Sociales de l'Université de Louvain.

Les Migrations ouvrières à travers la Belgique

PAR

H. DEMAIN, S. J.

LOUVAIN
TYP. HUGUES BOMANS

1919

École des Sciences Politiques et Sociales de l'Université de Louvain.

Les Migrations ouvrières à travers la Belgique

PAR

H. DEMAIN, S. J.

LOUVAIN
Typ. Hugues Bomans

1919

« Les ouvrages publiés dans la collection de l'École des Sciences politiques et sociales de l'Université de Louvain, étant l'œuvre personnelle de leurs auteurs, n'engagent que leur seule responsabilité. »

AVIS AU LECTEUR.

En Août 1914, cet ouvrage était sous presse à Louvain, lorsqu'y éclata l'incendie général allumé par l'armée allemande. Une partie du texte manuscrit fut brûlé. Nous avons essayé d'y suppléer de notre mieux.

L'ouvrage fut réimprimé en 1915, mais l'occupation prolongée de l'ennemi nous força d'en retarder la publication,

ERRATA

Page	32	ligne 26 au lieu de lire :	479.000		lire	467.000
»	37.	» 27	»	»	contructoni	»	construction
»	43,	» 37	»	»	Boulez	»	Boulez
»	51,	» 27	»	»	guider	»	gagner
»	135, note		»	»	Travaíl	»	Travail
»	211, ligne 12		»	»	vertes	»	vertus

BIBLIOGRAPHIE.

Il existe une littérature abondante sur l'exode rural au point de vue de sa répercussion sur la situation agricole, et il n'est pas nécessaire de la mentionner ici. Nous voulons seulement indiquer un certain nombre d'ouvrages, qui apportent des éléments au problème de la migration envisagé en lui-même.

V. Brants. *Histoire des classes rurales aux Pays-Bas jusqu'à la fin du 18ᵉ siècle.* Louvain, Peeters, 1884.
L. Bertrand. *Le logement de l'ouvrier et des pauvres en Belgique.* Bruxelles, 1888.
— *Monographies agricoles du Brabant.* Bruxelles, Ministère de l'agriculture, 1896.
J. Destrée et E. Vandervelde. *Le Socialisme en Belgique.* Paris, Girard et Brière, 1898.
P. Meuriot. *Des agglomérations urbaines dans l'Europe contemporaine.* Paris, Belin, 1898.
O. Misonne. *Le Centre.* Tournai, Casterman, 1900.
E. Vandervelde. *Exode rural.* Paris, Alcan, 1903.
Ch. L'Evesque. *La mobilisation du travail et le transport des ouvriers par chemin de fer.* Paris, Guillaumin, 1905.
C. Jacquart. *Mouvement de l'État civil et de la population.* Bruxelles, Hayez, 1906.
Vermeersch et Müller, S. J. *Manuel Social.* Tome II. Louvain, Uystpruyst, 1909.
E. Mahaim. *Les abonnements d'ouvriers sur les lignes de chemin de fer belges.* Bruxelles, Misch et Thron, 1910.
P. Gemähling. *Travailleurs au rabais.* Paris, Bloud, 1910.
H. Charriaut. *La Belgique moderne.* Paris, Flammarion, 1910.

Rowntree. *How to diminish poverty.* Paris, Giard et Brière, 1910.
E. Vliebergh. *Études d'économie rurale.* Louvain, 1911.
Fr. Caillard. *Les migrations temporaires dans les campagnes françaises.* Paris, Édition du temps présent, 1912.
Bouché. *Les ouvriers agricoles.* Bruxelles, Misch et Thron, 1913.
E. Ronse. *L'Émigration saisonnière belge.* Gand, Het Volk, 1913.
E. Van Dievoet. *Le Bail à ferme en Belgique.* Louvain, Peeters, 1913.
F. Janssens. *De reizende en Uitwijkende werklieden van 't Bisdom Mechelen* (en manuscrit).
E. Vliebergh. *Het Hageland, bijdrage tot de studie der economische en sociale geschiedenis* (en manuscrit).

Revue Sociale Catholique. Avril 1909.
Bulletin mensuel des Œuvres Sociales de Tournai. VIe livraison, Juin 1909.
Recensement professionnel. Bruxelles, Ministère de l'Industrie et du Travail, 1896 et 1910.
Compte-rendu des opérations des chemins de fer. Bruxelles, Goemaere, 1914.
Rapport sur la situation agricole du Brabant présenté lors de l'Exposition Internationale de Gand, en 1913 par J. Giele, E. Warnants, L. Bessemans, agronomes de l'État, P. Van den Abeele, conférencier agricole.
Enquête sur la situation agricole dans le Canton de Jodoigne. Bruxelles, Ministère de l'Agriculture, 1913.
Rapports des Conseils de Mines.
Rapports des comités de Patronage des habitations ouvrières des Arrondissements de Liége, Charleroi, Nivelles, Tirlemont, etc...
Atlas statistique des Industries et des Métiers. Bruxelles, Ministère de l'Industrie et du Travail, 1903.

CHAPITRE I

ÉTAT DE LA QUESTION

Nous avons entrepris une étude sur les « Ouvriers migrateurs à l'intérieur du pays ».

On entend par cette appellation, la catégorie considérable de ceux qui se déplacent chaque jour, chaque semaine, ou à certaines périodes régulières, pour aller travailler dans une autre localité de la Belgique.

Nous ne nous occupons donc pas des émigrants qui au nombre de plusieurs milliers traversent nos frontières chaque année afin d'engager leurs bras et s'établir dans les divers pays d'Europe, dans notre colonie et dans les plaines agricoles de l'Amérique et de l'Australie (1).

Il ne s'agit pas davantage des émigrants temporaires, ouvriers agricoles, bûcherons et briquetiers qui s'en vont aux différentes époques de l'année au delà de nos provinces, en France — dans les régions fertiles de Seine-et-Oise et jusqu'en Puy-de-Dôme —, en Hollande, en Allemagne et dans le Grand-Duché de Luxembourg (2).

Et pour ne pas porter notre enquête sur un territoire trop vaste qui eût exigé des recherches considérables, nous nous sommes borné aux arrondissements de Louvain et de Nivelles.

D'ailleurs, les phénomènes dont nous serons témoins se répètent presque partout sous les mêmes aspects, et les

---

(1) *L'Annuaire statistique de la Belgique* (année 1913, p. 154), dans son relevé général de l'émigration, compte 19,758 belges et 16,017 étrangers.

(2) Lire à cet effet *l'Émigration saisonnière belge* par Edm. Ronse. Gand, « Het Volk », 1913.

réflexions qui surgiront sont d'application à travers le pays.

Pourquoi s'arrêter à des limites d'arrondissement puisque cette unité est purement administrative et politique ? C'est vrai, mais d'autres limites ne s'imposaient pas, et il fallait pouvoir rappeler commodément au lecteur l'endroit où nous nous trouvons.

Les arrondissements de Louvain et de Nivelles se recommandaient particulièrement à nos investigations. Situés presqu'au cœur de la Belgique, ils permettent à leurs habitants de rayonner dans les directions les plus diverses, vers les centres d'activité les plus différents. Nous en verrons dans les régions minières du Hainaut et du bassin de Liége, dans les industries manufacturières de Bruxelles, sur les quais et dans les entrepôts d'Anvers, et jusque dans les hauts fourneaux d'Athus, aux extrémités du Luxembourg.

Le pays de Louvain contient une population flamande, celui de Nivelles une population wallonne, à ce titre encore ils présentent des considérations intéressantes.

Ils comptent aussi parmi les arrondissements qui fournissent le plus fort contingent d'ouvriers aux entreprises du dehors. Nivelles, en particulier, fut des premiers à répondre à l'appel de main-d'œuvre venu des grands industriels du Hainaut.

Le monde des migrations comprend une telle diversité de personnes appartenant à des industries si variées, originaires de milieux qui ont leur psychologie spéciale, mêlées à des populations de travailleurs eux-mêmes distincts les uns des autres par leur mentalité, que nous ne pouvons songer à présenter le type de l'ouvrier migrateur. Cette individualité moyenne donnerait une conception arbitraire et fantaisiste.

Nous envisagerons plutôt la question des migrations sous les principaux aspects qui lui sont propres, abordant les points saillants, nous attardant aux réflexions dominantes, soulignant surtout les conditions pénibles qui tendent souvent à faire de l'ouvrier un être diminué, sans capacités, sans personnalité, sans force morale. Problème gros de conséquences, principalement en Belgique où le domaine des entreprises s'accroît avec tant de rapidité et où les rapports si fréquents de tous les éléments d'une population particulièrement dense augmentent d'une manière si redoutable l'action des mauvais sur les bons.

On est habitué à juger de la gravité des problèmes sociaux d'après ce qu'il en paraît. On ne s'alarme pas d'un mal public tant qu'il demeure caché. Le mouvement des migrations, ce va-et-vient continuel des campagnes vers les villes et des villes vers les campagnes, opère lentement, froidement, depuis 20 ans surtout, son œuvre de démoralisation. On sera bientôt unanime à s'apercevoir des ravages causés. Dis-moi qui tu hantes, je te dirai qui tu es. La population rurale autrefois si remarquable par sa simplicité et la pratique des meilleures vertus civiques, va chercher dans les milieux industriels, avec un salaire plus élevé, l'expérience des vices les plus dangereux, ceux qui désagrègent la famille et souillent le bonheur dans son principe. C'est l'eau belle et pure de la rivière qui passe au pied de l'usine et, contaminée, continue son chemin.

Les influences perverses sont d'autant plus meurtrières qu'elles atteignent un plus grand public, que ce public est moins préparé à y résister, et que le mal produit pénètre jusqu'au fond même de l'âme.

Nous savons bien que la vie nouvelle dans l'industrie offre au jeune homme du village, hier encore un enfant, l'occasion d'éveiller son attention, de développer des forces latentes, de mettre à l'épreuve ses énergies morales, mais à côté de ces avantages incontestables, d'autres plus fondamentaux disparaissent, l'ordre, la discipline, l'attache au passé.

Le phénomène des migrations, résultat en partie de circonstances naturelles, tournera peut-être tout à fait à bien dans une époque fort éloignée, mais nous constatons aujourd'hui le tort qu'il cause à la société.

* *

Quand on étudie l'ouvrier migrateur, les considérations se groupent autour de deux points de vue : les faits de la migration, son intensité, son étendue d'une part, et, d'autre part, les répercussions sociales qui en sont le corollaire.

Nous avons trouvé une aide indispensable dans le Recensement industriel organisé en 1910 et dont les 4 premiers volumes ont déjà été publiés (1). La première partie, volume III, indique par commune le nombre d'employés et d'ouvriers de l'Industrie et du Commerce allant travailler dans une commune autre que celle où ils habitent. Nous avons dû dégager des chiffres enregistrés ceux ayant rapport au commerce et aux diverses catégories d'employés où qu'ils soient, pour ne retenir que ceux concernant exclusivement les ouvriers migrants de l'industrie. Toutes les professions sont classées dans l'un ou l'autre poste de la nomenclature ci-jointe : industries de la pêche, des mines, des carrières, des métaux, céramiques, alimentaires, textiles, du vêtement, de la construction, du bois et de l'ameublement, des peaux et des cuirs, du tabac, du papier, du livre, d'art et de précision, des transports.

Malheureusement, dans tous les cas où moins de dix ouvriers vont travailler dans une même commune étrangère, le Recensement, tout en indiquant la localité de travail, ne désigne pas distinctement la fonction qui revient à chaque ouvrier. C'était un premier motif de désirer entreprendre une enquête spéciale.

Nous voulions également suivre chaque migrateur de plus près, nous informer de son âge, de son mode de voyage, connaître son état civil, et d'autres points connexes intéressant notre étude.

---

(1) Recensement de l'Industrie et du Commerce (31 décembre 1910), Bruxelles, J. Lebègue, 1913.

Avec la bienveillante autorisation de M. le Ministre des Chemins de fer, nous avons fait procéder à un travail semblable à celui qui avait guidé M. le professeur Mahaim dans son enquête de 1906 (1). Mais nous avons étendu le questionnaire, et au lieu de choisir comme base de nos renseignements les abonnements d'ouvriers, nous avons dirigé l'attention sur les personnes elles-mêmes auxquelles ils étaient délivrés.

Nous avons donc demandé à chaque station, halte, ou point d'arrêt des 2 arrondissements de Louvain et de Nivelles la liste des ouvriers et ouvrières qui s'étaient déplacés à la faveur des billets à prix réduits pendant le mois d'août 1913. Nous préférions ce mois car les résultats nous permettaient un rapprochement avec ceux du Recensement lequel avait été fait en décembre. En effet, la saison d'été occasionne ou intensifie des genres spéciaux d'activité, le travail de la moisson, les briqueteries à ciel ouvert, les terrassements, et ce phénomène ne pouvait nous échapper.

Le questionnaire comportait les indications suivantes : *les nom et prénom du migrant, son état civil, son domicile, sa profession dans l'industrie privée ou l'administration publique, son mode de voyage, le nombre de semaines pendant lesquelles il se déplace chaque année, la station d'arrivée et enfin la localité de travail.*

L'Administration centrale invita avec insistance les chefs de station à surveiller le travail avec tout le soin nécessaire, et renvoya maintes feuilles de renseignements dont les détails laissaient soupçonner la moindre négligence.

M. Caufriez, Directeur Général de l'Administration des Chemins de fer vicinaux voulut bien lui aussi donner des ordres à son département pour faire répondre à ce même questionnaire pour le réseau des deux arrondissements cités.

Mais les ouvriers recourent à un troisième moyen de

---

(1) E. Mahaim, *Les abonnements d'ouvriers sur les lignes de chemins de fer belges.* Bruxelles, Misch et Thron, 1910.

locomotion pour se rendre au travail, la bicyclette. Le Secrétariat du Gouverneur du Brabant nous a communiqué fort obligeamment des statistiques intéressantes à ce sujet (1).

Nous ne versons pas dans le fétichisme des statistiques quelque précises que soient les questions et le soin mis à y répondre. Les meilleures sont souvent sujettes à caution, surtout si elles sont prises sur un vaste terrain et présentent peu d'éléments de contrôle. Mais pour ne pas tomber dans le respect aveugle du chiffre, ce serait une autre erreur que de refuser aux statistiques le crédit auxquelles elles ont droit. Dans l'occurrence, elles n'ont d'autre objet que de fournir des résultats sérieux d'approximation et de souligner l'importance du jeu des migrations ouvrières.

A cette large enquête écrite, nous en avons ajouté d'autres. Les personnalités locales, témoins habituels des divers aspects du phénomène que nous voulions étudier, pouvaient nous éclairer et confirmer chacun de nos jugements. Nous avons donc traversé la région en tous sens, visitant de nombreux villages, notant les renseignements qui nous paraissaient les plus concordants et les plus sûrs.

Nous nous sommes efforcé de ne systématiser qu'à bon escient et d'éviter les généralisations hâtives. Puissions-nous avoir quelque peu réussi dans l'intérêt de l'objectivité. Quand il s'agit d'apprécier les conditions de travail et leurs répercussions sur l'hygiène physique et morale des ouvriers, s'il y a place au bon sens, il y a place aussi au pessimisme et à l'optimisme, d'après le caractère et la tournure d'esprit des juges. Tel trouvera presque normale une situation qu'un autre plus avisé estimera critique. Tout le monde cependant sera d'accord pour reconnaître l'importance du problème des migrations. Cette importance une fois reconnue, les personnes responsables seront mieux disposées à apporter leur part d'intelligence et de dévouement à la solution de cette

---

(1) Le tram électrique transporte chaque jour environ 300 ouvriers de Waterloo et de Tervueren à Bruxelles.

question où se trouvent engagés d'une façon si directe les intérêts de l'individu, de la famille et de la société.

Nous sommes redevable envers tous ceux qui nous ont aidé à former notre documentation, et nous leur en exprimons notre reconnaissance.

CHAPITRE II

HISTOIRE DE LA MIGRATION

Le mouvement des migrations rurales qui prend naissance en Belgique dans la deuxième moitié du XIXe siècle (1), s'explique par la force grandissante de l'attraction des industries sur une population agricole souffrant depuis longtemps d'un malaise économique.

Quelle était donc la situation matérielle des familles rurales à cette époque ?

Il n'y avait qu'un petit nombre de paysans qui vivaient dans une aisance relative. Une deuxième catégorie, restreinte elle aussi, ne subsistait qu'au prix de privations continuelles et avec l'aide de la charité et des bureaux de bienfaisance. La plupart se trouvaient entre ces deux extrêmes, parvenant à joindre les deux bouts de l'année, mais ne réalisant pas dans les conditions de leur existence, le bien-être et la sécurité suffisante.

Plusieurs causes très graves expliquaient ce dernier état de choses.

D'après un relevé publié dans l'*Exposé de la situation du*

---

(1) La migration n'est pas un phénomène contemporain. On connaissait au moyen âge les jeunes apprentis qui voyageaient de ville en ville pour se perfectionner dans leur métier. Après avoir donné le mot de passe, ils étaient reçus à crédit dans les auberges établies par le compagnonnage. On leur procurait du travail et on les aidait dans toutes leurs nécessités. (Cf. Martin de St Léon, *Le Compagnonnage*. Paris, Colin, 1901.) Il y avait aussi un grand nombre de colporteurs se répandant à travers les campagnes et offrant aux paysans leurs menus objets de mercerie, des ustensiles de cuisine, des articles de fantaisie. Mais ces deux formes de migration ne se présentaient qu'à l'état isolé.

Royaume (1), sur 100 exploitants en général, 16 cultivaient 5 hectares et plus, 29 cultivaient de 1 à 5 hectares, 55 mettaient en valeur moins de 1 hectare, dont 43 moins de 50 ares.

Ce morcellement très accentué empêchait les campagnards d'améliorer sensiblement leur condition de vie. Ils avaient besoin de capitaux pour remplacer et multiplier leurs instruments de culture, pour faire les travaux d'irrigation et d'assolement nécessaires, pour acheter les engrais, pour soigner l'entretien du bétail, et comment tirer ces ressources d'un petit lopin de terre dont le rendement était beaucoup moins rémunérateur alors qu'aujourd'hui. Car la Science agricole était rudimentaire. Il n'y avait pas d'enseignement technique, pas de corps d'ingénieurs nommés par le Gouvernement, pas de champs d'expérience, ni de fermes modèles, ni de primes pour le développement et l'amélioration du bétail. La culture était peu variée, on ne faisait guère le sélectionnement des semences. Les produits de l'étable étaient considérés comme appoint plutôt que comme l'objet d'un commerce. Pour l'industrie laitière, on était toujours à l'écremage spontané à air libre.

Le petit paysan n'eût pu se nourrir lui et sa famille s'il ne s'était engagé comme journalier au service d'un fermier, ou n'avait trouvé, pour lui-même ou pour sa femme, pendant la saison d'hiver, un métier à exercer à domicile.

Le Recensement industriel de 1846 indique le taux moyen des salaires des ouvriers agricoles dans le Brabant. S'ils étaient nourris à la ferme, l'homme était payé 60 centimes, la femme 44 centimes. S'ils apportaient avec eux leur pitance, ils touchaient respectivement 96 et 66 centimes.

Le Congrès de Statistique de Bruxelles tenu en septembre 1853 fit procéder à une enquête sur l'État du Budget

---

(1) *Exposé de la situation du Royaume*, Période décennale, 1841-1850, Titre IV.

des classes laborieuses à la campagne. Les chiffres qui suivent donnent la moyenne des ressources et des dépenses annuelles d'une famille ouvrière des arrondissements de Louvain et de Nivelles, famille composée du père, de la mère et de 4 enfants, dont deux en âge de travail. Cette famille n'est pas considérée comme indigente. Les moyennes sont prises respectivement sur 36 et 40 communes.

	RECETTES ANNUELLES					DÉPENSES ANNUELLES		
	Salaire moyen							
	du chef de famille	de la mère (dentelle, tissage...)	des enfants	Autres ressources	Total	des objets de nécessité	de luxe, etc.	Total
	fr. c.	fr. c.	fr. c.	fr. c.	fr. c.	fr. c.	fr. c.	fr. c.
Arr. Louvain	301 73	65 43	95 44	201 89	674 49	679 32	43 22	722 54
Arr. Nivelles	409 76	111 89	202 26	151 68	875 59	839 87	39 90	879 77

On remarque que cette catégorie de paysans, la plus nombreuse, ne pouvait, à moins d'un secours spécial, s'accorder les dépenses utiles à la vie sans grever le budget d'un déficit.

Et cependant, cette vie était fort modeste.

La plupart, surtout dans le Nord, habitaient des maisonnettes sans étage avec des toitures généralement en paille, rarement en tuiles et des murs en planches ou en lattes enduites d'argile.

Si vous parcourez le Hageland vous verrez encore quelques-unes de ces chaumières que le temps a épargnées.

L'alimentation se composait d'ordinaire : au lever, d'une bouillie de sarrazin au lait battu ; au déjeuner, vers 8 heures, d'un morceau de pain de seigle recouvert de fromage de lait battu caillé ou de saindoux ; au dîner, de pommes de terre mêlées d'un peu de graisse, et parfois de légumes ; l'après-midi, d'une tranche de pain avec du café très mélangé de chicorée ; le soir, de pommes de terre et de légumes. Quand les moissons avaient moins donné, me disait un septuagénaire de Tourinnes-la-Grosse, il n'était pas rare dans notre contrée de manger de la soupe au colza ou aux orties ou une purée de betterave à la graisse.

La viande était presque inconnue. M. Ducpétiaux, dans ses *Budgets économiques des classes ouvrières* (1) déclare que « chaque habitant du pays consomme en moyenne et par an environ 9 kilogrammes de viande. Et encore, cette moyenne si faible est-elle considérablement réduite, si l'on tient compte de la consommation spéciale des principales villes qui, d'après les relevés des octrois, absorbent annuellement plus du tiers de toute la viande produite dans le pays.

A côté des familles qui étaient censées se suffire à elles-mêmes, il y avait la catégorie des indigents. Leur nombre inscrit qui était de 401,675 en 1840, était monté dix ans plus tard à 901,456 (2), soit près du cinquième de la population.

Voici pour la province du Brabant, en particulier, les moyennes de 1848 à 1850 :

MOYENNE DES INDIGENTS INSCRITS

Villes	Communes rurales	Total
50,507	129,000	179,507

RAPPORT DU NOMBRE DES INDIGENTS A LA POPULATION

Villes	Communes rurales	Total
1 sur 4,21	1 sur 3,94	1 sur 4,02

Si encore la population rurale s'était trouvée en rapport

---

(1) Ed. Ducpétiaux, *Budgets économiques des classes ouvrières en Belgique.* Bruxelles, Hayez, 1855, p. 229.
(2) Cf. *Exposé de la Situation du Royaume* (1841-1850).

avec le revenu du sol, mais tandis que la culture demeurait routinière, les économistes constataient depuis longtemps le surpeuplement des campagnes, qui se manifestait par le prix élevé des baux (1), la concurrence des locataires, le chômage fréquent et la réduction du taux de la journée de l'ouvrier agricole.

A ces causes générales de malaise économique, il faut ajouter les épreuves très pénibles qui avaient atteint les campagnards depuis 1845. Cette année-là, la récolte des pommes de terre avait été perdue. L'année suivante, les pommes de terre étaient de nouveau gâtées, et le seigle n'avait pas grandi. En 1847, la moisson sans être mauvaise est médiocre. Et voici qu'en 1849, le choléra s'abat sur la population, et élève le chiffre des décès à 23,944 au-dessus de la moyenne. A partir de 1850, il y eut un peu de relâche, mais la culture avait de la peine à se propager, et une épidémie partielle de choléra venait de nouveau désoler les villages.

Cette période de dix ans qu'on venait de traverser, et qui avait atteint si cruellement tant de familles rurales, devait faire prendre la terre en amertune, et déjà, malgré l'amour profond pour le sol natal, on commençait à porter le regard du côté de l'industrie qui se développait, là bas, au bout du pays, et qui allait, disait-on, remédier à beaucoup de misères.

* *

En effet, dès le milieu du XIXᵉ siècle, l'industrie nationale prend un magnifique essor. Déjà le Recensement de 1846 signale que l'esprit d'initiative des Belges se porte surtout vers les opérations industrielles.

Les dirigeants des grandes entreprises encouragés par les éloges flatteurs que leur avait valu leur participation à

---

(1) L'augmentation des fermages en Belgique a été, en moyenne, pour les années 1830 à 1846 de 17,25 fr. par hectare.

l'Exposition Universelle de 1851, comprennent que pour lutter avec succès sur le terrain économique, il faut activer la production et en garantir la qualité. En produisant davantage, ils diminueraient le prix de revient, en divisant le travail et en le mécanisant, ils augmenteraient la valeur de la fabrication. L'industrie nationale ne se contentera plus de subvenir aux besoins de l'intérieur, elle s'efforcera de se faire recevoir sur les marchés du dehors. Et les dernières statistiques autorisaient de belles espérances : pendant la période décennale 1841-1850, la valeur des objets vendus à l'Étranger était montée de 75,602,000 francs à 102,162,000 francs, soit une augmentation de 35 p. c.

On assiste donc à une évolution rapide de la concentration industrielle : le métier qui absorbait 40.3 p. c. des salariés (1), s'efface de plus en plus devant la grande industrie envahissante. Les forêts de Namur et de Luxembourg qui occupaient plusieurs milliers de bûcherons, se voient délaissées par les laminoirs et les forges qui toutes vont s'installer au centre même des bassins houillers. L'industrie sidérurgique demeurée dans un état de stagnation par suite de la perte d'importants débouchés, se ressaisit et comptera en 1855, 1532 sièges d'exploitation (2). En cinq ans, elle double la production de la fonte qui est portée pendant cette même année 1855 à 8,495,835 kilogrammes contre 5,550,000 kilogrammes en 1850. A ce développement correspondait un accroissement parallèle dans l'extraction de la houille. La moyenne annuelle des ouvriers houilleurs pendant les années 1841-1845 était de 38,992 ; pendant la période 1846-1850, elle atteignait 45,839. En 1855, on en comptera 52,002 (3). A cette date, les char-

---

(1) J. Lewinski, *L'Évolution industrielle de la Belgique*, Bruxelles, Misch et Thron, 1911, p. 161.

*(2) *Annuaire statistique et historique belge*, par Aug. Scheler, Bruxelles, Jamar, 1857.

(3) En vingt ans, de 1840 à 1860, le nombre des ouvriers employés dans les mines a plus que doublé (39,150 contre 78,332). Cfr. *Exposé de la situation du Royaume* (1851-1860).

bonnages extrayent 10.000.000 de tonnes, c'est-à-dire 10 fois plus que l'Australie et autant que la France entière.

L'industrie nationale avait donc besoin d'une main-d'œuvre considérable, et la population des centres d'activité devenue insuffisante allait recevoir l'aide des ouvriers venus d'autres coins du pays.

Les Belges connaissaient l'émigration vers les pays du Continent, mais de 1841 à 1850, 50,000 seulement s'étaient expatriés de la sorte. Le Gouvernement avait, d'autre part, alloué une somme de 500,000 francs pour un essai d'émigration au delà des mers dans les régions ouest des États-Unis, dans l'Amérique centrale ou au Brésil. Mais cette fois, on se rappelait la tentative infructueuse faite en 1843 par la *Compagnie belge de colonisation* dans l'État de Guatémala (1). En réalité, les Belges éprouvaient une invincible répugnance pour l'expatriation, et s'il fallait se détacher du village natal, les paysans se résigneraient plutôt aux migrations à l'intérieur du pays. Les uns emmèneraient avec eux leur famille, et iraient s'établir au siège même du travail (2) ; les autres conserveraient leur domicile à la campagne, mais iraient travailler au dehors et reviendraient à époques régulières passer un jour auprès de leur femme et de leurs enfants.

Mais cet ébranlement-là même ne se produisit que fort lentement. Outre que le besoin du marché ne se faisait sentir que peu à peu, le paysan, quand le moment était venu de partir, se prenait à hésiter. Il commençait à apprécier les bienfaits de son genre de vie plus qu'il ne se

---

(1) La Société anonyme, *Compagnie belge de colonisation*, avait envoyé plusieurs centaines de compatriotes dans le territoire de Santo-Thomas de Guatémala. Mais la mort vint bientôt frapper un grand nombre d'émigrés, et la Compagnie ne parvenant plus à remplir les engagements qu'elle avait contractés avec le Gouvernement guatémalien fut déchue par celui-ci de ses avantages. (Cf. Ducpétiaux, op. cit., p. 293).

(2) Il en sera plus spécialement question au chapitre XI.

plaignait des souffrances qu'elle provoquait. « Lorsque nous étions petits, me disait un vieillard, une croûte de pain noir nous goûtait comme du sucre ». L'habitude de l'indigence la rendait supportable. La mère songeait aux marches forcées de son enfant pour se rendre à la mine et sur les chantiers (1), aux longues absences qui dureraient parfois 6 mois, à l'incertitude de trouver là-bas de l'ouvrage stable, sans compter le rude travail et les logements misérables dans les quartiers étroits des cités ouvrières (2).

Car la vie dans les bassins houillers n'était pas attirante: les gens avaient gardé le souvenir de la grève du Borinage en 1836, lorsque les mineurs de la Société du Flénu après avoir protesté contre les nouveaux règlements d'ordre intérieur, avaient entraîné leurs camarades et provoqué des collisions avec la troupe. Une femme avait été tuée et deux manifestants grièvement blessés. On savait que depuis cette époque une hostilité parfois très vive régnait de la part des ouvriers contre les dirigeants. Et ce n'était pas toujours sans fondement. Le truck-system, les renvois arbitraires, la besogne de surcroît sans rétribution, le travail excessif auquel les enfants étaient soumis, tout cela entretenait dans les esprits un continuel ressentiment, dont l'écho se répandait dans les campagnes.

Dans les villes, la situation générale n'était pas plus satisfaisante.

---

(1) On faisait le chemin à pied le long des grandes routes de poste, per Genappe-Gosselies-Charleroi, Gembloux Fleurus, ou par Louvain-Bruxelles. Des diligences et des malles-poste partaient chaque lundi des villes et des localités importantes, mais le prix du parcours était trop élevé pour les petites bourses.

(2) Les Bourses du travail n'existaient pas. On se fiait, pour partir, aux affirmations d'un camarade qui exagérait l'abondance des offres. Un maçon me contait qu'étant enfant, il était allé chercher de l'ouvrage dans le Borinage, que n'en trouvant pas, et n'ayant plus de quoi acheter du pain, il avait du vendre au rabais la vieille montre de famille que lui avait confié son père.

Le Collège échevinal de Bruxelles, à la séance du 2 octobre 1854, s'exprimait en ces termes : « Dans les grandes industries, les salaires suivent la loi de l'offre et de la demande : ils se mettent d'ailleurs au niveau des besoins parce qu'ils sont sujets à des variations constantes. Il en est autrement des métiers : Depuis un temps dont il serait difficile d'assigner l'origine, les maçons, les charpentiers, les menuisiers... reçoivent un salaire invariable, salaire insuffisant, et qui les force à recourir à la charité publique. Les salaires ne sont pas en harmonie avec le prix des denrées » (1). Il se rencontrait même des économistes qui proposaient le retour des ouvriers aux champs tant les logements et les conditions de vie étaient défectueux.

Faites aussi la part des caractères : le paysan flamand est peu communicatif, il est timide et craintif ; sans beaucoup de démonstration mais d'une manière bien sentie, il s'attache au sol natal et à sa famille. L'étranger n'éveille en lui ni aversion ni sympathie particulière ; il ne se laissera gagner par lui que lentement.

Le wallon, lui, est d'une trempe différente ; il est expansif, a le visage ouvert, s'accommode très facilement, grâce à sa mobilité d'esprit, aux divers milieux où il se trouve. Quand il s'agissait de partir, le flamand s'en allait sans entrain, par nécessité ; le wallon, plus enjoué pesait les ennuis mais aussi les compensations que ne manquerait pas de lui apporter le séjour au dehors.

Il est impossible de déterminer la date précise où les migrateurs temporaires commencèrent à sortir de leurs villages pour travailler. Nulle part nous n'avons pu recueillir des renseignements à ce sujet. C'est que le phénomène se produisit d'une manière insensible, et n'attira l'attention qu'après être devenu général.

Dans une enquête faite en 1845, sur l'état des habitants de la Commune de Gaesbeek (à 15 kilomètres de Bruxelles)

---

(1) Cité par Ducpétiaux, op. cit., p. 265.

où il avait fixé sa résidence d'été, le Comte J. Arrivabene demanda s'il y avait des journaliers de la localité attirés vers les manufactures de la Capitale. « Cela n'arrive pas souvent, lui fut-il répondu, parce que les gens d'ici n'ont pas les dispositions naturelles et nécessaires à ce changement d'état ». D'autre part, nous avons interrogé les vieillards que nous avons rencontrés au cours de nos visites dans les villages. Il est certain que le pays de Nivelles a connu les migrants bien avant l'arrondissement de Louvain. La région de Braine l'Alleud envoyait à Bruxelles, déjà vers 1840, des groupes de maçons allant construire les hôtels du Quartier Léopold. Il semble que c'est du Sud de la province que partirent les premiers mineurs. Sauf exceptions, les villages sis plus à l'intérieur hésitèrent longtemps à entrer dans le mouvement. Quant à la partie flamande, nous avons dit la répugnance des habitants à quitter leur terre natale. Entre deux maux, ils préféraient encore, disaient-ils, le collier de misère qu'ils portaient au foyer domestique. Ce fut vraiment l'institution en 1892 du billet à 6 déplacements pour une distance de 20 lieues, et le billet de semaine en 1896 qui popularisèrent, du moins dans les localités du Nord, le régime de la vie mixte, partie à l'industrie, partie au village.

* *

Il est plaisant de voir le Recensement Industriel de 1856 (1), si froid et si rigide par profession, sortir de sa réserve et faire le panégyrique des Chemins de fer qui se multipliaient alors sur tous les coins du territoire. Au milieu de ses éloges, il fait cette constatation que désormais les plus petits villages seront reliés aux grandes Capitales. Les voies ferrées, dit-il, permettront « aux populations patriotiques assises aux extrémités du Royaume, de

---

(1) *Recensement Industriel de 1856*. Titre IV, Chap. IV, Section II, p. 339.

venir, dans les jours de réjouissances nationales, acclamer celui dont le règne a vu s'ériger ce magnifique et impérissable monument ». On ne se doutait pas alors que non seulement à l'occasion des fêtes publiques, mais tous les jours de l'année, les chemins de fer transporteraient une multitude considérable de travailleurs ruraux vers tous les points de l'activité économique.

Le développement des communications par chemin de fer et par tram à vapeur a exercé une trop grande influence sur le mouvement des migrations temporaires pour que nous ne traitions pas ce sujet avec une certaine ampleur. Sans la facilité des transports, il est certain que le congestionnement des centres industriels aurait été poussé aux extrêmes limites.

Voici, par ordre d'ancienneté, les différentes lignes de chemins de fer qui traversent les Arrondissements de Louvain et de Nivelles avec la date de leur mise en exploitation :

Lignes de Chemin de fer	Tronçon traversant les Arrondissements de Louvain et de Nivelles	Date de la mise en exploitation du tronçon
Malines-Landen	Malines-Louvain	10/9/1837
	Louvain-Tirlemont	22/9/1837
	Tirlemont-Landen	2/4/1840
Bruxelles-Braine le Comte	........Tubize	18/5/1840
Luxembourg	La Hulpe-Gembloux	9/6/1851
Manage-Wavre	Manage-Nivelles	7/8/1854
	Nivelles-Genappe	2/12/1854
	Genappe-Court St Etienne	19/5/1855
Louvain-Fleurus	Louvain-Wavre	12/2/1855
	Wavre-Court St Etienne	13/8/1855
	Court St Etienne-Fleurus	14/8/1855
Louvain-Hérenthals	Louvain-Aerschot	23/2/1863

Aerschot-Hasselt	Aerschot-Diest	1/2/1865
Bruxelles-Louvain	Cortenberg-Louvain	2/6/1866
Namur-Tirlemont	Tirlemont-Ramillies	8/6/1867
Quenast-Clabecq	Quenast-Clabecq	22/7/1872
Bruxelles-Luttre	Waterloo-Braine l'Alleud	10/3/1874
	Braine l'Alleud-Lillois	10/4/1874
	Lillois-Luttre	1/7/1874
Tirlemont-Moll	Tirlemont-Diest	27/4/1878
Neerlinter-St Trond	Neerlinter-St Trond	4/6/1878
Tubize-Rebecq Rognon	Tubize-Rebecq Rognon	15/10/1879
Tubize-Ecaussines	Tubize-Virginal	2/1/1884
Lembecq-Braine l'Alleud	Clabecq-Braine l'Alleud	15/9/1885

Si l'on examine ce tableau de plus près, on constate que l'extension des voies ferrées coïncide précisément avec la prospérité grandissante de l'Industrie. A part l'époque des crises économiques et financières de 1846-1848 et de 1866-1870, le développement se poursuit d'une manière continue.

Qu'elles étaient les raisons qui avaient déterminé la construction d'un réseau aussi serré. Ces motifs étaient d'ordre économique et inspirées par le désir de faire bénéficier le Nord et le Sud du pays de leurs richesses respectives. Quand M. l'ingénieur Tarte, par exemple, introduisit, en 1845, une demande en concession d'un chemin de fer de Louvain à la Sambre, il voulait établir un trait d'union entre les voies navigables du bassin de la Meuse et du bassin de l'Escaut. Lorsque plus tard, en 1852, le Gouvernement fut instruit d'une nouvelle demande en concession pour relier Ostende avec Aix-la Chapelle, par Malines et Diest, la Compagnie en instance faisait valoir les fruits que recueillerait la Belgique d'un commerce international (1).

---

(1) A. De Laveleye, *Histoire des vingt-cinq premières années des Chemins de fer belges*. Bruxelles, Decq, 1862, p. 151.

On a dit dans des moments d'exaltation politique que les capitalistes en poussant à la création des voies ferrées cherchaient à accroître la demande de travail et à diminuer d'autant le taux des salaires (1). Cette tactique n'a transpiré nulle part dans les documents sur la matière et la prévision d'un mouvement intense de migration échappa certainement aux yeux les plus perspicaces (2). Le même esprit de dénigrement se manifesta plus tard lors de la création des abonnements d'ouvriers et ne repose pas sur un fondement plus solide (3).

Il n'en est pas moins vrai que la multiplication des stations tout le long des voies ferrées contribua à décider un certain nombre d'ouvriers irrésolus à abandonner le travail agricole.

STATIONS, HALTES ET POINTS D'ARRÊT

Année d'ouverture	Arronndissement de Louvain	Arrondissement de Nivelles
1837	Louvain, Vertryck, Tirlemont, Wespelaer, Thildonck, Haecht.	. . . .
1838	Esemael.	. . . .
1840	. . . . . .	Tubize.

---

(1) **Destrée** et Vandervelde, *Le Socialisme en Belgique*. Paris, Giard, 1898, p. 308.

(2) L'exposé des motifs du projet de loi, déposé à la Chambre le 15 avril 1845, en vue de la concession du chemin de fer *Charleroi-Louvain* s'exprime en ces termes : « Le chemin de fer de Louvain à la Sambre est destiné à faciliter les relations de Namur, Charleroi et du pays d'Entre Sambre et Meuse avec Louvain, Tirlemont et une partie de la Campine (V. Annales parlementaires, Session 1844-1845, p. 1399.) Dans un rapport du 11 février 1846, M. l'ingénieur Dandelin expose en détail l'utilité publique de la voie projetée *Manage à Wavre* : « .... les houilles (du Centre et du Piéton) pourront être amenées au même prix que celles du bassin de la Sambre, sur le marché de Wavre et par conséquent sur tous les marchés que le railway de Louvain à la Sambre est appelé à desservir...) Cf. Archives du Ministère des Chemins de fer.

(3) E. Mahaim, op. cit., p. 10.

1854	. . . . . .	Nivelles-Nord, La Hulpe, Genappe.
1855	Héverlé, Weert St Georges.	Rixensart, Mont Saint Guibert, Ottignies, Chastre, Court Saint Etienne, Bousval, La Roche, Villers la Ville, Marbais, Tilly, Limal, Wavre, Gastuche.
1859	Boortmeerbeek.	
1863	Rotselaer, Aerschot.	
1864	Wygmael.	
1865	Testelt, Sichem, Diest.	Orp le Grand, Jauche, Ramillies, Perwez.
1866	Cortenberg, Velthem.	
1867	Corbeek-Loo, Hérent, Hougaerde.	Jodoigne, Huppaye.
1868	Zétrud-Lumay.	
1872	Quenast.	
1874	. . . . . .	Baulers, Waterloo, Braine l'Alleud, Lillois, Nivelles-Est.
1876	Cumptich.	Grand Leez Thorembais, Florival.
1878	Drieslinter, Geet Betz, Léau.	
1879	Rebecq, Rognon.	
1880	Noirhat.	
1881	Oplinter, Hever.	
1884	. . . . . .	Blanmont, Petit Rosière, Clabecq.
1885	Budingen.	Wauthier-Braine, Braine le Château.
1886	Grimde, Vieux Héverlé.	
1887	Erps Querbs, Olmenhoek, Beyssem.	Autre Eglise, Noncelles, Hédenge.
1888	Wilsele.	Saint Jean Geest.
1889	Lovenjoul.	Genval, Profondsart. Sart Moulin.
1890	Roosbeek, Hambosch.	Thy, Fonteny, Nidérand, Ripain.
1894	Neerlinter.	
1895	. . . . . .	Céroux Mousty.

1898	. . . . . .	Bois de Nivelles.
1899	Langdorp.	Bierges.
1900	Bost.	. . . .
1901	. . . . . .	Faux.
1903	Gelrode.	. . . .
1904	Webbecom.	Basse Wavre.
1909	. . . . . .	Strichon.
1912	. . . . . .	Basse Laloux.

Ce chiffre si imposant de stations établies sur des lignes dont la plupart n'avaient qu'une importance secondaire semblerait faire accréditer cette préoccupation d'avoir voulu arracher les agriculteurs aux champs, mais il suffit de remarquer qu'alors comme aujourd'hui l'administration des chemins de fer répond aux désirs et aux exigences de la population plutôt qu'elle ne les prévient. Dans l'exposé des motifs préalable à l'installation d'un nouvel arrêt, la décision ministérielle s'appuie toujours sur la considération d'une utilité publique clairement exprimée et reconnue.

Nous avons parlé de la construction des lignes de chemin de fer et de l'échelonnement des gares le long des voies ferrées. Restait la question des abonnements d'ouvriers et des tarifs à prix réduits. Le première mesure prise pour faciliter la communication des ouvriers de la campagne avec la ville date du 8 septembre 1869, et semble être le résultat de l'émoi dont M. Kervyn de Lettenhove se fit l'écho au parlement. Les Conseils de Salubrité des principales villes, ainsi que les Commissions médicales provinciales et locales avaient signalé aux autorités publiques les conditions lamentables des logements dans les cités ouvrières. Les exemples étaient nombreux de ménages croupissant dans des rues sales et tortueuses, au milieu d'une promiscuité révoltante. Et M. Kervyn, en parlant de la population rurale travaillant dans les villes, souhaitait l'institution d'abonnements à bon marché pour les amener à retourner « chaque jour chez eux » (1). Quelques mois

---

(1) *Annales parlementaires*, Session 1869-1870, séance du 16 avril, p. 753.

plus tard, le ministre inaugurait le système des abonnements d'ouvriers.

M. Kervyn en préconisant l'usage d'abonnements, réclamait un tarif suffisamment réduit pour offrir encore à l'ouvrier un avantage pécuniaire à retourner chez lui. M. Jamar, Ministre des Travaux Publics, partageait cette manière de voir si elle pouvait être réalisée sans entraîner de perte pour les finances de l'État.

Le prix fixé au début fut donc un prix moyen, qui lui même fut l'objet de réductions successives pendant la période de 1880 à 1897 (1).

Il est impossible de déterminer l'influence de ces diverses mesures sur l'augmentation annuelle des voyageurs dans les deux arrondissements de Louvain et de Nivelles. La progression du mouvement général nous fournira au moins un point de répère.

Progression annuelle du mouvement des voyages par abonnements d'ouvriers. (2)

Année	Ouvriers	Année	Ouvriers	Année	Ouvriers
1872	803,189	1886	8,572,896	1900	48,222,239
1873	1,267,573	1887	9,623,510	1901	47,417,175
1874	1,727,436	1888	11,294,984	1902	48,578,452
1875	2,324,100	1889	12,314,642	1903	51,450,598
1876	2,553,112	1890	14,388,322	1904	52,981,114
1877	2,604,948	1891	16,209,074	1905	58,060,495
1878	3,001,172	1892	17.027.012	1906	63,444,456
1879	2,997.018	1893	18,421,374	1907	69,071,491
1880	4,266,676	1894	19,848,086	1908	65,706,770
1881	5,285,580	1895	21,375,212	1909	56,214,976
1882	6,285,984	1896	24,908,200	1910	71,866,821
1883	7,023,396	1897	30,183,821	1911	78,304,104
1884	7,402,392	1898	35,773,906	1912	85,331,237
1885	8,010,264	1899	42,267,853		

(1) *Documents parlementaires*, Chambre des Représentants, Session 1869-1870, p. 77.

(2) *Compte rendu des opérations des chemins de fer*. Exercice 1912, Bruxelles, Goemare, 1913.

Nous avons cependant un moyen indirect de vérifier l'accroissement graduel du trafic dans le Brabant, en constatant l'augmentation des trains de voyageurs. Sans doute il n'y a pas que les ouvriers qui voyagent, mais nous avons laissé hors calcul les trains qui leur étaient interdits, ou ne s'arrêtaient qu'aux principales gares. Nous pouvons ainsi nous faire une idée de la progression de la migration.

LA LIGNE DIEST-TIRLEMONT

en 1881, dessert 4 stations et fournit 5 trains de voyageurs
» 1895, » 8 » » » 6 » » »
» 1910, » 9 » » » 11 » » »

LA LIGNE LOUVAIN-FLEURUS

en 1871, dessert 14 stations et fournit 4 trains de voyageurs
» 1881, » 16 » » » 6 » » »
» 1891, » 19 » » » 7 » » »
» 1901, » 23 » » » 10 » » »
» 1911, » 23 » » » 17 » » »

LA LIGNE DIEST-LOUVAIN

en 1869, dessert 6 stations et fournit 5 trains de voyageurs
» 1900, » 7 » » » 7 » » »
» 1910, » 10 » » » 8 » » »

*
* *

Les tramways vicinaux exercent une grande influence sur la prospérité économique des districts où ils sont établis. Ils assurent des relations faciles entre les villages, accélèrent le trafic des marchandises, servent à transporter aux marchés voisins les produits agricoles, mais aussi, et c'est notre point de vue, mettent les ouvriers industriels de la campagne en communication avec le lieu du travail. Il semble bien que cette dernière considération a pesé d'un grand poids pour déterminer la construction des lignes des arrondissements de Louvain et de Nivelles.

Ces lignes sont de date relativement récente (1) :

TRAMWAYS VICINAUX	DATES DE MISE EN EXPLOITATION
Wavre-Jodoigne	1887-1889
Louvain-Jodoigne	1892
Louvain-Diest	1893
Louvain-Tervueren	1897
Courcelles-Incourt	1897
Braine l'Alleud-Wavre	1898
Haecht-Aerschot-Tirlemont	1898-1901-1905
Waterloo-Mont Saint-Jean	1901
Nivelles-Braine l'Alleud-Virginal	1903
Jodoigne-Tirlemont	1907
Malines-Aerschot	1908
Aerschot-Westerloo	1910

Dans quelle mesure ces nouvelles voies ferrées ont-elles contribué à augmenter le mouvement de migration dans les villages, nous ne pourrions le dire qu'en mettant en regard la situation d'avant la création de chacune des lignes, et celle d'après la mise en exploitation. Or, les documents font défaut pour établir cette comparaison. Aujourd'hui environ 800 ouvriers voyagent par le réseau susdit soit pour rejoindre la gare voisine soit pour se rendre directement au lieu même du travail.

Il semble que le moyen le plus adéquat de mesurer le développement de la migration temporaire serait de mettre en regard les Recensements industriels successifs. Malheureusement, antérieurement au Relevé de 1896, il n'est

---

(1) *Annuaire statistique de Belgique.* Année 1909, p. 405. — A la Séance parlementaire du 9 mai 1866, fut voté l'article unique du projet de loi relatif à la concession de chemins de fer vicinaux dans le Brabant, ainsi conçu : « Le Gouvernement est autorisé à concéder un réseau de chemins de fer destiné à relier entre elles et à la ville de Bruxelles, plusieurs villes et communes rurales situées dans la province du Brabant ... » Cfr. *Annales Parlementaires*, session 1865-6, p. 755.

pas fait de distinction entre les migrants et le reste de la population ouvrière. Le relevé de 1896 lui-même ne permet que des rapprochements incomplets avec celui de 1910. Nous voulons cependant apporter quelques indications.

		Nombre de personnes travaillant dans leur localité de résidence ou dans une localité limitrophe	Nombre de personnes travaillant dans d'autres localités (1)
Arrondissement de Louvain	en 1896	10,204	2,349
	en 1913	10,257	5,684
Arrondissement de Nivelles	en 1896	10,266	9,852
	en 1910	13,232	12,071

L'accroissement du mouvement de migration temporaire apparaîtra d'une manière plus frappante si l'on compare la force d'attraction des centres industriels en 1896 et aujourd'hui.

Les communes de l'agglomération de Charleroi, par exemple, attiraient en 1896, 6 ouvriers migrateurs de l'arrondissement de Louvain, et 1293 de l'arrondissement de Nivelles. En 1913, le nombre était monté respectivement à 900 et 1565. Bruxelles et son agglomération, en 1896, fournissait du travail à 318 et 2456 ouvriers des arrondissements susdits ; en 1913, le total était porté à 1697 et 5104.

Pour entrer dans le détail cette fois, et dans la mesure où les recherches nous autorisent, voici, à quinze ans de distance, l'emprise grandissante de la capitale et de sa banlieue sur la population travailleuse d'un certain nombre de communes.

---

(1) Les employés occupés dans l'industrie sont inclus.

— 27 —

Désignation de la Commune	Nombre d'ouvriers attirés par Bruxelles et la Banlieue	
	en 1896	en 1910 (1)
Arrondissement de Louvain		
Aerschot	1	15
Berthem	5	11
Corbeek-Loo	1	10
Cortenberg	6	24
Diest	1	22
Duysbourg	2	21
Erps-Querbs	10	36
Herent	3	2
Héverlé	4	47
Huldenberg	14	3
Kessel-Loo	11	9
Loonbeek	1	0
Louvain	51	384
Montaigu	4	6
Ottenbourg	1	42
Rhode-Ste Agathe	4	0
Sichem	2	1
Tervueren	169	325
Tirlemont	4	118
Vertrijck	1	4
Vossem	17	22
Weert-St-Georges	3	0
Wilsele	3 = 318	18 = 1140
Arrondissement de Nivelles		
Archennes	4	20
Autre Eglise	2	1
Baisy-Thy	13	13
Baulers	3	15
Beauvechain	12	3
Bierges	97	95
Bornival	2	1
Bossut-Gottechain	58	44
Bousval	9	17
Braine l'Alleud	195	490
Braine le Château	71	196
Céroux-Mousty	11	36
Chastre-Vil. Bl.	8	35
Chaumont-G.	18	18
Clabecq	7	33

(1) Les chiffres pour l'année 1910 sont très approximatifs et constituent toujours un minimum. — De ce qu'une localité compte moins de migrants pour la capitale qu'en 1896, il ne suit pas que sa migration absolue soit en baisse. D'autres sphères d'influence ont pu se former.

Désignation de la Commune	Nombre d'ouvriers attirés par Bruxelles et la Banlieue	
	en 1896	en 1910
Corroy le Grand	9	2
Cortil Noirmont	7	16
Couture St-G.	2	4
Dion le Mont	22	14
Dion le Val	6	0
Dongelberg	4	0
Genappe	24	19
Gentinnes	3	2
Genval	183	184
Glabais	13	1
Grez-Doiceau	4	9
Hamme-Mille	2	10
Haut-Ittre	2	7
Hévillers	6	39
Houtain le Val	4	0
Ittre	22	21
Jandrain J.	1	1
Jauche	1	0
Jodoigne	9	17
La Hulpe	128	138
Lasne-Ch.	79	65
Lathuy	3	23
Lillois	44	32
Limal	129	301
Limelette	53	86
Loupoigne	5	5
Maransart	22	10
Marbais	10	1
Mélin	10	56
Mellery	1	0
Monstreux	3	2
Mont St-Guibert	27	50
Nethen	74	20
Nil St-Vincent	8	22
Nivelles	44	38
Noduwez	21	0
Ohain	45	94
Oisquercq	3	10
Ophain-B-S.	2	126
Orp le Grand	2	7
Ottignies	24	98
Perwez	7	4
Plancenoit	15	18
Quenast	2	12
Ramillies-Offus	2	0
Rebecq-Rognon	2	39
Rixensart	217	125

Désignation de la Commune	Nombre d'ouvriers attirés par Bruxelles et la Banlieue	
	en 1896	en 1910
Arrondissement de Nivelles		
Rosières	68	68
Saint Jean Geest	6	9
Saint Remy Geest	9	33
Sart-Dame Av.	17	3
Tilly	1	1
Tourinnes la Gr.	8	19
Tourinnes S. L.	3	1
Tubize	36	141
Vieux-Genappe	9	15
Villers la Ville	15	15
Virginal Samme	5	11
Waterloo	246	257
Wauthier Braine	125	123
Wavre	92 = 2456	303 = 5104

Cette statistique nous permet de confirmer nos réfléxions précédentes : à la faveur des abonnements d'ouvriers à 6 déplacements, la population ouvrière de l'arrondissement de Nivelles inaugura le régime de migration quotidienne. Ce mouvement qui s'accrut d'abord très rapidement s'est ralenti depuis une dizaine d'années. La région de Louvain, au contraire, trop éloignée des bassins houillers, ne commence à intensifier la migration qu'à partir de la création des abonnements hebdomadaires. L'augmentation du nombre des migrants s'accentue fortement d'année en année.

CHAPITRE III

LA CARTE DES MIGRATIONS

Il sera plus facile de mesurer l'importance relative des migrations ouvrières dans les arrondissements de Louvain et de Nivelles, si nous offrons d'abord une vue d'ensemble du mouvement à travers la Belgique entière.

Le Recensement de l'Industrie et du Commerce effectué au 31 décembre 1910 porte sur toutes les personnes domiciliées en Belgique qui exercent une profession industrielle ou commerciale soit à titre d'exploitants, soit à titre d'employés ou d'ouvriers.

Le nombre de ces personnes se montait à 2,238,008, dont 1,561,034 hommes et 676,974 femmes (1). En rapprochant ces chiffres de celui de la population du royaume à la même époque, qui était de 7,423,784 habitants, nous constatons que 30.14 p. c. des habitants du pays exerçaient une profession dans l'industrie ou le commerce. D'une manière plus précise, si nous déduisons les enfants de moins de 12 ans qu'on a pu considérer jusqu'ici comme l'âge minimum de travail, il résulte que 56.45 p. c. des hommes et 23.88 p. c. des femmes sont occupés dans l'industrie et le commerce (2).

Mais laissons les professions commerciales — 522,763 personnes — pour n'examiner que la population industrielle, trois fois plus considérable, 1,710,161 personnes.

---

(1) Nous ne comprenons pas dans ce chiffre global les 33,034 personnes qui n'appartiennent aux groupes industriels et commerciaux qu'à titre accessoire.

(2) Cf. *Revue du Travail*, publiée par l'Office du Travail de Belgique, 30 Avril 1914.

La répartition par provinces s'établit comme suit :

Provinces	Nombre de personnes occupées dans l'industrie (1)
Anvers	203,051
Brabant	314,184
Flandre Occidentale	200,503
Flandre Orientale	265,308
Hainaut	352,067
Liége	247,665
Limbourg	28,244
Luxembourg	27,874
Namur	71,265
Le Royaume	1,710.161 (2)

De ce nombre, il nous suffira de retrancher les 439,677 personnes occupées dans l'industrie en qualité d'exploitants pour connaître l'effectif total des salariés industriels.

Ce chiffre s'élève à 1,270,484.

Rapprochons-nous maintenant directement de notre sujet et cherchons quelle place occupent dans cette récapitulation d'ensemble les ouvriers migrateurs, c'est-à-dire tous ceux qui se déplacent habituellement pour aller travailler dans une commune autre que celle où ils habitent.

Le tableau suivant indique les rapports par province.

Provinces	Nombre total des ouvriers industriels	Nombre total des ouvriers migrateurs (3)		Proport on pour cent du nombre des migrateurs à l'ensemble des ouvriers industriels recensés.
Anvers	155,218	H.	38,053	26,3
		F.	2,846	
Brabant	223,525	H.	85,010	46,4
		F.	18,601	
Flandre Occidentale	148,389	H.	28,885	24,4
		F.	7,251	

---

(1) On entend par là les exploitants et les membres de leur famille, les employés et ouvriers au travail ou chômeurs, en atelier et à domicile.

(2) Cf. *Revue du Travail*, loc. cit., p. 499.

(3) H = Hommes ; F = Femmes.

Flandre Orientale	198,752	H.	30,777		18,6
		F.	6,097		
Hainaut	275,855	H.	119,034		46,4
		F.	8,853		
Liége	189,991	H.	74,325		44
		F.	9,244		
Limbourg	15,702	H.	5,958		38,9
		F.	155		
Luxembourg	14,678	H.	7,186		49,9
		F.	97		
Namur	48,374	H.	23,712		50,8
		F.	857		
Le Royaume	1.270,484		466,941		38,4

Voici dans l'ordre d'importance le contingent d'ouvriers et d'ouvrières migrateurs occupés dans les industries ci-après :

Hommes

Industries métallurgiques		92,577
»	des mines	67,536
»	de la construction	50,805
»	des transports	44,569
»	du bois et de l'ameublement	29,395
»	textiles	27,338
»	des carrières	20,406
»	alimentaires	15,143
»	verrières	13,746
»	chimiques	11,530
»	des peaux et cuirs	8,097
»	céramiques	7,899
»	d'art et de précision	7,618
»	du livre	5,715
»	du vêtement	5,636
»	du papier	3,052
»	du tabac	1,827
»	de la pêche	51

Femmes

Industries textiles		18,776
»	du vêtement	16,317
»	chimiques	3,390
»	des mines	2,574

Industries des métaux	2,386
» verrières	2,187
» des peaux et cuirs	18,052
» du papier	1,349
» céramiques	1,104
» du tabac	947
» alimentaires	503
» du bois et de l'ameublement	665
» d'art et de précision	529
» du livre	528
» des carrières	233
» des transports	224
» de la construction	87

Le Recensement répartit toute la population des migrateurs entre 4 catégories : la première comprend les personnes qui vont travailler dans une commune limitrophe, la deuxième dans une commune du même arrondissement, la troisième dans une commune de la province, la quatrième dans une commune d'une autre province, ou à l'étranger ; mais ces personnes sont occupées ou bien dans l'industrie ou bien dans le commerce, en qualité d'employés ou d'ouvriers. Il nous est donc impossible de faire la part des ouvriers de l'industrie proprement dite.

Des calculs d'approche nous permettent cependant de faire les constatations suivantes :

1º Parmi les 479.000 ouvriers migrateurs, environ les quatre cinquièmes travaillent dans une commune limitrophe de la commune d'habitation, ou dans une commune du même arrondissement. Le cinquième restant se partage principalement entre ceux qui sont occupés dans une commune d'une autre partie du pays, ou qui s'expatrient pour quelques mois.

2º Ce sont les ouvriers des mines, des hauts-fourneaux et de la construction qui, en général, parcourent les plus longues distances pour se rendre au siège du travail. Les travailleurs les plus rapprochés du lieu de l'entreprise, outre les agglomérations alentour des usines, sont le personnel de l'industrie du vêtement, de l'alimentation et du papier.

3º La plupart des ouvriers occupés habituellement à l'étranger, — 39,695 sur 45,580 (1) — se rendent en France et se recrutent dans les provinces qui touchent à la frontière française.

*
* *

La province du Brabant, située au milieu des huit autres provinces de la Belgique, comprend, d'après le Recensement, 103,611 ouvriers migrateurs, soit près du quart de toute la population migratrice.

De ce nombre l'arrondissement de Bruxelles en possède 78,613, mais la plupart travaillent dans des communes limitrophes alentour de la Capitale.

Les arrondissements de Louvain et de Nivelles, que nous avons à étudier spécialement, en comptent respectivement 9,101 et 15,897, soit un total de 24,998, ou environ 17 p. c. de la population en âge de travail.

Par rapport à la catégorie générale des ouvriers industriels qui s'élèvent à 28,463 et à 25,219, les migrateurs fournissent la proportion de 31,7 et 63 p. c.

*
* *

Comment se répartissent les migrants d'après les professions qu'ils exercent ?

L'Office du Travail prépara en vue du Recensement une liste schématique de vingt professions industrielles où entreraient aisément toutes les occupations déclarées dans les Bulletins de ménage. Ces diverses catégories ont servi également à distribuer le nombre total des migrateurs (2).

---

(1) *Revue du Travail*, loc. cit.

(2) D'après le Recensement de l'industrie et du commerce (31 décembre 1910). Première partie, Recensement professionnel, Vol. III, Cadre IV, p. 389 et 449.

Nombre des migrateurs ouvriers -ères se rattachant à l'un des groupes des industries ci-dessous :

		de la pêche	des mines	des carrières	des métaux	céramiques	verrières	chimiques	alimentaires	textiles	du vêtement	de la construction	du bois et de l'ameublement	des peaux et des cuirs	du tabac	du papier	du livre	d'art et de précision	Entreprises publiques voies et travaux d'exploitation	Entreprises publiques ateliers et arsenaux	Entreprises privées	TOTAL
Arrondissement de Louvain	H (1)	—	967	8	1,661	230	42	605	801	9	112	1,132	642	212	79	123	118	78	1,142	457	179	8,597
	F	—	—	—	—	38	1	12	27	43	320	—	2	7	8	22	7	9	6	—	2	504
	Total	—	967	8	1,661	268	43	617	828	52	432	1,132	644	219	87	145	125	87	1,148	457	181	9,101
Arrondissement de Nivelles	H	—	600	1,445	2,793	169	448	228	291	311	95	5,021	783	213	2 492	90	32	733	458	107	14,311
	F	—	—	—	—	28	12	222	12	661	280	—	9	—	—	352	4	3	3	—	—	1,586
	Total	—	600	1,445	2,793	197	460	450	303	972	375	5,021	792	213	2 844	94	35	736	458	107	15,897
Total pour les deux Arrondissements		—	1,567	1,453	4,454	465	503	1,067	1,131	1,024	807	6,153	1,436	432	89	989	219	122	1,884	915	288	24,998

(1) H = Hommes; F = Femmes.

Étendant son enquête statistique au pays tout entier, le Recensement ne pouvait s'arrêter au détail des professions, et devait se borner à des groupements fort généraux. Mais puisque nous voulions nous rendre compte de plus près du rôle joué dans l'industrie par les ouvriers migrateurs d'une région particulière, il nous fallait refaire ce même travail, et noter la fonction exacte exercée par chacun des recensés.

Ces renseignements nous avons pu les obtenir par l'intermédiaire des gares, haltes et arrêts situés sur le réseau des chemins de fer et des tramways vicinaux dans les deux arrondissements. Chaque ouvrier en demandant un billet d'abonnement devait indiquer lui-même sa profession telle qu'on la désigne à l'atelier où il travaille.

Nous reviendrons souvent encore à ces statistiques faites, comme nous l'avons dit plus haut, pendant le mois d'août 1913, et qui ont porté sur tous les ouvriers de l'industrie qui jouissent de la taxation des abonnements à prix réduits. Il suffit pour le moment de fournir la nomenclature des différents métiers auxquels s'appliquent ces mêmes ouvriers :

Professions exercées par les ouvriers migrateurs des Arrondissements de Louvain et de Nivelles

Profession	Arr. Louvain	Arr. Nivelles	Profession	Arr. Louvain	Arr. Nivelles
Industrie des métaux			Chargeur	322	27
			Cémenteur	24	47
			Chaudronnier	27	86
Aciériste	10	—	» aide	2	2
Ajusteur	438	566	Chauffeur de clous	—	4
Allumeur	1	1	Chaufournier	—	1
Basculeur	3	—	Cisailleur	1	11
Bobineur	1	2	Couleur	6	1
Bourrelier	1	6	Coupeur de tôles	4	—
Bronzier	2	1	Coupeur de bois	1	1
Broyeur	4	—	Corroyeur	—	1
Caleur	—	1	Dresseur	1	3

Profession	Arr. Louvain	Arr. Nivelles	Profession	Arr. Louvain	Arr. Nivelles
Ecureur	1	—	Scieur	—	4
Elaqueur	—	4	Sécheur	—	4
Electricien	51	73	Serrurier	21	34
Emailleur	1	2	Soudeur	6	2
Enfourneur	—	4	Taraudeur	12	—
Estampeur	—	1	Tireur	—	1
Ferblantier	7	3	Tourneur de fer	8	105
Ferronnier	—	4	Tourneur en fer	40	15
Fondeur	33	38	Tôleur	—	1
Foreur	1	32	Tôlier	15	2
Forgeron	205	267	Toupilleur	—	4
Fraiseur	9	3	Traceur	11	16
Frappeur	2	7	Trieur de scories	17	—
Freineur	1	—	Tuyauteur	—	8
Friseur	—	1	Zingueur	4	5
Gazier	13	66	*Industrie des mines*		
Graisseur	4	2			
Gratteur	—	3	Abatteur	22	21
Grilleur	—	2	Déchargeur	1	1
Lamineur	31	89	Hiercheur	81	1
Lampiste	5	12	Houilleur	283	552
Manœuvre de cour	524	306	Mineur	1330	249
Manœuvre d'usine	859	728			
Maréchal	5	35	*Industrie de l'ameublement*		
Marqueur	2	—			
Marteleur	—	1	Ebéniste	25	27
Massier	—	22	Garnisseur	6	10
Mecanicien	28	162	Tapissier	10	6
» apprenti	—	5	Tourneur en bois	2	—
Modeleur	3	28			
Monteur	52	142	*Industrie de la construction*		
Meunier	11	8			
Mortaiseur	—	4	Ardoisier	20	102
Mouleur	46	204	Asphalteur	21	7
Nettoyeur de machines	4	1	Blanchisseur	1	5
Noyauteur	—	43	Briquetier	221	72
Outilleur	12	26	Charpentier	9	24
Peseur	3	3	» (apprenti)	—	1
Poëlier	3	2	Carreleur	13	263
Pointeur	—	1	Ouvrier carrossier	3	5
Polisseur	4	16	Jointoyeur	41	31
Porteur de voies	1	2	Maçon	269	3511
Presseur	1	1	» aide	74	568
Raboteur	2	19	Menuisier	361	619
Raffineur	—	2	Mosaïste	—	19
Riveur	8	5	Paveur	4	659
Rouleur	1	—	» aide	5	11

Profession	Arr. Louvain	Arr. Nivelles	Profession	Arr. Louvain	Arr. Nivelles
Plafonneur	151	1012	Cueilleur	10	15
» aide	20	18	Fondeur	—	5
Plombier	22	35	Porteur de canons	28	5
Puisatier	2	35	Renfourneur	27	125
Scieur	—	36	Souffleur	6	21
Industries agricoles			*Industrie du vêtement*		
Ouvrier agricole	1789	3	Ouvrier chapelier	5	—
Bouvier	2	—	Ouvrier cordonnier	59	29
Ouvrier horticulteur	2	—	Gantier	2	1
Ouvrier jardinier	38	26	Passementier	—	14
Moissonneur	171	1	Tailleur	60	50
			Tanneur	9	10
Industries d'art et de précision			Teinturier	—	7
Ouvr. bijoutier	1	—	*Transports*		
» dessinateur	—	1	Camionneur	79	41
» diamantaire	—	2	Commissionnaire	1	—
» doreur	4	1	Débardeur	48	41
» horloger	4	1	Déménageur	—	1
» orfèvre	—	1	Docker	35	1
» photographe	—	1	Transbordeur	1	1
» sculpteur	1	—	Voiturier	1	—
Industrie de l'alimentation			*Industrie du livre*		
Garçon boucher	2	—	Graveur	2	2
» boulanger	2	3	Imprimeur	16	37
» brasseur	27	12	» (apprenti)	—	1
Cuisinier	—	1	Lithographe	1	—
Confiseur	1	1	Ouvrier de papeterie	19	80
Malteur	3	2	Relieur	6	5
Ouvrier patissier	3	3	Typographe	25	61
Remouleur	3	—	» (apprenti)	—	6
Industries textiles			*Administrations publiques*		
Cotonnier	—	1	Cantonnier	2	—
Emballeur	53	49	Chauffeur de locomotives	31	77
Etireur	3	—	Facteur de poste surnumér.	4	1
Filateur	—	1	Garde-barrière	3	1
Fileur	10	116	Garde-bloc	6	3
Tisserand	1	—	Garde-cabine	10	12
Trieur de laine	1	—	Garde-excentrique	15	20
Trieur de lin	—	1	Garde-salle	1	1
			Empierreur	—	1
Industrie verrière			Huissier	—	2
Coupeur	—	7	Machiniste	6	32
			Manœuvre	175	2

Profession	Arr. Louvain	Arr. Nivelles	Profession	Arr. Louvain	Arr. Nivelles
Pontonnier	—	2	Coupeuse de verre	2	—
Porteur de télégrammes	1	2	Corsetière	8	3
Piocheur	31	40	Couturière	10	56
Poseur de voies	4	—	Cravatière	1	4
Serre-frein	3	3	Dentellière	2	2
Signaleur	10	2	Ecureuse	6	6
			Emailleuse	21	—
Divers			Emballeuse	7	17
			Femme à journée	29	35
Accordeur de piano (apprenti)	1	—	Femme de peine	—	4
Bandagiste	1	—	Fleuriste	1	1
Bûcheron	11	3	Journalière	—	4
Caoutchoutier	8	—	Laveuse de cendres	4	5
Charbonnier	4	8	Laveuse de charbon	1	—
Charron	4	18	Lavandière	—	1
Cigarier	30	2	Lessiveuse	1	—
Coiffeur	2	3	Lingère	40	9
Coupeur de tabac	—	1	Manœuvre d'usine	—	2
Coutelier	6	—	Marqueuse	2	—
Forestier	10	—	Ménagère	—	3
Journalier	2	21	Modiste	11	35
Magasinier	8	44	Moulineuse	—	1
Marbrier	—	18	Nettoyeuse de légumes	161	2
Mécanicien aviateur	—	1	Ouvr. agricole	21	—
Nettoyeur de voitures	18	14	» briquetière	14	2
Ouvrier savonnier	2	3	» fabrication d'ouate	2	—
Sellier	7	3	Ouvr. aux tuileries	2	—
» (aide)	1	—	» de papeterie	7	66
Taillandier	—	1	» diamantaire	—	1
Tonnelier	5	8	» de soierie	—	14
Trieur de chiffons	2	13	» aux filatures	—	41
Tuillier	—	11	Plumassière	1	—
Vannier	—	2	Porteuse de canons	—	2
Veilleur de nuit	2	12	Pelletière	1	—
			Piqueuse de bottines	8	—
Ouvrières			Photographe	—	1
			Posticheuse	—	1
Bonnetière	1	1	Remailleuse	1	—
Bouchonnière	—	2	Repasseuse	7	43
Brocheuse	—	1	» de chiffons	—	1
Brodeuse	14	10	Servante	1	1
Blanchisseuse	1	—	Tailleuse	47	247
Casquetière	2	—	» (apprentie)	2	5
Chapelière	—	2	Tricoteuse	11	13
Chocolatière	—	1	Trieuse de chiffons	23	118
Cigarière	1	—	Terrassière	3	—
Classeuse	1	—			
Cotonnière	1	—			

La simple lecture de ces diverses professions montre la grande variété de la main-d'œuvre, plus variée que dans la plupart des autres Arrondissements ruraux. Cela tient à la position respective de Louvain et de Nivelles qui se trouvent à une distance modérée des principaux centres de l'activité économique. En même temps, nous sommes mis en état de critiquer la réflexion émise parfois que la population des campagnes ne fournit qu'un travail rudimentaire. Les habitants des villages ne font pas, dit-on, de bons artisans, et s'ils le deviennent, ils s'empressent d'aller demeurer dans les agglomérations voisines des ateliers.

Cette réflexion est trop exclusive et s'inspire d'un dédain mal déguisé pour les campagnards. Les industries à domicile ont trouvé autrefois leurs meilleurs artisans dans les villages aussi bien que dans les villes. C'est encore dans ces localités ignorées des Flandres que se fabriquent les plus beaux gants et les dentelles les plus fines. Dans la moyenne et grande industrie, on rencontre également d'excellents ouvriers originaires de familles rurales et habitant la campagne. Les couteliers, les ébénistes, les émailleurs, les électriciens, les tourneurs en bois et en fer, les ferronniers, les mosaïstes, les souffleurs de verre, et bien d'autres, accomplissent un travail d'art et de précision, et les migrateurs sont de ceux-là.

Il est vrai cependant qu'en fait la plupart d'entre eux font du gros ouvrage.

Les aides maçons, les aides plafonneurs, les débardeurs, les manœuvres d'usine, les chargeurs, les terrassiers, les hiercheurs, les emballeurs, les piocheurs, les manœuvres de l'administration, ces ouvriers, sur un total de 24,789 que nous apportent les statistiques de 1913, en comprennent près des deux-tiers. Et nous n'avons choisi que les travailleurs les moins qualifiés.

Cette situation s'explique. Les aptitudes spéciales requises pour l'exercice d'un métier sont souvent transmises par hérédité et se développent plus favorablement dans l'atmosphère des localités industrielles où des circonstances nombreuses contribuent à entretenir le goût de la profession. Or les migrateurs appartiennent en grand nombre à des familles terriennes disséminées à travers les villages dont la vie est encore principalement agricole. Nouveaux-venus sur le marché du travail, beaucoup n'ont pas la pratique du métier ; ils n'ont ni l'agilité, ni la dextérité, ni le sens des proportions et la sureté de la main qui distinguent les anciens ouvriers des villes. Ils commettent aussi l'erreur, à ce point de vue, de partager l'année entre le travail à l'industrie, pendant les mois de l'hiver, et le travail aux champs, à l'époque de la culture des betteraves et des moissons, si bien qu'ils éparpillent en sens divers leur attention et leurs énergies (1). D'ailleurs voudraient-ils développer leurs qualités professionnelles que la distance des écoles industrielles les empêche souvent de recevoir l'initiation nécessaire.

* * *

Quelle idée doit-on se faire de la répartition des migrateurs à travers les communes de leur domicile ?

Nous savions que 25,000 migrants produisent chaque semaine un mouvement intense dans la population des deux arrondissements ? Mais sortaient-ils ensemble d'un petit groupe de localités, ou arrivaient-ils de partout à la fois ? Nous pensions qu'il serait aisé de rencontrer, au moins de-ci de-là des coins perdus sur lesquels la fabrique ou le chantier n'avaient exercé aucune emprise. Il n'en est rien. Notre enquête s'étendait sur 221 communes; eh bien, d'après le Recensement 1910, 5 communes seulement n'envoient pas d'habitants aux travaux du dehors. Cette

---

(1) Nous faisons allusion aux houilleurs et aux ouvriers d'usines métallurgiques, et nous en reparlerons plus loin, au chapitre des migrations saisonnières.

extrême diffusion de migrateurs, outre qu'elle marque la facilité de la mobilisation ouvrière en Belgique, est en même temps un indice du haut degré d'industrialisation vers lequel marche notre pays. Nous croyons intéressant de reproduire ici le nombre des migrants de chaque commune.

NOMBRE D'OUVRIERS MIGRATEURS PAR COMMUNES DE DOMICILE (1).

Arrondissement de Louvain.

Aerschot	92	Esemael	4
Bael	23	Everberg	40
Bautersem	43	Geet-Betz	7
Becquevoort	25	Gelrode	3
Beggynendyck	3	Glabbeek	8
Berthem	83	Gossoncourt	5
Betecom	3	Graesen	25
Bierbeek	95	Haecht	49
Binckom	11	Haekendover	96
Blanden	32	Halle Boyenboven	27
Boortmeerbeek	17	Hauthem St Marguerite	10
Bost	55	Hauwaert	14
Budingen	82	Heelenbosch	12
Bunsbeek	26	Herent	169
Caggevine Assent	11	Hever	8
Cappellen	1	Héverlé	660
Corbeek-Dyle	34	Hoeleden	9
Corbeek-Loo	142	Holsbeek	135
Cortenaeken	14	Hougaerde	121
Cortenberg	109	Huldenberg	5
Cortryck-Dutzel	85	Keerbergen	1
Cumptich	116	Kerkom	27
Deurne	6	Kersbeek	4
Diest	105	Kessel Loo	1171
Dormael	8	Langdorp	2
Duysbourg	38	Léau	58
Erps Querbs	65	L'Écluse	5

---

(1) Recensement 1910.

Leefdael	7	Rotselaer	165
Linden	11	Rummen	5
Louvain	1268	Schaffen	50
Lovenjoul	36	Tervueren	338
Lubbeek	35	Testelt	7
Meensel-Kieseghem	6	Thielt	14
Meerbeek	6	Thildonck	32
Melckwezer	4	Tirlemont	435
Meldert	12	Tremeloo	73
Molenbeek	2	Vaalbeek	7
Molenstede	51	Velthem	42
Montaigu	180	Vertryck	31
Neerheylissen	180	Vieux Héverlé	91
Neerlinter	136	Vissenaeken	41
Neervelp	13	Vossem	38
Neeryssche	6	Waenrode	3
Nieuwrhode	43	Webbecom	13
Oirbeek	28	Werchter	23
Opheylissen	54	Wesemael	123
Oplinter	85	Wespelaer	111
Orsmael	9	Willebringen	4
Ottenbourg	143	Wilsele	508
Pellenberg	53	Winghe St Georges	35
Rhode St Agathe	17	Winxele	84
Rhode St Pierre	33	Wommersom	86
Roosbeek	41	Zetrud Lumay	104

Arrondissement de Nivelles.

Archennes	56	Braine le Château	751
Autre Église	29	Céroux Mousty	241
Baisy-Thy	431	Chaumont Gistoux	77
Baulers	96	Clabecq	220
Beauvechain	28	Corbais	89
Bierges	132	Cortil Noirmont	119
Biez	33	Court Saint Étienne	346
Bomal	8	Corroy le Grand	4
Boulez	34	Couture St Germain	19
Bornival	13	Dion le Mont	79
Bossut Gottechain	57	Dion le Val	73
Bousval	171	Dongelberg	18
Braine l'Alleud	771	Folx les Caves	23

Geest-Gérompont	57	Nivelles	265
Genappe	113	Nodebais	40
Gentinnes	29	Noduwez	24
Genval	237	Noville sur Méhaigne	51
Glabais	127	Ohain	137
Glimes	10	Oisquercq	122
Grand Rosière	26	Ophain	375
Grez Doiceau	91	Opprebais	39
Hamme Mille	59	Orbais	19
Haut Ittre	81	Orp le Grand	56
Hévillers	157	Ottignies	546
Houtain le Val	21	Perwez	272
Huppaye	80	Piétrain	56
Ittre	508	Piétrebais	17
Jandrain	31	Plancenoit	88
Jauche	76	Quenast	127
Jauchelette	28	Ramillies	37
Jodoigne	78	Rebecq Rognon	1004
Jodoigne Souveraine	8	Rixensart	155
La Hulpe	169	Rosière	108
Lasne	248	Roux-Miroir	6
Lathuy	65	Saint Géry	35
Lillois	162	St Jean Geest	38
Limal	425	St Remy Geest	81
Limelette	184	Sart Dame Aveline	142
Linsmeau	43	Thines	32
Longueville	21	Thorembais les Béguines	23
Loupoigne	305	Thorembais St Trond	14
Malèves	11	Tilly	61
Maransart	84	Tourinnes la Grosse	129
Marbais	155	Tourinnes St Lambert	123
Marilles	33	Tubize	196
Melin	109	Vieux-Genappe	218
Mellery	72	Villers la Ville	118
Monstreux	35	Virginal Samme	282
Mont St André	25	Walhain St Paul	19
Mont St Guibert	230	Waterloo	454
Nethen	39	Wavre	700
Nil St Vincent	84	Ways	136

Nous verrons plus loin que l'intensité de ces déplacements, à un endroit donné, varie d'après la population, la situation agricole qui est faite à celle-ci ou d'après sa proximité d'un siège d'industrie ou d'une gare de communication facile. En général, toutes choses égales d'ailleurs, les groupes relativement les plus nombreux viennent des localités qui se trouvent sans industrie locale importante et en dehors de l'influence d'une région industrielle voisine. Genappe, Genval, La Hulpe, Rebecq Rognon, Rixensart et Tervueren sont, à cet égard, des exemples significatifs.

* * *

Le cas du jeune homme en âge de travail qui dirait spontanément à son père ses préférences pour telle ou telle profession que son esprit éveillé et ses aptitudes lui auraient fait découvrir, se rencontre assez rarement dans les populations rurales. Le choix du genre d'occupation auquel il s'appliquera dépend de plusieurs considérations où sa personnalité a peu de part. Voici un flamand manœuvre d'usine dans une aciérie. Vient le jour où son fils doit commencer à travailler. Le père postulera une place pour lui auprès du directeur. Le fils sera accepté et suivra. Voici la raison d'intérêt : le père qui habite les environs de Diest est houilleur dans le bassin de Liége, mais il envoie son enfant dans le bassin de Charleroi car les salaires y sont plus élevés. Ou bien encore, le village a vu passer un chef d'entreprise : il s'agit de modifier le tracé d'une route d'État qui traverse la région. Les offres seront faites, et le houilleur d'hier s'improvisera chargeur ou terrassier. Quelquefois — et cela se voit davantage dans la partie wallonne — le père est pris d'ambition pour son fils, et rêve pour lui une meilleure occupation que la sienne. Il est mineur, mais il souhaite que son enfant travaille le bois ou le fer ou devienne électricien. Ces différents facteurs, et bien d'autres, doivent produire peu à peu une certaine variété dans les professions des migrateurs d'un même village.

Voici, à cet égard, l'exemple de quelques localités prises au hasard.

Lovenjoul : — tailleur (1), meunier (1), terrassier (1), charretier (1), camionneur (1), déchargeur (1), ouvrier brasseur (6), chauffeur (1), menuisier (2), forgeron (7).

Mont St-Guibert : — mouleur (6), maçon (6), menuisier (6), fondeur (1). ajusteur (9), manœuvre d'usine (9), mécanicien (6), modeleur (2), monteur (4), houilleur (3), tailleur (1), burineur (6), tapissier (1), noyauteur (1), forgeron (4), machiniste (1), jardinier (1), chauffeur (1), lamineur (3), chapelier (1), bourrelier (1). tourneur en fer (3), camionneur (1), peintre (2).

Ramillies : — menuisier (1), maçon (4), magasinier (1), carrossier (1), peintre (1), houilleur (11), polisseur (3), cimentier (1), fondeur de verre (1), renfourneur (2), grilleur (1), débardeur (3), chauffeur (3), terrassier (4).

Villers-la-Ville : — carrier (2), ajusteur (1), manœuvre (4), maçon (78), aide-maçon (29), houilleur (2), coupeur de verre (1), tuyauteur (1), verrier (1), camionneur (1), apprenti mécanicien (1), homme de peine (1), emballeur (1), jointoyeur (3), menuisier (6), machiniste (1), électricien (1), mouleur (4), monteur (4), typographe (1), briquetier (1), tailleur de pierre (2).

Mais nous ne pouvons manquer de faire remarquer que certaines localités, et quelquefois toute une région se réservent, s'il est permis de parler ainsi, une spécialité dans le domaine des professions. Cela tient au voisinage d'un centre d'attraction important, ou bien, détail curieux, à une sorte de tradition qui s'est implantée. C'est ainsi, par exemple, que Beggijnendijck, à la frontière nord, fournit presque exclusivement des débardeurs pour le port d'Anvers ; Rillaer, des nettoyeuses de légumes pour la fabrique de conserves alimentaires de Wespelaer. C'est ainsi, d'autre part, que Hougaerde est connu non seulement pour sa bière, mais pour ses nombreux briquetiers qui se rendent chaque semaine sur les chantiers de Vilvorde et d'ailleurs. L'arrondissement de Louvain ne compte que 151 plafonneurs migrants (1), celui de Nivelles 1012 ; le premier, 23 verriers et 24 paveurs migrants, l'autre, respectivement 297 et 659. Au contraire, c'est la région de Diest qui envoie le plus grand nombre de houilleurs et parallèlement la plupart des ouvriers « saisonniers ».

On pourrait se demander si la prédominance accordée par les migrateurs d'une localité donnée à tel groupe d'industries, s'est maintenue depuis le recensement de 1896. Il semble qne non, et cette constatation n'infirme pas cette autre observation que nous venons de faire, que des régions, grâce à leur position ou au facteur d'imitation, ont presqu'accaparé telle spécialité professionnelle. Il faut plutôt conclure que ces localités qui fournissaient autrefois des bras à une seule industrie, subissent maintenant l'attraction des diverses branches de l'activité industrielle.

Le tableau suivant compare sous ce rapport la modification introduite dans un certain nombre de localités remarquables par la catégorie des ouvriers de la construction.

	Nombres proportionnels d'ouvriers habitant les communes ci-après et appartenant à l'industrie de la construction, travaillant dans l'agglomération bruxelloise,	
	d'après l'atlas statistique de 1896 2).	d'après le recensement de 1910.
Bierges	89,59 %	68,18 %
Bossut Gottechain	94,83 »	78,95 »
Braine l'Alleud	72,32 »	65,06 »
Braine le Château	63,38 »	43,54 »
Genval	85,80 »	70,59 »
La Hulpe	92,19 »	63,90 »
Lasne-Chapelle St Lambert	97,47 »	35,08 »

(1) Statistique 1913.
(2) Recensement général des industries et des métiers, 31 octobre 1896. Atlas statistique, p. 55.

— 48 —

Limal	86,04 %	71,00 %
Limelette	49,05 »	27,96 »
Nethen	94,59 »	94,50 »
Rixensart	90,79 »	76,90 »
Rosières-Saint André	88,24 »	60,18 »
Waterloo	81,70 »	60,81 »
Wauthier-Braine	84,00 »	82,51 »
Wavre	54,35 »	30,10 »

Il est enfin certaines catégories d'ouvriers très répandues à travers les deux arrondissements. Comme bien on pense, ils sont relatifs à des professions elles-mêmes très communes : Ce sont les ajusteurs, les briquetiers, les chargeurs, les houilleurs, les maçons, les manœuvres d'usine et d'administration publique, les menuisiers, les paveurs, les peintres, les plafonneurs, les tailleuses, les terrassiers. Pour offrir un exemple concret, l'arrondissement de Louvain envoie des houilleurs de 79 communes différentes, des manœuvres d'usine de 48 communes.

Au début, le village ne connaissait qu'un petit groupe de migrants exerçant, souvent ensemble, une même profession. Peu à peu le nombre s'est accru, le champ du travail s'est élargi, et là où l'on ne comptait qu'un ou deux ouvriers, on en trouve aujourd'hui plusieurs centaines dispersés dans toutes les branches de l'industrie nationale.

* * *

Nous avons examiné jusqu'à présent la carte des migrations au point de vue du nombre des ouvriers qui constituent ce mouvement, et de leur distribution dans les différents groupes de l'activité industrielle. Il importe de considérer maintenant un nouvel aspect de la question, l'étendue de dispersion de cette multitude à travers la Belgique entière. Où se rendent nos migrateurs ? Se répandent-ils dans le voisinage immédiat du lieu de leur domicile, ou dépassent-ils les frontières de leur arrondissement pour accepter le travail où qu'il s'offre. Est-il possible d'établir des proportions d'après la distance qu'ils doivent ainsi franchir ?

Le Recensement a séparé les migrateurs en quatre catégories, selon qu'ils vont travailler dans une localité limitrophe de la commune d'habitation, dans une commune du même arrondissement, dans une commune de la province, et enfin dans une commune d'une autre province. Mais un correctif s'impose. En effet, les chiffres comprennent sans distinction tous les ouvriers et employés tant du commerce que de l'industrie. Il faudra donc déduire du nombre total ceux qui ne nous concernent pas, et qui représentent respectivement 1091 et 1381 personnes.

Arrondissements	Travaillent dans une localité limitrophe	Travaillent dans une commune du même arrondissem'	Travaillent dans une commune de la province	Travaillent dans une commune d'une autre province	TOTAL
Louvain	4,434	1,265	2,260	2,159	10,118
Nivelles	4,986	2,410	4,905	4,756	17,057

Nous avons voulu présenter le phénomène de la dispersion d'une manière plus tangible, et avons, à cet effet, dressé une carte générale (1) indiquant pour chaque arrondissement de Belgique le nombre de migrateurs qui y vont travailler. La simple lecture de cette carte nous montre la distance considérable que doivent parcourir beaucoup d'ouvriers dans leurs voyages quotidiens ou hebdomadaires. C'est ainsi que les houilleurs du nord de la Province qui sont employés dans le bassin de Liége se trouvent à une distance moyenne de 75 kilomètres de leur puits d'extraction. La distance des bassins de Charleroi et du Centre est plus

---

(1) Cette carte est basée sur la Statistique 1913.

éloignée encore — 80 et 90 kilomètres en moyenne — et il sont près de 1800 à s'y rendre.

Il nous aurait plu de rapprocher notre carte de l'Atlas du Recensement industriel de 1896, et de l'ouvrage de M. le professeur Mahaim sur les Abonnements d'ouvriers, et de montrer, par comparaison, le développement des distances franchies pendant ces dernières années. Mais les planches de l'Atlas se placent à un autre point de vue, et n'instruisent que sur les principaux foyers d'attraction, négligeant les autres. M. Mahaim poursuivait le but spécial de n'enregistrer que les abonnements délivrés sur les chemins de fer de l'État, et les stations de destination.

Quels sont les mobiles qui déterminent l'ouvrier à chercher souvent si loin le siége de son travail ? Observons tout d'abord que l'industrie n'occupe dans les deux Arrondissements qu'une importance relativement secondaire comme le tableau suivant permet de le constater : (1)

Nombre d'entreprises industrielles situées dans l'Arrondissement de		Contenant un personnel de
Louvain	Nivelles	
—	1	2500 à 3000 ouvriers
2	1	1000 à 1200 »
1	2	500 à 1000 »
3	3	400 à 500 »
2	5	300 à 400 »
7	11	200 à 300 »
15	17	100 à 200 »
24	25	50 à 100 »
164	108	10 à 50 »

Les entreprises qui réclament un personnel considérable

---

(1) Dressé lors de notre enquête d'après des renseignements fournis par le ministère de l'Industrie et du Travail.

sont : la fabrication de produits chimiques (Wilsele...), les constructions métalliques (Louvain, Nivelles, Tubize...), la meunerie (Herent...), les manufactures de tabac (Louvain...), l'amidonnerie (Wijgmael), la fabrication du sucre (Tirlemont...), la papeterie (cours inférieur de la Dyle), la filature de lin et de coton et le tissage (Braine l'Alleud, Wauthier-Braine...), la fabrication de la soie artificielle (Tubize...), les carrières (Quenast...). La région qui nous occupe n'a donc pas conservé l'aspect exclusivement agricole des plaines de Furnes et de Dixmude, mais d'autre part l'industrialisation manque encore du développement et d'une variété suffisante pour retenir toute la main d'œuvre. A ce titre seul, les déplacements lointains demeurent nécessaires.

Il faut aussi mettre à part la catégorie des travailleurs pour lesquels la profession même qu'ils ont embrassée exige les déplacements les plus divers. Les électriciens, les tapissiers, les asphalteurs, les maçons et les plafonneurs sont de ceux-là. On les trouve, pendant une même année, sur les points les plus opposés du pays. Il en est d'autres auxquels la nécessité de trouver au plus tôt des moyens de subsistance n'a pas permis de choisir leur occupation et moins encore le lieu de leur travail. Il suffit de s'asseoir quelques heures à un bureau de placement pour se trouver en face de nombreux chômeurs qui accepteront de faire une besogne n'importe où pourvu qu'ils puissent gagner de quoi vivre. D'autres encore se laissent guider, comme nous disions ailleurs, par la contagion de l'exemple. C'est le cas de beaucoup de jeunes gens non qualifiés qui suivent aveuglement leurs camarades quand le jour est venu d'aller au dehors.

Quand il se détermine lui-même, l'ouvrier consultera évidemment ses intérêts et penchera d'ordinaire du côté des plus grands avantages matériels. Ici deux considérations entrent en jeu, le salaire et la distance. Peut-il trouver à proximité de son domicile un emploi bien rémunéré, il n'hésite pas et accepte. Étudiez à cet égard les voyageurs habitant la zône proche de Bruxelles. Ceux de Erps-Querbs, par exemple, qui, tous, vont à la capitale, ou ceux de Cortenberg qui, au nombre de 396, se rendent dans l'agglomération bruxelloise. Cinq seulement prennent une autre direction, pour la raison d'office que j'indiquais plus haut, trois terrassiers à Virginal, Trooz et Huy, un menuisier à Malines, un tapissier à Grand-Bigard et un manœuvre trieur à Buysinghen.

Mais il arrive souvent que l'ouvrier ne se voit offrir un haut salaire qu'au prix d'un plus grand déplacement. L'homme d'âge mûr n'aime pas les longs et continuels voyages et ce n'est pas toujours la seule considération du gain réalisé qui l'emportera. Tel ce mineur de Diest qui allait à Liége et non à Charleroi, afin de pouvoir revenir plus commodément tous les jours et être mieux soigné par sa femme. Tel encore cet ouvrier de la papeterie de Gastuche qui avait refusé d'aller à Couillet où il aurait gagné plus d'argent : « Ici, voyez-vous, je finis mon ouvrage à 6 heures, et une heure après, vous me verrez au jardin arrosant mes légumes. Je ne reviendrais de là bas que fort tard le soir, pour repartir le lendemain matin avant le jour. Ce ne serait pas une vie ! ». Le jeune homme, au contraire qui est tenté de mesurer son bonheur à la quantité des pièces d'argent qu'il touche. méprisera souvent la fatigue si, en s'éloignant, il peut gagner davantage.

Ce sont toutes ces raisons qui expliquent la grande variété des lieux de travail choisis par les migrateurs d'un même endroit.

STATION	Nombre de migrants	Localités de travail desservies par cette station (1)
Cumptich	110	Ans, Bruxelles, Couillet, Farciennes, Gilly, Hérent, Grimbergen, Liége, Louvain, Schaerbeek, Tirlemont, Velthem, Wilsele.
Drieslinter	204	Acoz, Aisémont, Ans, Anvers, Bodeghem, Bruxelles, Céroux-Mousty, Chassart, Chatelineau, Communes, Corroy, Couillet, Feluy-Arquennes, Frasnes, Genappe, Fromée, Ham-sur-Heure, Hemptinne, Léau, Liége, Luttre, Mazy, Nivelles, Monstreux, Mont-Saint-Guibert, Rhisnes, Robersart, Sombreffe, Tirlemont, Tongres, Trazegnies, Sart-les-Dames, Vedrin, Zellick.
Esemael	248	Angleur, Ans, Bierset-Awans, Auvelais, Bléret, Couillet, Châtelet, Liége, Neerwinden, Ransart, Rosoux, Tirlemont, Flémalle Haute, Landen, Louvain, Heppen, Morlanwez, Momalle, Montegnée, Fexhe-le-Haut Clocher, Charleroi, Remicourt, Genck, Bruxelles, Bilsen, Schaerbeek, Lodelinsart, Jemeppe-sur-Sambre, Hasselt, Quiévrain.
Petit-Rosière	127	Auvelais, Bruxelles, Chatelineau, Charleroi, Couillet, Dampremy, Falisolle, Fleurus, Genval, Gilly, Gosselies, Ham s. Sambre, Heppignies, Jemeppes, Jumet, Lambusart, Lodelinsart, Maisières, Marcinelle, Montignies-sur-Sambre, Moignelée, Namur, Perwez, Gembloux, Ransart, Roux, Sauvenière, Tamines.
Virginal	201	Bracquegnies, Braine le Comte, Bruxelles, Bouvy, Anvers, Clabecq, Bellecourt, Ecaussines, Gammerage, Houdeng Gœgnies, La Croyère, Forest, Manage,

(1) Stat'stique 1913.

STATION	Nombre de migrants	Localités de travail desservies par cette station
Waterloo	550	Fauquez, Hal, Lembecq, Oisquercq, Ronquières, Ripain, Haine St-Pierre, Solre sur Sambre, Erquelinnes, Soignies, Tubize. Bruxelles, Etterbeek, Charleroi, Trazegnies, Koekelberg, Hal, Linkebeek, Nivelles, Gosselies, La Louvière, Bracquegnies, Marchienne au Pont, Charleroi, Genappe, Montignies le Tilleul, Gosselies, Bruxelles, Braine l'Alleud, Jumet, La Louvière, Courcelles, Forest, Manage, Cureghem, Laeken, Couillet, Jumet, Schaerbeek, Quenast, Roux, Luttre, Chatelineau, Wesembeek, Laeken, Ruysbroek, Bouvy, Ressaix, Wavre, Lillois, Libramont, Frameries, Ransart, Flemalle-Haute, Waesmunster, Saventhem, Binche, Uccle, Braine le Château, Villers-Perwin, Tervueren, Baulers, Montignies sur Sambre, Laerne, Gilly, Haine St-Pierre, Hal, Rhode St-Genèse, Anderlecht, Waerloos, Cuesmes, Fleurus, Haren Nord.

Nous pourrions multiplier ces exemples, mais sans utilité. A part quelques localités, comme Keerbergen, Meerbeek, Waenrode, Bomal, Roux-Miroir, qui ne comptent que très peu d'ouvriers du dehors, on constate partout, d'après la statistique 1913, une aire de dispersion relativement étendue. Il serait donc faux de s'imaginer les migrants d'un village se rendant, tous ensemble, vers un chantier ou une usine déterminée, comme les tisserands du moyen-âge allaient au marché ou à la foire. Même les localités, qui sont sous l'influence directe d'un centre important d'affaires, présentent le phénomène d'une main-d'œuvre

— 55 —

très dispersée. Au moment de notre enquête, Court-St-Etienne contenait une population de 4,373 habitants. Il a une filature de coton (358 ouvriers), des fonderies de fer (463), un chantier de bâtiment (26), une mégisserie (18) (1), il compte des cultivateurs, des ouvriers agricoles, des petits détaillants, et l'on pourrait penser qu'une population si occupée ne se répandra guère au dehors. Et cependant nous relevons la présence de 133 migrants se rendant au travail dans 37 villes ou localités différentes.

* * *

En vue de faciliter les conditions de voyage des ouvriers migrateurs, le ministère des chemins de fer a créé successivement l'abonnement de 6, 7 et 1 déplacement par semaine. Pour ceux qui reviennent au logis autrement que par la voie ferrée de l'État, il a aussi inauguré le billet simple à prix réduit. Les tramways vicinaux transportent également un grand nombre de voyageurs. Il y a enfin, outre la marche, la bicyclette qui conduit l'ouvrier jusqu'au lieu du travail, ou jusqu'à la gare voisine où il s'embarquera.

Quel usage font les migrateurs de chacun de ces modes de voyage ? Et tout d'abord, la bicyclette. Inconnue dans les campagnes, il y a vingt ans, elle s'est répandue peu à peu jusqu'à devenir un objet commun. Nous avons demandé au gouvernement provincial du Brabant de nous indiquer le nombre de plaques délivrées dans les arrondissements de Louvain et de Nivelles. Les plaques sont payantes ou gratuites (2), et sont distribuées par les différents chefs-lieux de recettes.

---

(1) Relevé fourni par le ministère de l'Industrie en Décembre 1913.

(2) Les conditions requises pour jouir de la gratuité de la plaque de cycliste sont les suivantes : 1° ne payer ni soi-même, ni la personne chez laquelle on habite, plus de 5 francs de contribution personnelle, 2° faire au moins deux kilomètres de chemin à bicyclette, pour se rendre au travail.

Exercice 1912.

ARRONDISSEMENT DE LOUVAIN

Chefs-lieux de recettes	Bicyclettes payant la taxe provinciale	Bicyclettes exonérées de la taxe provinciale.
Aerschot	870	22
Attenrode	469	40
Cortenaeken	531	17
Cortenberg	1,073	88
Diest 1	510	—
Diest 2	739	15
Haecht	1,258	85
Herent	919	154
Kessel-Loo	821	321
Léau	582	74
Louvain Est	1.528	195
» Ouest	1,179	365
Neeryssche	309	62
Opheylissem	432	64
Rillaer	360	22
Tervueren	685	12
Tirlemont 1	328	43
Tirlemont 2	774	94
Vertryck	386	34
Wesemael	895	90
Hougaerde	265	30
	14,806	1,827

ARRONDISSEMENT DE NIVELLES

Braine l'Alleud	912	100
Braine le Château	506	67
Chaumont-Gistoux	567	29
Court St-Étienne	435	29
Genappe	650	46
Glimes	331	70
Grez-Doiceau	440	56

Hamme-Mille	377	47
Jauche	573	49
Jodoigne	530	34
La Hulpe	661	137
Marbais	342	50
Nivelles	670	25
Perwez	476	98
Rebecq-Rognon	491	43
Wavre	415	50
	8,376	850

Ce relevé ne vise pas seulement les migrateurs, tant s'en faut. Dans les régions urbaines, et même dans les parties foncièrement rurales, il s'est constitué des sociétés d'agrément qui groupent un grand nombre de cyclistes qui travaillent sur place. Cependant si l'on rapproche ces chiffres de témoignages que l'on recueille de la bouche des autorités communales, et des ouvriers eux-mêmes, il faut conclure à l'usage toujours plus considérable de la bicyclette comme moyen de locomotion. Le voyageur que la curiosité attire de grand matin dans l'une quelconque des stations ou haltes d'une ligne intermédiaire, verra les cyclistes arrivés par tous les chemins, déposer leur bicyclette à l'auberge voisine ou au dépôt de marchandises, avant de monter dans le train.

Les tramways vicinaux sont un autre moyen très employé par les ouvriers des villages de l'intérieur que ne desservent pas les chemins de fer. Celui de Courcelle-Incourt-Gembloux met en communication avec la ligne Bruxelles-Namur; celui de Nivelles-Braine-le-Comte contient deux points terminus importants; celui de Wavre-Braine l'Alleud relie les voyageurs avec la direction de Bruxelles et du Hainaut. Ces trois services sont les plus fréquentés, et conduisent en temps normal une moyenne quotidienne de 625 migrateurs. Les lignes de Louvain-Jodoigne, Tervueren-Tirlemont, Jodoigne-Tirlemont, Wavre-Jodoigne, Vossem-Bruxelles et Haecht-Bruxelles, remplissent un rôle secondaire et ne transportent qu'environ 250 ouvriers (1), La plupart des voyageurs prennent un billet de 6 déplacements aller et retour par semaine. Les autres, environ une centaine, payent un billet simple de 6 déplacements. Cette dernière catégorie s'explique par la considération que ces ouvriers ne trouvant pas au retour de tram à vapeur à l'heure propice, reviennent au logis soit à pied soit par chemin de fer.

Mais nous avons hâte de parler du dernier mode de voyage, le chemin de fer, de très loin le plus important, car c'est près de la voie ferrée de l'État que nous trouvons presque tous les foyers de dispersion.

Dans un cartogramme général pour toute la Belgique (2), M. Mahaim indique le nombre d'abonnements hebdomadaires délivrés en janvier et juillet 1906 dans chacun des arrondissements. Il est amené ainsi à montrer que la région de Nivelles occupe avec Bruxelles la première place à cet égard. Louvain arrive en troisième lieu après Charleroi. C'est-à-dire que nos deux sources de migration avaient employé, à elles seules, pendant ce temps, 44,992 abonnements pour un déplacement, et 118,820 abonnements pour 6 ou 7 déplacements par semaine. Ce renseignement très précieux nous laisse cependant incertains sur le chiffre non pas d'abonnements mais d'abonnés. Notre enquête limitée nous a permis de prétendre à plus de précision. Dans le relevé fait en août dernier à toutes les gares du réseau que nous étudions, chaque ouvrier porte à côté de son nom le

---

(1) La statistique faite en août 1913 grâce à la bienveillante autorisation de M. Caufriez, Directeur Général, a relevé 860 migrateurs sur tout le réseau des arrondissements de Louvain et de Nivelles. Tous voyagent régulièrement chaque jour de la semaine pendant toute l'année.

(2) Mahaim. op. cit., 68.

mode de voyage qu'il adopte. Nous sommes arrivé ainsi à la conclusion que 7,071 ouvriers prennent un billet aller et retour par semaine, 16,191 un billet de 6 déplacements, et 724 un billet de 7 déplacements aller et retour par semaine.

Voici le détail pour chaque station, halte ou point d'arrêt :

STATIONS	1 voyage aller et retour par semaine		6 voyages aller et retour par semaine		7 voyages aller et retour par semaine	
	Ouvriers	Ouvrières	Ouvriers	Ouvrières	Ouvriers	Ouvrières
Aerschot	672	39	161	38	13	4
Beggijnendijck	—	—	34	—	3	—
Bost	35	—	96	1	8	—
Boortmeerbeek	5	—	78	5	1	—
Budingen	214	—	47	—	—	—
Corbeek-Loo	3	—	32	8	14	7
Cortenberg	1	—	316	43	37	4
Cumptich	42	—	51	1	16	—
Deurne (Diest)	83	1	20	1	—	—
Diest	224	3	190	—	5	—
Drieslinter	177	—	24	2	1	—
Erps-Querbs	—	—	26	1	—	—
Esemael	126	1	118	1	2	—
Geet-Betz	182	—	26	3	1	—
Gelrode	377	—	13	1	1	—
Grimde	31	1	70	—	1	—
Haecht	7	—	55	3	18	—
Hambosch	—	—	7	1	2	—
Hérent	3	—	75	12	34	2
Hever	2	—	46	4	—	—
Héverlé	76	—	103	7	6	2
Holsbeek	—	—	27	—	—	—
Hougaerde	176	—	63	4	17	—
Langdorp	29	—	1	—	1	—
Lovenjoul	20	—	27	3	9	—
Louvain	240	3	843	230	16	5
Montaigu	408	10	56	4	1	—
Neerlinter	275	14	27	3	2	—
Olmenhoek	—	—	82	5	11	—
Oplinter	95	—	123	7	—	—
Roosbeek	116	—	30	—	6	—
Rotselaer	77	2	81	3	3	—
Schaffen	44	—	10	—	—	—
Sichem	623	12	21	2	4	—

STATIONS	1 voyage aller et retour par semaine		6 voyages aller et retour par semaine		7 voyages aller et retour par semaine	
	Ouvriers	Ouvrières	Ouvriers	Ouvrières	Ouvriers	Ouvrières
Testelt	169	—	2	1	2	—
Tirlemont	281	5	400	25	119	1
Velthem	15	—	119	12	33	—
Vertrijck	56	—	54	3	15	—
Vieux-Héverlé	3	—	123	5	4	—
Webbecom	28	—	3	—	—	—
Weert-St-Georges	299	1	169	—	9	—
Wesemael	8	—	31	2	2	—
Wespelaer	12	—	27	1	36	—
Wilsele	1	—	4	—	1	—
Wijgmael	1	—	21	24	13	—
Zétrud-Lumay	57	1	40	4	6	—
Total :	5,295	93	3,972	470	453	25
Autre-Eglise	6	—	45	5	16	—
Basse-Wavre	9	12	189	—	5	—
Baulers	1	2	73	5	11	—
Bierges	—	—	84	9	—	—
Blanmont	14	—	147	23	34	1
Bousval	5	—	181	10	17	—
Bois-de-Nivelles	—	—	21	—	—	—
Braine-l'Alleud	67	1	980	32	54	2
Braine-le-Château	20	—	530	9	14	—
Chastre	57	1	196	12	9	—
Céroux-Mousty	21	2	58	9	1	—
Clabecq	3	—	90	15	14	—
Court-St-Etienne	5	—	108	12	6	2
Fauquez	—	—	30	1	1	—
Faux	—	—	89	23	13	—
Florival	42	1	151	16	—	—
Fonteny	5	—	183	16	10	—
Gastuche	275	—	131	3	14	—
Genappe	30	—	501	70	68	—
Genval	4	—	327	11	4	—
Gr^d-Léez-Thorembais	72	—	119	—	3	—
Hédenge	3	—	4	2	1	—
Huppaye	43	—	43	1	5	—
Jauche	88	—	68	3	11	—
Jodoigne	138	1	82	3	3	—
La Roche	4	—	180	28	7	—
La Hulpe	11	—	377	34	32	—
Lillois	1	—	201	52	21	—

STATIONS	1 voyage aller et retour par semaine		6 voyages aller et retour par semaine		7 voyages aller et retour par semaine	
	Ouvriers	Ouvrières	Ouvriers	Ouvrières	Ouvriers	Ouvrières
Limal	7	—	340	45	14	—
Marbais	—	—	19	1	2	1
Marbisoux	7	—	176	2	16	—
Mont-St-Guibert	22	—	207	50	9	—
Monstreux	—	—	40	—	—	—
Nidérand	2	—	84	4	6	—
Nivelles	30	—	539	20	43	1
Noirhat	2	—	52	7	5	—
Noncelles	1	—	196	6	1	—
Oisquercq	—	—	60	5	1	1
Orp	129	1	46	2	3	—
Ottignies	15	—	249	37	19	—
Pécrot	49	4	65	5	—	—
Perwez	151	—	373	4	24	—
Petit Rosière	48	—	56	—	23	—
Profondsart	9	—	110	27	1	3
Quenast	—	—	29	47	6	—
Ramillies	6	—	57	2	39	—
Rebecq	3	—	88	30	6	—
Ripain	—	—	3	—	—	—
Rixensart	48	2	581	12	7	1
Rognon	1	—	68	4	3	—
Sart-Moulin	2	—	156	1	1	1
St-Jean-Geest	42	1	21	4	2	—
Strichon	4	—	134	6	8	—
Thy	10	—	56	—	23	—
Tilly	7	—	142	4	25	—
Tubize	5	—	164	18	32	1
Villers-la-Ville	22	1	222	12	6	1
Virginal	6	—	173	9	11	1
Wauthier-Braine	11	—	211	1	1	—
Waterloo	9	—	513	25	2	1
Wavre	83	—	477	32	25	1
Total :	1,654	29	10,944	805	706	18

Une première observation qui nous frappe, c'est le nombre très élevé de voyageurs hebdomadaires (1) dans

---

(1) Le billet de 7 déplacements aller et retour par semaine est surtout employé par le personnel des chemins de fer en service le Dimanche. Nous avons cependant compté environ 300 ouvriers de l'industrie privée qui travaillent ce jour là dans les ateliers de la capitale ou dans les fours à coke des bassins houillers.

l'arrondissement de Louvain. Ils dépassent les autres de près d'un millier. Dans le détail, cette supériorité se remarque dans 18 stations sur 46. Quelles sont ces stations ? Surtout les plus éloignées, celles qui longent, à la frontière de la Province, la voie ferrée vers Maestricht, Aerschot, Testelt, Sichem, Montaigu, Diest, Schaffen, Webbecom. La plupart des foyers de dispersion de Diest jusqu'à Tirlemont présentent le même phénomène. Sait-on que parmi les villages de la région du Nord-Est sur 1883 ouvriers enregistrés, environ 1600 restent absents du foyer 300 jours par an ? Et quels sont ces pauvres gens ainsi séparés de leur famille ? En premier ordre, les houilleurs, les métallurgistes des hauts-fourneaux, tous les hommes de peine qui travaillent dans les bassins du Hainaut.

Dans le Brabant wallon, au contraire, la prédominance est aux voyages quotidiens puisqu'ils s'élèvent à 11,749 sur un total de 14,113. Prises isolément, quatre stations font exception. C'est Saint-Jean-Geest, Orp le Grand, Jauche et Gastuche. Mais précisément la région qu'elles desservent est hors d'atteinte possible pour les ouvriers quotidiens. Comment un houilleur travaillant à Fleurus ou à Lambusart peut-il retourner chez lui chaque soir, à Marilles ou à Folx-les-Caves ! Les abonnés qui prennent le train à Gastuche ont leur domicile à Ottenbourg, Dion le Val, Beauvechain, Tourinnes la Grosse ; c'est-à-dire qu'ils viennent de cinq, dix kilomètres de distance, par tramway vicinal ou à pied. Or, ou bien à leur descente du train, le tram fait défaut et certains devraient entreprendre une marche de deux heures, ou bien ils feront le circuit par Louvain et la durée du trajet serait alors deux fois plus considérable.

En fait donc, c'est la distance du lieu du travail qui détermine le mode de voyage. Mais on ne peut l'affirmer trop absolument. Nous avons constaté que l'horaire des trains pour certaines parties du réseau permet facilement aux ouvriers le retour quotidien, mais à condition de faire le travail de nuit. Or beaucoup ne se résignent pas à travailler la nuit et dormir le jour et préfèrent prendre l'abonnement de semaine. Il ne faut pas négliger cette autre raison psychologique que l'absence prolongée du foyer expose les jeunes gens à une vie plus indépendante et plus vagabonde.

* *

Connexe à la question que nous venons d'examiner, se présente cet autre aspect du problème, la régularité des voyages. On peut en effet se demander si le mouvement de la migration est uniforme à travers toute l'année et en tous les endroits, ou bien s'il offre des périodes de particulière intensité. M. Mahaim (1) pense qu'on aurait tort de se figurer l'ensemble des ouvriers comme voyageant l'année entière, et il adopte le diviseur minimum de 20 coupons par abonné. Ce jugement est fondé sur le nombre de coupons recueillis à l'administration centrale du contrôle, et le nombre de noms différents que portent ces coupons. Mais comme il le remarque lui-même, beaucoup de billets se perdent, ou ne sont pas restitués, ou plus souvent encore, ne sont pas identifiés. Nous préférons nous en tenir au témoignage des migrateurs eux-mêmes auxquels les fonctionnaires chargés de notre statistique ont demandé de déclarer le nombre de semaines pendant lesquelles ils voyagaient. Ce témoignage appuyé sur la considération de la profession exercée, nous autorise à conclure qu'en général les migrateurs vont au dehors toute l'année. Les migrants, en effet, vivent de leur travail comme les autres, et à moins de crise industrielle ou de ralentissement des affaires, on ne voit pas pourquoi ils abandonneraient l'usine à certaines époques. Les carrières, les hauts-fourneaux, les ateliers de constructions métalliques, les verreries, les fabriques de produits chimiques, l'industrie de

---

(1) Mahaim, op. cit. p. 41.

l'ameublement, du vêtement et du papier, les entreprises privées et publiques de transport n'ont-elles pas besoin régulièrement de leur main-d'œuvre ? Le chômage s'il se produit, est imprévu et local, et ne peut ralentir d'une façon sensible le mouvement habituel. Il en est de même des accidents et des incapacités de travail, relativement fort rares.

Cependant il convient de faire deux restrictions importantes. Le cas se présente chaque jour dans les principales gares de province d'ouvriers qui demandent un billet à prix réduit pour aller effectuer un travail donné dans une localité rurale. Tels les plombiers, les menuisiers, les peintres, les serruriers et bien d'autres. Ils habitent l'agglomération urbaine, mais ils sont envoyés au dehors par le patron pour une besogne occasionnelle.

Il existe aussi la catégorie des « *saisonniers* » dont la profession même implique des déplacements non suivis. Le briquetier (1), par exemple, vous dira que l'époque de la confection des briques commence en avril et finit en septembre. Les ouvrières des fabriques de conserves alimentaires chargées du nettoyage des légumes ne sont guère occupées pendant l'hiver. Les maçons chôment de décembre à février, les terrassiers aussi. Mais ici encore il faut se garder des généralisations. Prenez l'ouvrier agricole qui part en mai pour le sarclage des betteraves, en août pour la récolte du froment, et de nouveau en septembre pour l'arrachage des betteraves. Vous serez tenté de conclure qu'il ne voyage pas les autres mois de l'année. En êtes-vous bien sûr ? En fait, un grand nombre de flamands engagés l'été par les fermiers de la Wallonie, descendent, l'hiver, dans les puits de charbonnage. Tels les 56 jeunes gens de

---

(1) Nous parlons des briquetiers nomades qui établissent leurs fours sur tous les points de la basse et moyenne Belgique, et non les ouvriers employés dans les briqueteries à demeure, le long du Rupel et dans la Campine.

Budingen — sur un total de 98 ouvriers agricoles recensés (1) — qui allaient rentrer dans la mine en octobre après le charriage des betteraves pour les sucreries. Il n'est donc pas exagéré d'affirmer qu'en temps normal le mouvement de migration présente la régularité du flux et du reflux. Et s'il fallait indiquer une moyenne, en tenant compte des variations urbaines et des travaux saisonniers, nous serions prêt à penser que le migrateur travaille au dehors de la localité pendant un minimum de 40 semaines chaque année.

* * *

Il reste un dernier point de vue dans l'étude de la carte des migrations — et digne d'intérêt lui aussi — c'est l'âge et le sexe des migrants. Nous nous empressons de dire le regret qui nous a souvent saisi en voyant partir des enfants et des vieillards pour des travaux rigoureux très au dessus de leurs forces. Qu'un enfant de 13 ans soit employé dans une usine ou un atelier voisin de sa demeure, cela peut se comprendre, mais que ce même enfant, soit envoyé à douze, quinze lieues de distance, dans les hauts-fourneaux ou dans les charbonnages, il faut des extrêmes nécessités de famille, ou l'incurie profonde des parents, pour expliquer une condition si pénible et si dommageable. Je sais bien que cette situation est légale, mais la loi n'a pas tenu compte du surcroît de fatigues qu'impose le voyage continuel pour un être faible et délicat.

En tout cas, ce qui est formellement illégal (2), c'est d'embaucher dans les mines, les carrières, les manufactures et les établissements classés, des enfants qui n'ont pas encore atteint la douzième année. Or n'avons-nous pas rencontré sur notre chemin des petits manœuvres de cour, des porteurs de voies, des aide-forgerons qui avaient 11 ans seulement ou un peu plus ! Nous avons constaté également la violation de cet autre article qui interdit dans ces

---

(1) Statistique 1913.
(2) Loi du 13 Décembre 1889 sur le Travail des femmes et des enfants.

mêmes entreprises le travail de nuit aux jeunes gens de moins de 16 ans. Tel cet aide-ajusteur de Bl. Il a quinze ans à peine. Voici l'horaire de sa journée. Il marche 40 minutes avant de gagner le chemin de fer qui le conduit deux heures plus tard à la gare de descente. Il travaille à l'atelier de 9 heures du soir à 7 heures du matin. Il reprend le train à 7 heures et demie et n'arrive au logis que vers dix heures.

A côté des enfants, il y a les vieillards. Un petit nombre seulement continuent leurs voyages très tard dans la vie. Un plafonneur de Rosières, 66 ans, se rend à Bruxelles tous les jours ; un maçon de Braine-l'Alleud, 67 ans, va à Luttre ; un autre maçon de la même localité, 68 ans, va à Bruxelles ; un terrassier de Diest, 69 ans, travaille à Seraing ; voilà cinquante deux ans que ce dernier parcourt la Belgique. Un fondeur de cuivre de Schaffen est aussi un vieux routier, il a près de 70 ans.

Nous distribuons ici, par catégories, selon l'âge, le nombre total des migrateurs enregistrés dans les deux arrondissements, pendant le mois d'août 1913.

Age des ouvriers migrateurs

		de 12 à 20 ans	de 20 à 40 ans	de 40 à 50 ans	de 50 à 60 ans	de 60 ans et plus	Total
Ouvriers	Arr. Louvain	2,803	5,659	958	297	74	9,791
	Arr. Nivelles	2,986	7,450	1,963	958	244	13,591
Ouvrières	Arr. Louvain	305	249	19	12	4	589
	Arr. Nivelles	545	247	21	4	1	818

On constate donc qu'à partir de 40 ans, les migrants commencent à abandonner l'industrie au dehors. Leur nombre baisse graduellement pendant les deux décades suivantes. Au delà de 60 ans, il n'y en a plus guère. Outre le fait d'une mortalité grandissante, il y a cette autre cause de fléchissement, que l'habitant des campagnes réalise alors l'espoir qu'il a nourri pendant sa jeunesse de revenir à la terre et de reprendre le métier agricole. Beaucoup ont amassé un petit pécule et n'ont plus d'enfants à leur charge, ils prennent la place laissée vide par les parents défunts et deviennent petits cultivateurs ou simplement se font journaliers au service d'un fermier. Ce retour à la terre est fréquent surtout dans les régions flamandes, et là où s'est le mieux conservé le type des familles rurales.

Et les ouvrières, prennent-elles une part considérable dans le mouvement migratoire ?

L'utilisation du dernier dénombrement officiel nous permet de classifier d'une manière détaillée le personnel ouvrier féminin occupé à cette époque dans les différents groupes industriels. Nous dressons un tableau des données obtenues pour les 2 arrondissements, en mettant en regard du nombre général des ouvrières de chaque industrie le nombre correspondant des migratrices.

INDUSTRIES	Nombre d'ouvrières exerçant une profession industrielle (1)			
	Arr. de Louvain		Arr. de Nivelles	
	ouvrières en général.	ouvrières migratrices	ouvrières en général	ouvrières migratrices
des métaux	—	—	21	—
céramiques	85	38	35	28
verrières	1	1	18	12
chimiques	37	12	505	222
alimentaires	288	27	34	12
textiles	253	43	1650	661
du vêtement	2013	320	648	280
de la construction	—	—	3	—
du bois et de l'ameublement	31	2	38	9
des peaux et cuirs	136	7	4	—
du tabac	13	8	—	—
du papier	34	22	530	352
du livre	14	7	7	4
d'art et de précision	73	9	5	3
des transports : entreprises publiques	23	6	54	3
id. : entreprises privées	2	2	—	—
Totaux :	3003	504	3552	1586

(1) Le nombre de femmes exerçant une profession industrielle à titre *accessoire* est insignifiant et peut être omis de la statistique.

Du chiffre global de 6545 femmes appartenant aux divers groupements industriels, nous devons donc en dégager 2090 qui travaillent ailleurs que dans leur commune d'habitat. Soit 31.8 %. Elles se répartissent principalement dans les genres d'activité qui réclament, en partie du moins, une main d'œuvre légère et délicate. En fait, 93 % s'appliquent à la couture ou s'engagent dans les fabriques de soie artificielle de Tubize et de Couture St Germain, dans les filatures de Braine l'Alleud et de Wauthier Braine, dans les papeteries de Grez-Doiceau, La Hulpe, Virginal Samme et Bousval ; ajoutons la fabrique de conserve de légumes à Wespelaer.

A part le groupe des tailleuses et couturières, lesquelles travaillent au domicile du client ou dans les maisons de confection de Bruxelles et de la banlieue, le recrutement se fait sur place ou dans les environs immédiats de l'atelier. La Soierie de Couture St Germain, par exemple, trouve la partie du personnel de jeunes filles qu'elle ne loue pas au village même, dans les localités voisines de Plancenoit, Lasne, Chapelle St Lambert et Maransart.

Il reste un petit nombre d'ouvrières (7 %) qu'on rencontre un peu dans tous les métiers féminins et un peu partout : Certaines font l'article fin et de goût, telles la cravatière, la brodeuse, la fleuriste, la plumassière. Il y a aussi des besognes très humbles, comme le triage des chiffons ; d'autres fournissent un travail surtout fatigant, comme la porteuse de briques.

La plupart des migrantes comptent de 12 à 25 ans. A partir du mariage, elles cherchent à s'employer dans la commune de leur domicile ou gardent le logis.

CHAPITRE IV

LES CAUSES DE LA MIGRATION

Le problème du choix d'une carrière ne se pose guère pour les jeunes gens des localités situées tout à proximité du siège des grandes entreprises. Ils vont comme d'instinct vers la profession industrielle. Ils ont vu passer, chaque matin, pendant leur enfance, les ouvriers qui se rendaient à la besogne, ils ont entendu souvent parler du genre de vie dans les usines, du taux des salaires, de la diversité des travaux, beaucoup ont grandi au bruit des machines. Devenir agriculteur, mais le père et déjà le grand-père avaient rompu avec la tradition des aïeux, jamais ils ne creusèrent un seul sillon ni ne conduisirent une vache à la prairie. D'ailleurs les terres exploitables font défaut. A mesure que l'industrie voisine se développait, on voyait s'élever une cité ouvrière s'étendant de plus en plus en longues artères sur la plaine où jadis les moissons mûrissaient. A la grande culture se sont substitués les petits lopins de terre attenant aux demeures et plantés de légumes.

C'est ainsi que de nombreuses familles d'origine terrienne, surtout aux environs de Louvain, Nivelles et Tubize, se sont détachées définitivement de l'agriculture. Ils ont conservé des parents dans les villages plus reculés, et ils iront les voir aux jours de kermesse, mais l'idée ne leur viendra pas, lorsque la conversation tombe sur la mise en vente prochaine d'une ferme, de quitter l'usine et de prendre la charrue des ancêtres. Ils ne peuvent regretter la vie des champs qu'ils n'ont jamais connue.

Si vous pénétrez plus à l'intérieur des arrondissements,

dans ces communes dont l'aspect est demeuré entièrement rural, vous rencontrerez ces mêmes ouvriers qui ont complètement brisé avec la profession agricole et qui ont pris le chemin des fabriques. Leur nombre augmente, surtout dans la partie flamande et dans le voisinage des gares qui offrent des moyens faciles de communication, comme par exemple les villages situés sur la route de Malines ou de Bruxelles, ou dans la région de Tirlemont. Cependant ceux-ci ont gardé quelque chose de l'amour du sol, car lorsque le va-et-vient par les trains devient trop pénible par suite de l'âge ou des infirmités, ils abandonnent leur ancien travail et vont offrir leurs bras, comme journaliers, dans les fermes. Nous avons rencontré de ces vieux mineurs pris de la nostalgie du grand air, et qui après avoir fait 30 ans dans le noir, comme ils disaient, faisaient maintenant dans le blanc. Et ils nous quittaient avec le sceau rempli du lait qu'ils venaient de traire.

Mais parmi les migrants temporaires il est une catégorie particulièrement intéressante habitant très à l'écart des centres industriels. Ce sont des fils de cultivateurs et d'ouvriers agricoles. Pourquoi quittent-ils la terre et embrassent-ils les professions industrielles ?

La première raison est d'ordre économique. En règle générale il est permis d'établir comme thèse, pour les régions flamandes plus encore que pour les parties wallonnes, que l'agriculteur n'abandonne pas la vie des champs sans nécessité. S'il avait la perspective de pouvoir exploiter un jour un nombre suffisant d'hectares, le très grand nombre n'auraient d'autre ambition que de mener leur existence à la campagne.

Cela est vrai en première ligne du paysan propriétaire. En effet, le plus beau rêve que puisse nourrir un paysan, c'est de posséder un champ qui est le sien (1), dont la plus-

---

(1) « Le désir d'arriver à la possession d'une parcelle de cette terre qui produit tout et qui est le signe de la richesse est instinctif chez l'homme le

value lui profitera tout entière et qu'il gardera aussi longtemps qu'il voudra sans courir le risque d'être jamais évincé. Le paysan en son domaine est roi. Le locataire, lui, se trouve assez souvent dans une situation désavantageuse : ne va-t-on pas augmenter le fermage(1) au prochain renouvellement de bail, ou simplement lui reprendre la terre pour des raisons d'antipathie, de politique ou d'héritage? Et la possession mal assurée de ce fonds empêche qu'il l'entretienne avec tout le soin dont il est capable.

Or, déjà ce premier élément d'attache au sol échappe à un grand nombre d'agriculteurs. Dans l'arrondissement de Louvain qui nous retient spécialement, sur un total de 98.533 hectares de terres exploitées, les deux tiers le sont en location (2). La proportion des terres louées est plus forte encore dans l'arrondissement de Nivelles, puisque le faire valoir direct ne comprend que 28,500 hectares sur une superficie de 95,726 hectares.

Si encore le paysan locataire pouvait obtenir toute la terre dont il a besoin pour s'entretenir lui et sa famille. Et

---

plus inculte; il semble qu'il comprenne, par une sorte d'intuition atavique, que possesseur autrefois, par des ancêtres, de ces biens qu'il convoite, dépossédé par les hasards de l'existence, il ne fait, s'il parvient à devenir propriétaire, que rentrer en possession de son patrimoine perdu. Il a comme la notion confuse d'un droit primitif qu'il ne peut revendiquer, ses titres ayant disparu, mais que son labeur, son zèle, sa patience, lui méritent à nouveau, et qu'en somme il aura payé deux fois ». (Flour de Saint-Genis, *La Propriété rurale en France*, Paris, Armand Colin, p. 207.) M. Vandervelde a observé que du côté de Gembloux (région de grande culture et de faire valoir indirect), on montrait moins d'attache à la terre que du côté de Fosse (région de petite culture et de faire valoir direct). *L'Exode Rural*, Paris, Alcan, 1903, p. 50.

(1) Depuis la période 1895-1900, les fermages se sont remis à la hausse. (Cf. Emile Van Dievoet, *Le Bail à ferme en Belgique*, Louvain, Peeters, 1913, p. 369). Plusieurs causes normales expliquent cette hausse : la concurrence d'une population agricole nombreuse, l'étendue, la situation et la productivité du bien offert en location. Il arrive aussi que l'augmentation du prix des fermages soit provoqué par la spéculation.

(2) Cf. *Recensement Agricole*, 1910.

cette fois, c'est la nécessité qui pousse au travail du dehors.

MM. les agronomes de l'État pour le Brabant estiment que pour donner à une famille normale une occupation et des moyens convenables de subsistance, il faut lui procurer de 1 1/2 à 3 et 4 hectares de culture maraîchère, ou de 7 à 8 hectares de culture ordinaire (1). Nous sommes loin, très loin de cette situation. Il suffit pour s'en convaincre d'examiner le dénombrement des exploitations dans l'arrondissement de Louvain. On constate que 77,15 p. c. des exploitants ont de 51 ares à 5 hectares ; 17,5 p. c. ont de 5 à 20 hectares ; 5,8 p. c. occupent une étendue de plus de 20 hectares. Nous savons d'autre part que sur une population de 268,709 habitants, 58,096 sont occupés dans l'industrie (2).

M. le Professeur Vliebergh a constaté que beaucoup de familles du Hageland ne possèdent que 2 ou 3 hectares de culture. Nous avons rencontré nous-même dans le nord de la Province de nombreux ménages où frères et sœurs habitent ensemble, faute de trouver un bout de terre qu'ils puissent cultiver séparément. De pauvres paysans de A. nous confiaient leur espoir de voir leur hameau détaché, un jour, de la commune de T. et constitué en commune distincte. Et comme nous leur demandions quels avantages ils en auraient : « Tout d'abord, répondirent-ils, nous gagnerons le défrichement d'une vingtaine d'hectares que l'on a jusqu'ici laissés incultes ». Tant est avide le désir d'obtenir des terres. Un grand propriétaire de la commune de T. fait procéder à époques régulières à la coupe des sapinières de son domaine, et il laisse aux gens de l'endroit,

---

(1) *Monographie agricole du Brabant*, par J. Giele, E. Warnants, L. Bessemans, agronomes de l'État, P. Van den Abeele, conférencier agricole, 1913. On entend ici par famille normale celle composée du père, de la mère, de 4 enfants dont 2 en âge de travail. — Aucune statistique ne permet d'établir la quantité de terre cultivée par chaque exploitant en Belgique.

(2) Recensement de l'Industrie et du Commerce, Vol. I, p. 220.

pour quelques années, l'usage gratuit de ce terrain dénudé. Eh bien, il faudrait voir avec quel empressement on se porte vers ce misérable coin de lande sablonneuse pour en tirer un peu de récolte (1).

Le manque de terre se fait sentir davantage encore dans l'arrondissement de Nivelles où le régime des moyennes et grandes exploitations est plus étendu.

L'idée a été émise de livrer à la culture les quelque 20.000 hectares de propriétés boisées disséminées à travers les deux arrondissements. On oublie que les bois ont aussi leur rôle économique. D'ailleurs les propriétaires ne voudront guère s'en dessaisir. On nous parlait des instances faites par certains villageois en vue d'obtenir le défrichement de quelques hectares de sapinières. Ils s'offraient en retour à payer généreusement le loyer. Mais le châtelain ne voulut rien entendre. Il avait reçu ce domaine en héritage et il comptait bien le transmettre tout entier à ses descendants.

On a préconisé également le morcellement des grandes fermes. Mais nous touchons ici une question délicate. Les larges exploitations permettent dans de meilleures conditions l'assolement et la culture rationnelle ; le petit exploitant, au contraire, vit du dernier pied de terre qu'il cultive et est exposé à épuiser le sol. Peut-être y a-t-il place à une solution moyenne. Le fermier conserverait ses terres, mais il en louerait certaines parcelles à ses ouvriers agricoles à condition qu'ils demeurent à son service. D'une part, la main-d'œuvre serait assurée et d'autre part l'ouvrier en cultivant à son profit trouverait une nouvelle attache au

---

(1) Entre beaucoup d'autres témoignages, M. l'ingénieur agricole de Messelbroeck (Diest) écrivait ; « Il y a en cet endroit trop peu de terre eu égard à la population. Sans doute, depuis 20 ans, 60 hectares de bois ont été transformés en terrains de labour, mais le nombre d'habitants a doublé en 70 ans ». (Cf. E. Van Dievoet, op. cit., p. 339.)

sol. Cette idée commence d'ailleurs à être suivie dans plusieurs endroits (1).

C'est une autre façon de vivre suffisamment de la terre que d'en augmenter la productivité. A cette fin, le département de l'Agriculture et les institutions privées comme le *Boerenbond* de Louvain et la *fédération du Brabant-Wallon*, s'efforcent de perfectionner les méthodes de culture par l'usage rationnel des engrais chimiques, par le triage sévère des semences, par l'observation plus rigoureuse des lois sur l'échenillage et l'échardonnage, par l'organisation de concours de bétail, par l'activité des caisses de crédit, etc.

A côté de la culture ordinaire, il y a la culture maraîchère dont nous voyons en Belgique depuis 1895, le développement croissant. Presqu'inconnue dans l'arrondissement de Nivelles, elle est au contraire assez répandue dans celui de Louvain (2), qui se classe au troisième rang parmi les autres centres producteurs, après les environs de Malines et de Bruxelles. La région de Boortmeerbeek cultive les pommes de terre hâtives ; celle de Haecht, Werchter et Betecom, les petits pois et les asperges. A propos de ce dernier légume, l'Office horticole a constaté qu'à partir du 20 avril jusque vers le 25 juin, les apports à ces trois marchés s'élèvent en moyenne à 740,000 bottes (3). Louvain connaît beaucoup le « Witloof » et le céleri, et constitue un des

---

(1) En France, il existe une institution semblable et déjà ancienne, les closeries en Bretagne et les borderies en Basse-Champagne et en Poitou. « C'était des pépinières de bons et durs ouvriers pour l'agriculture et le meilleur moyen pour le fermier, ayant quelques maisons de ce genre sur ses terres, de s'assurer, toute prête à sa portée, une réserve de bras. Cette institution en prévenant l'immigration étrangère et en assurant à des gens très pauvres le moyen d'élever sainement une nombreuse famille, était peut-être un des moyens les meilleurs d'enrayer la dépopulation rurale. » (Ch. Gaillard, *Les Migrations temporaires dans les campagnes françaises*. Paris, Edition du temps présent, 1912, p. 26.)

(2) Environ 2,500 hectares. Cf. *Recensement agricole*, 1910, Vol. I.

(3) Office horticole de Belgique. Rapports et avis, n° 22.

centres les plus importants pour la culture des choux-fleurs de printemps. L'Angleterre, l'Allemagne et les États-Unis d'Amérique sont les principaux débouchés de la culture maraîchère belge, et il est incontestable que cette culture est appelée à une large extension. Elle fournira en même temps un excellent moyen de relèvement matériel à de nombreuses familles rurales dont la condition jusqu'ici demeurait fort précaire.

Autrefois, il y avait cette autre manière de subsister malgré la pénurie de terre et d'obvier à la nécessité de s'engager en ville. C'était l'industrie à domicile, et spécialement le tissage à la main dans la région de Braine l'Alleud. Lors du recensement industriel de 1896, le nombre de cette catégorie d'ouvriers était tombé à moins d'un millier (3). Aujourd'hui ils ont presque complètement disparu. Le village de Plancenoit, par exemple, où l'on entendait le cliquetis des métiers dans toutes les demeures, a fait taire sa voix : il y reste deux tisserands. L'un d'eux nous disait : « C'est la machine qui nous a tués. Quand j'étais jeune, je gagnais en moyenne 4 francs par jour. J'ai maintenant 68 ans, voilà 50 ans que je travaille et mon salaire diminue toujours. Il me faut une semaine pour faire 50 mètres de toile, et la fabrique me paie cette marchandise 13 francs ».

Il y avait aussi un peu de coutellerie à Perwez et un groupe de dentellières à Aerschot; mais ces petites industries sont également mortes.

L'avenir du travail d'appoint à domicile n'est pas irrémédiablement compromis. Pourquoi des métiers comme la bonnetterie, la ganterie, la fabrication de jouets, la dentellerie, la vannerie, le tricotage des bas et des gilets à la machine, ne pourraient-ils pas naître dans nos villages ou se répandre davantage. Mais il faudrait pour cela guider

---

(1) L'Atlas industriel de 1896 mentionne parmi les travailleurs à domicile 806 qui habitent 32 localités rurales de l'arrondissement de Nivelles. Celui de Louvain compte 30 de ces travailleurs répartis entre 7 communes rurales.

les énergies, se servir des syndicats pour l'achat des matières premières et la vente des produits, et s'abstenir d'avoir recours aux intermédiaires exploiteurs.

Nous disions plus haut que le fils du cultivateur acquiert en naissant le goût de la vie agricole et ne s'en éloigne que par nécessité.

Cette situation conservée par le reste des mœurs patriarcales, tend à se modifier et à devenir moins générale. C'est que les villages s'habituent à compter parmi leurs habitants une classe de migrateurs dont les conditions de vie impressionnent les jeunes campagnards.

Ce qui fascine par dessus tout, c'est l'appat de l'argent. Un fermier nous disait : « Quand le jeune ouvrier agricole voit ses camarades revenir régulièrement chaque quinzaine avec un gros salaire en pièces sonnantes et trébuchantes, et qu'il compte le sien, parfois moindre de moitié, il prend en dégoût sa condition, et s'il est débrouillard, s'il est confiant en son étoile, il commence à regarder du côté de la ville. On est mal venu de lui dire alors : « restez chez moi, vous aurez mes chevaux pour le labour, et mes semences, et mes machines... tous ces services ne vaudront jamais dans son esprit l'argent que l'on palpe et que l'on met en poche ». Pierre l'Ermite met quelque part en tête à tête un cantonnier breton et sa femme. Le ménage est heureux, mais gagner 1200 francs, est-ce assez ! » Le Breton connaissait un paysan qui gagnait 150 francs par mois à percer de petits trous les petits cartons qui servent de tickets au métro, un Breton pas plus bachelier que lui, mais qui avait eu le nez de venir à Paris. « 50 francs de plus par mois, 600 francs par an, vois-tu ça Anne-Marie ? » Anne-Marie ne le voyait que trop... et on arrive à Paris.

En tous cas, le fermier qui veut retenir à son service des ouvriers agricoles déjà si fortement sollicités par l'attrait des villes, doit envisager la possibilité d'augmenter les salaires. Certains ont pensé qu'il faudrait à cet effet organiser le travail agricole comme le travail industriel : le salaire en argent serait égal de part et d'autre, et il n'y aurait plus de salaire en nature. L'ouvrier agricole aurait encore la faculté de se servir des chevaux et des machines du fermier, il pourrait se nourrir à la ferme, mais à ses frais. Pour nous, nous ne voyons pas comment le moyen cultivateur parviendra à élever le salaire au niveau de celui des industries, d'autant plus que la suppression de la part en nature ne peut guère compter comme compensation. Il semble plus efficace d'adopter le système préconisé plus haut et d'intéresser davantage l'ouvrier à la terre en lui procurant quelques hectares à exploiter en dehors de ses heures de service.

L'organisation du 4ᵉ degré dans la nouvelle loi scolaire donnera au maître d'école une part importante dans la direction de l'enfant vers la carrière agricole, si elle lui convient.

Jusqu'ici l'instituteur, peu préparé par l'école normale à apprécier la vie des champs, poussait en réalité beaucoup d'enfants vers l'industrie (1). Désormais l'article 13 de la loi sur l'enseignement primaire indique la mission de l'instituteur du 4ᵉ degré.

L'article est ainsi conçu :

Art. 13. — Les alinéas, *in fine*, et 2 de l'art. 4 de la loi du 20 septembre 1884 — 15 septembre 1895 sont rédigés comme suit : « Elle (la matière des cours) comprend de plus, pour les filles, le travail à l'aiguille, l'économie domestique, les travaux de ménage, et dans les communes rurales des

---

(1) « Quand l'homme travaillait au hasard et machinalement, l'agriculture était un métier, mais elle est devenue un art depuis que l'homme travaille avec réflexion, depuis qu'il sait tirer de la terre et de la nature les aliments qui lui sont nécessaires, par les meilleurs procédés et dans les meilleures conditions de profit. » Cf. Lou's Passy, l'*Agriculture devant la Science*, Paris, 1904; cité par J. Méline, *Le Retour à la Terre*, Paris, Hachette, 1905, p. 158.

notions d'agriculture et d'horticulture ; pour les garçons, des notions d'agriculture et horticulture dans les communes rurales, et des notions de sciences naturelles dans les autres communes. Ce programme sera progressivement complété par l'enseignement de matières à tendances pratiques qui formeront un degré d'études complémentaires, préparatoire à la formation technique et professionnelle des jeunes gens».

Et comme, au cours de la discussion à la chambre des représentants, on élevait des doutes sur l'opportunité de cette mesure, M. le Ministre des Sciences et des Arts se leva pour préciser la portée exacte de l'article :

« Dans les campagnes, dans les régions agricoles, quelle est la matière à tendances pratiques qu'il faudra développer, qui devra faire l'objet d'une sollicitude spéciale de la part des administrations communales et des directions des écoles adoptées et adoptables ? Mais, évidemment, l'agriculture et tout ce qui s'y rapporte. C'est d'une impérieuse nécessité. Si nous voulons enrayer l'exode rural et contribuer au développement de la classe agricole, il est urgent qu'à la campagne l'enseignement de l'agriculture reçoive l'extension que justifie son importance capitale ».

Toutefois l'enseignement ne suffit pas à moins de le rendre esthétique, comme disait M. Méline, « et son objet principal devrait être de célébrer et de faire ressortir les beautés de la nature et les avantages de la vie champêtre » (1). Avant de faire aimer la terre, l'instituteur doit l'aimer lui-même.

C'est cet attrait et ce goût de la profession agricole que s'efforce déjà d'inculquer aux mères de famille l'institution des *Cercles de fermières*. Les conférences qui réunissent les membres à époques régulières, expliquent les règles d'une sage éducation des enfants, enseignent la manière de rendre le home confortable et riant, rappellent les principes de l'économie domestique, et augmentent les connais-

---

(1) Op. cit. p. 158.

sances professionnelles. Le premier cercle fut fondé en 1894 à Borsbeke-lez-Alost. Dans l'arrondissement de Louvain on comptait, lors de notre enquête, 14 cercles avec un total de 1418 membres; celui de Nivelles en avait 41 et 1509 membres.

Sans doute il sera toujours impossible de retenir certains jeunes gens épris de liberté et qui (1) croient étouffer dans le plein air des campagnes. « La vie est intenable en province, dit Lucien Hallande dans le « *Pays natal* » d'Henry Bordeaux, on y est surveillé, épié, guetté, garrotté ».

Il s'était senti, au contraire, fort libre au début, mais les camarades migrants l'ont rencontré qui lui ont parlé des plaisirs, le soir, après le travail, des soirées dansantes au cabaret, des séances cinématographiques où l'on assiste à des drames sensationnels pour 10 centimes ! Une fois qu'un méchant a remué les appétits avec les sous-entendus qu'on est si prompt à comprendre, le jeune paysan devient rêveur, et s'il a le cœur enclin aux frivolités et à la licence, il sentira peser la contrainte. Vous apprendrez alors qu'il est parti avec ses camarades pour la région des usines. Quelques semaines plus tard il vantera les salaires plus élevés, le repos complet du dimanche, les distractions du dehors; en réalité, il est déjà sous l'emprise du désordre et il ne veut plus s'en affranchir.

Le travail que nous nous sommes assigné s'attachant principalement à l'étude des faits de la migration en eux-

---

(1) Les ouvriers mariés se laissent eux-aussi attirer par le clinquant de la vie des fabriques. Un fermier de B. nous disait : J'emploie aux travaux de la ferme et de la culture 5 ouvriers agricoles. Ils perçoivent un salaire de 3 francs, ils habitent chacun gratuitement un logement à 4 places, je leur donne en outre un jardin légumier de 15 ares, sans compter l'usage de mes instruments de labour et de mes chevaux et une gratification de 20 francs à la fête de la Toussaint. Eh bien, malgré cette situation, ils ne restent pas plus d'un an en moyenne à mon service ! » « Et la cause ? » « Ah ! il y a tout près d'ici un atelier de construction où l'on gagne un salaire moyen de 5 francs, et une malterie qui paie 4 francs. Et ils croient devenir plus vite riches en y allant. Ils veulent surtout être plus libres ! »

mêmes et de leurs conséquences individuelles et sociales, il ne faut pas nous attarder davantage à en examiner les causes qui relèvent plus particulièrement de la science agricole.

En résumé, la plupart des enfants des familles rurales s'adonneraient à la culture s'ils y trouvaient un emploi et si cet emploi était suffisamment rémunérateur. Or, si la terre manque déjà à beaucoup de petits cultivateurs, elle manquera plus encore à leurs fils lorsque le temps sera venu de quitter la maison paternelle et de s'établir. Le taux relativement élevé de la natalité dans les campagnes, le nombre des grandes et moyennes exploitations, la limite de la productivité du sol, l'emprise graduelle des habitations sur les terres aux environs des fabriques, expliquent l'afflux des paysans vers les professions industrielles. Il n'est donc guère permis de parler de désertion rurale volontaire de la part des familles de cultivateurs.

La situation est différente du côté des ouvriers agricoles. Leur condition est dédaignée par les jeunes gens de la Wallonie et leurs salaires sont inférieurs à ceux des ouvriers industriels. Aussi abandonnent-ils la terre en grand nombre. L'introduction des machines a suppléé avantageusement en maintes circonstances à l'insuffisance de la main-d'œuvre, mais il est des travaux, comme le binage et l'arrachage des betteraves, qui demandent le concours de nombreux ouvriers et il ne faudrait pas que l'exode s'accentuât. Afin d'y remédier l'exploitant aura soin de fournir à son personnel des parcelles de terre qu'ils cultiveront à leur compte. Il contribuera ainsi à entretenir l'amour du sol auprès des jeunes gens trop enclins à le perdre. A défaut de ce moyen, il devra s'efforcer « d'augmenter le salaire d'appoint et de détruire l'inégalité entre la rémunération consentie par le cultivateur et celle qui est octroyée par l'industriel à ses ouvriers » (1).

---

(1) E. Vliebergh, *Études d'économie rurale*, Louvain, 1911, p. 301.

— 81 —

Pour clore ce chapitre, nous donnons la situation concrète où se trouve le village wallon de P. au point de vue de la nécessité des migrations.

Le tableau indique successivement les nom et prénom du maître de la maison, la profession exercée par le père et les enfants plus âgés, le nombre d'enfants habitant actuellement au foyer, le nombre de personnes composant l'habitation, et enfin l'étendue de la terre exploitée par chaque maison.

Nombre de foyers	Nom et prénom du maître de la maison	Profession du père et des enfants plus âgés	Étendue des terres exploitées			Nombre actuel d'enfants habitant la maison	Nombre de personnes habitant la maison
			H.	A.	C.		
1	B... C...	ardoisier	—	35	10	1	3
2	R... S...	rentière	—	13	20	—	1
3	A... L...	domestique de ferme	—	6	60	6	8
4	D... M...	tisserand	—	6	30	—	1
5	P... R...	blanchisseur	—	5	10	3	5
6	K... C...	ouvrier agricole	1	65	—	6	8
7	L... O...	—	1	48	70	3	6
8	V... P...	rentière	—	35	80	—	1
9	E... H...	carrier	1	60	—	1	4
10	J... L...	ouvrier agricole	1	74	—	4	7
11	N... A...	—	—	33	70	—	2
12	T... S... B... D...	1. — 2. paveur	—	86	50	1	3
13	D... V...	manœuvre d'usine	—	17	60	6	8
14	G... R...	1. ouvrier agricole 2. plafonneur 3. ouvrier agricole	—	36	80	4	6
15	M... F...	carrier	—	95	10	4	6
16	P... J...	maçon	1	55	—	4	6
17	D... L...	domestique de ferme	—	96	20	6	8
18	J... D...	carrier	—	43	10	2	4
19	H... V...	ouvrier agricole	—	12	20	—	2
20	A... P...	tisserand	—	56	60	—	2
21	H... S...	1. ouvrier agricole 2. — brasseur	—	46	35	4	

(1) Lorsqu'un des enfants mariés habite chez ses parents, les nom et prénom figurent en petites majuscules.

Nombre de foyers	Nom et prénom du maître de la maison	Profession du père et des enfants plus âgés	Étendue des terres exploitées			Nombre actuel d'enfants habitant la maison	Nombre de personnes habitant la maison
			H.	A	C.		
22	P... T...	3. ouvrier agricole cultivateur	3	20	75	—	2
23	J... R...	ouvrier agricole	—	26	40	—	1
24	J... D...	1. ouvrier agricole 2. journalier 3. —	1	70	—	8	10
25	V... J...	ouvrier agricole	—	15	10	3	5
26	B... H...	1. cultivateur 2. asphalteur 3. plafonneur	5	15	40	4	6
27	V... C...	1. ouvrier agricole 2. cordonnier 3 conducteur de tram	2	5	—	3	7
28	V... E... V... A...	1. cultivateur 2. ouvrier brasseur	2	50	—	4	6
29	D... L...	cultivat., manœuvre d'usine	1	85	90	—	2
30	D... D...	employé	—	12	20	2	4
31	M... F...	ouvrier agricole	1	60	—	3	6
32	A... C...	1. — 2. ouvrier brasseur	2	40	30	2	4
33	R... R...	1. — agricole 2. chargeur	—	29	—	4	5
34	G... H...	cultivateur	3	50	—	3	5
35	V... G...	journalier, cultivateur	2	50	60	2	4
36	L... T...	fermier	250	—	—	4	5
37	E... S...	cultivateur	9	20	—	4	7
38	F... G...	—	5	10	40	2	4
39	H... V...	ouvrier menuisier	—	30	40	2	5
40	A... C...	garde particulier	—	7	10	2	4
41	K... J...	cultivateur	15	20	75	4	5
42	G... A...	—	22	50	—	1	3
43	H... M...	ouvrier industriel	—	50	70	—	2
44	V... E...	ouvrier agricole	1	50	—	4	6
45	S... H...	—	—	86	—	3	5
46	V... E... R... A...	1. cultivateur 2. fondeur	3	80	—	1	3
47	V... F...	1. cultivateur 2. journalier	2	15	—	1	5
48	J... J...	fermier	110	50	—	4	6
49	P... J...	cultivateur	14	—	—	3	5
50	D... A...	ouvrier ardoisier	—	18	40	3	5
51	M... G...	1. cultivateur, maçon 2. ouvrier menuisier	1	10	25	2	4

Nombre de foyers	Nom et prénom du maître de la maison	Profession du père et des enfants plus âgés	Étendue des terres exploitées H.	A.	C.	Nombre actuel d'enfants habitant la maison	Nombre de personnes habitant la maison
52	S... P...	cultivateur	20	—	—	—	3
53	V... B...	ouvrier brasseur	—	15	—	1	3
54	B... L...	machiniste	—	7	40	5	7
55	F... A...	cultivateur, paveur	1	85	—	5	6
56	D... J...	cultivateur	42	50	—	7	9
57	V... E...	ouvrier agricole	—	58	35	2	4
58	E... V...	—	—	3	—	2	4
59	D... A...	domestique	—	5	20	2	4
60	R... B...	instituteur	—	9	70	3	5
61	S.. D...	école des religieuses	—	8	80	—	3
62	D... A...	1. cultivateur 2. ouvrier brasseur	3	85	70	1	3
63	C... J...	cultivateur, garde	2	65	80	4	6
64	V... J...	ancienne institutrice	—	3	10	1	2
65	F... V...	cultivateur	23	50	—	5	7
66	V... P...	—	2	70	—	1	2
67	C... A...	—	5	40	—	—	—
68	D... P...	peintre	—	4	40	2	4
69	V... F...	journalier	—	1	50	3	4
70	B... L...	cultivateur	8	26	—	1	3
71	T... D...	conducteur de tram	—	20	30	1	3
72	V... C...	—	—	30	50	1	3
73	B... A...	cultivateur	4	20	—	—	—
74	D... C...	—	6	40	—	3	6
75	V... N...	—	17	—	—	3	6
76	G... L...	1. rentier 2. ouvrier industriel 3. —	—	54	20	3	5
77	A... L...	cultivateur	15	—	—	2	5
78	B... L...	boucher	—	5	10	6	8
79	H... P...	1. ouvrier agricole 2. — maçon	—	23	—	3	4
80	Z... F...	domestique	1	6	45	—	2
81	L... F... L... J..	1. cultivateur 2. ouvrier agricole	4	40	—	3	6
82	R... A...	cultivateur	21	30	60	5	7
83	V... A...	—	6	51	20	3	5
84	D... F...	ouvrier agricole	—	70	—	2	6
85	R... G...	verrier	—	9	—	2	4
86	M... J...	ouvrier agricole	—	25	60	2	4
87	D... K...	— industriel	—	51	20	3	5
88	R... J...	charron	—	10	—	—	2
89	L... M...	verrier	—	31	—	6	8

Nombre de foyers	Nom et prénom du maître de la maison	Profession du père et des enfants plus âgés	H.	A.	C.	Nombre actuel d'enfants habitant la maison	Nombre de personnes habitant la maison
90	S... A...	maçon	—	7	80	2	4
91	J... L...	—	—	96	60	—	—
92	P... J...	1. ouvrier industriel 2. journalier 3. —	—	4	50	4	5
93	C... L...	journalier	—	43	40	—	4
94	D.: E...	tailleuse	—	07	30	—	1
95	E... F...	fermier	55	—	—	—	5
96	X... Y...	curé	—	17	—	—	2
97	M... O.	cultivateur	14	60	—	3	5
98	P... J...	blanchisseur	—	12	70	1	4
99	S... F...	cultivateur, carrier	1	05	60	4	7
100	L... J...	rentière	—	46	20	2	5
101	F... S...	garde champêtre	—	17	70	1	3
102	M.. A...	conducteur de tram	—	35	40	5	7
103	R... Ch..	paveur	1	51	—	3	5
104	T... F...	cultivateur, carrier	3	30	—	6	8
105	N... P...	carrier	—	8	—	1	3
106	D... J...	—	—	85	—	5	7
107	D... F...	1. domestique de ferme 2. — 3. — 4. —	—	25	60	9	11
108	M... J...	négociant	—	7	10	1	2
109	F... Ch..	maréchal ferrant	1	10	—	4	6
110	P... A...	cabaretier	—	7	60	1	5
111	D.. A...	charron	—	4	20	3	5
112	F... G...	peintre	—	7	20	1	3
113	A... F...	cordonnier, cabaretier	—	7	60	2	4
114	D... L...	cultivateur	10	—	—	2	4
115	D... J...	négociant, cabaretier	—	04	50	1	2
116	P... T...	ouvrier industriel	—	6	15	3	6
117	C... A...	cultivateur, carrier	1	75	—	1	3
118	M... F...	ouvrier industriel	—	29	40	2	4
119	J... G...	—	—	3	20	6	8
120	B... J... C... A...	1. cultivateur 2. ouvrier brasseur	3	15	—	2	6
121	T... M...	menuisier	—	2	—	2	4
122	V... J...	asphalteur	—	35	—	1	3
123	M... A...	ouvrier industriel	—	30	70	2	5
124	S... P...	cultivateur	11	—	—	9	11
125	F... H...	négociant	—	3	40	1	3
126	M... N...	garde particulier	—	95	20	3	5

Nombre de foyers	Nom et prénom du maître de la maison	Profession du père et des enfants plus âgés	Étendue des terres exploitées			Nombre actuel d'enfants habitant la maison	Nombre de personnes habitant la maison
			H.	A.	C.		
127	B... G...	journalier	1	7	85	—	2
128	O... J...	maçon	—	25	80	6	8
129	M... F...	ouvr. industriel, journalier	—	18	50	6	8
130	V... J...	cultivateur	17	50	—	5	7
131	R... H...	1. — 2. ouvrier brasseur	3	50	—	2	4
132	A... M..	marchand de poules	—	64	60	2	4
133	S... M...	rentière	—	6	30	1	2
134	J... S...	jardinier	—	3	20	—	2
135	F... J...	domestique de ferme	—	15	90	2	4
136	J... R...	1. boulanger 2. peintre	—	85	—	2	4
137	L... O...	rentière	—	1	20	1	2
138	S... B...	cultivateur	5	40	—	3	6
139	V... M...	carrier	—	24	—	6	8
140	A... R...	propriétaire	—	2	20	—	1
141	M... O...	boutiquier, cabaretier	—	3	—	1	3
142	P... A...	paveur	—	27	—	2	4
143	M... D...	carrier	—	30	40	2	4
144	A... L..	boutiquier, ouvrier agricole	—	11	90	—	1
145	L... B...	piocheur	—	15	—	3	5
146	V... A ..	asphalteur	—	3	20	5	7
147	D... J...	emballeur	—	1	10	—	2
148	V.d.V.M.	paveur	—	6	80	—	1
149	P... L...	—	—	7	90	—	1
150	A... F...	1. blanchisseur 2. ouvrier imprimeur	—	35	—	1	4
151	A... P...	rentière	—	1	50	—	1
152	D... G...	journalière	—	1	70	—	1
153	V... P...	—	—	1	40	—	1
154	M... F...	1. ouvrier agricole 2. — brasseur	—	42	20	4	7
155	C... E...	menuisier	—	09	30	3	4

En résumé, le village de P. se compose de 155 foyers. 83 chefs de ménage sont employés dans les carrières libérales, dans le commerce ou l'industrie, ou bien n'exercent aucune profession.

Les 72 autres sont appliqués à l'agriculture. De ce nombre, il y a 40 fermiers ou cultivateurs (dont 8 remplissent en même temps une occupation auxiliaire, comme celle de carrier, manœuvre d'usine, etc...) et 7 journaliers ou domestiques de ferme; 25 font la besogne d'ouvrier agricole.

A propos de la distribution des terres exploitées, remarquons que 18 cultivateurs, soit près de la moitié, disposent de moins de 7 hectares.

Parmi les ouvriers agricoles, deux d'entre eux cultivent plus de 2 hectares, 6 autres de 1 à 2 hectares, 17 moins de 1 hectare.

Le lecteur aura pu observer dans ce relevé que l'exploitant d'un nombre suffisant d'hectares comme propriétaire ou locataire garde ses enfants auprès de lui pour l'aider dans son travail. L'ouvrier agricole, au contraire, place généralement ses fils dans l'industrie.

CHAPITRE V

CONDITIONS PHYSIQUES DE LA VIE DES OUVRIERS MIGRATEURS.

Il y a migrateurs et migrateurs, et il faut se garder, quand on examine la situation qui leur est faite par les déplacements continuels, de verser dans des généralisations préconçues sur les conditions pitoyables de leur vie. On ne verrait pas, par exemple, la raison de plaindre des ouvriers habitant la zône rurale à proximité des villes : un voyage de quelques lieues en chemin de fer ne présente guère de fatigue et ils ont sur les ouvriers de la banlieue l'inappréciable avantage de respirer au retour un air pur, et de jouir du calme reposant de la campagne.

Ceux qui habitent à de plus grandes distances bénéficient sans doute des mêmes avantages, mais au prix de sacrifices réels.

Il faut avoir fait le trajet avec eux à différentes reprises pour comprendre le côté pénible de l'existence d'un grand nombre d'entre eux.

Au milieu de l'hiver, lorsque la pluie a détrempé le sol et que le vent frappe le visage, ils quittent le village dès 4 heures du matin et s'en vont par les longs chemins obscurs. Un jeune forgeron nous disait : « c'est moins le mauvais temps que nous craignons que les mauvais chemins». En effet, les sentiers de terre sont couverts de mares d'eau boueuse, et il est souvent impossible de voir où l'on pose le pied. Certains font ainsi, chaque jour, une heure et demie, deux heures de marche, comme ceux qui vont de Waenrode à Budingen, d'Opprebais à Perwez, ou de Lasne à Court Saint-Etienne.

Le parcours en chemin de fer vient accroître les fatigues. Prenez les houilleurs de Webbecom ou de Diest travaillant dans les puits de Tilleur ou de Montegnée, ils n'arrivent à la mine qu'après un voyage de deux heures. Ceux des environs d'Aerschot allant dans la région de Charleroi mettent plus de temps encore. Nous avons rencontré un manœuvre d'usine qui repartait de Liège chaque matin à 4 heures 53 minutes, arrivait à Louvain à 7 heures 15 minutes, reprenait sa route à 8 heures trente pour ne rentrer chez lui, à Langdorp, que vers neuf heures et demie. L'après-midi, il quittait sa demeure à 1 heure et demie pour arriver à Liége vers 5 heures. Depuis trois ans, il suivait ce régime de va-et-vient à raison d'environ 7 heures de voyage par jour. Sans doute il eût pu prendre un logement à proximité de l'atelier et revenir seulement au bout de la semaine, mais sa femme était morte et il ne voulait pas abandonner ses petits enfants sans surveillance.

Si le premier train s'est attardé, les ouvriers perdent la correspondance et ne peuvent plus arriver au travail à l'heure réglementaire. Ils prennent alors le chemin du retour. D'autres souffrent de l'inconvénient contraire, ils doivent stationner chaque jour dans une gare intermédiaire pendant une demi heure, une heure, parfois plus longtemps. Tels ces métallurgistes revenant de Couillet, le dimanche matin, et qui demeurent deux heures et demie à Louvain, avant de repartir pour au delà d'Aerschot (1).

Et que dire de l'hygiène des trains ! Les ouvriers se sont précipités dans les compartiments qu'ils emplissent parfois jusqu'à déborder. Bientôt le plancher se couvre de crachats, et comme les fenêtres demeurent hermétiquement closes, l'odeur âcre des vêtements sales vous saisit. Si la trépidation rythmique ou la lenteur du parcours énerve les plus

---

(1) Le règlement d'ordre intérieur de la gare défend aux ouvriers de stationner sur les quais d'embarquement. Les uns vont s'étendre sur les bancs de la salle d'attente, d'autres font le tour de la ville, d'autres encore s'arrêtent dans les petits estaminets voisins.

remuants (1), ce sont alors des trépignements de bottes ou de sabots et la poussière monte dans ces wagons étroits au milieu d'un bruit assourdissant.

Arrivés à destination, ils ne se trouvent pas encore au lieu du travail. Un certain nombre de gares déposent l'ouvrier à la porte même de l'usine ou du charbonnage. Mais il n'en est pas toujours ainsi. Beaucoup d'entreprises de date récente, ont dû, faute d'emplacement plus proche ou pour s'épargner l'acquisition de terrains surévalués, s'établir à la périphérie des localités industrielles.

Nous ne sommes aidé d'aucune statistique pour juger du tort causé à la santé des ouvriers par ces migrations longues et fatigantes. Dans les comptes d'année des sociétés mutualistes de la partie rurale où se trouvent inscrits des agriculteurs et des travaillleurs de l'industrie, on remarque bien la forte proportion de ceux-ci parmi les membres indemnisés et les membres décédés. Mais il est impossible d'en rien conclure avec certitude pour le point de vue qui nous occupe. Il faudrait pour cela faire la part des accidents dûs au travail lui-même ou à la négligence. Il y a aussi le facteur des maladies professionnelles comme l'ankylostomiase et la bronchite chez les houilleurs, ou l'anémie chez les travailleurs du plomb.

A défaut de chiffres, nous avons l'attestation de nombreux médecins dont le jugement repose sur une longue observation.

Revenir du travail de grand matin après avoir pris une croûte de pain et un peu de café froid, franchir des distances considérables pendant des hivers rigoureux, dormir à peine cinq ou six heures, reprendre chaque jour le même chemin et recommencer chaque jour le même travail, voilà assurément un régime de vie très préjudiciable à la santé. Combien

---

(1) Des médecins affirment que les troubles provoqués par la cadence incessante des trains causent chez plus d'un organisme délicat l'hyperesthésie des centres nerveux.

d'enfants ont ainsi compromis irrémédiablement leur existence. Un jour que nous passions par le village de A., les paysans étaient encore sous le coup de la mort de deux petits manœuvres d'usine que le travail pénible au dehors avait terrassés avant le temps.

D'autre part, la migration lointaine n'est pas pour augmenter la capacité de production industrielle. Sans être partisan d'un taylorisme exagéré, il est permis de regretter cette déperdition de forces humaines sans profit pour la richesse publique. Si l'ouvrier des villes jouit d'une constitution généralement moins robuste, celui des campagnes qui arrive déjà fatigué par la route, ne se trouve pas non plus dans les conditions de meilleur rendement.

De là à passer aux remèdes, il faut franchir un large fossé. On conseille de rendre impossibles les longs voyages en augmentant le prix des billets d'abonnements. Cette mesure est naïve à force d'être simple. Il ne suffit pas d'immobiliser le jeune homme à la campagne sans lui donner la faculté d'y vivre. Il importe donc, en se tenant au seul point de vue de la santé de l'ouvrier migrateur et du meilleur usage de ses efforts, d'en maintenir un grand nombre à la terre en relevant la profession agricole, ou bien de pousser à l'industrialisation des régions rurales. Mais ce dernier remède n'ira pas sans produire souvent un mal plus grave encore, la démoralisation des villages.

A propos de la catégorie spéciale des migrants qui demeurent toute la semaine au lieu même du travail, se présente la question très importante des logements.

Il existe pour eux plusieurs modes de logements : il y a la cambuse, la cantine, les hôtelleries et les maisons particulières. Chacun apporte des avantages et des inconvénients qui lui sont propres.

Nous voici au charbonnage « Le Gouffre » n° 7, à Châtelineau. La société exploitante possède à quelques centaines de mètres du puits, une série de quinze petites maisons, où cent soixante houilleurs peuvent se loger. Les chambres ne sont pas de même grandeur, les unes sont aménagées pour trois, d'autres pour sept lits. Le logement est fourni gratuitement ainsi que la literie et le combustible. Les ouvriers payent chacun dix centimes par jour pour l'entretien de la maison et cinq centimes pour l'éclairage. Au moment où nous entrons dans un des logis, nous voyons le surveillant, un ancien mineur, qui tisonne le poêle où fume la grande marmite d'eau chaude. C'est qu'il est près de trois heures de l'après-midi, et les ouvriers bientôt de retour de la fosse vont se laver et préparer leur repas du soir. Dans l'armoire il y avait du pain, un peu de beurre, des pommes de terre, des œufs et quelques morceaux de lard, sur la table quelques tasses et des assiettes.

Ce petit monde vit en communauté, très sobrement. Nous avons causé avec plusieurs qui avaient fait le service de nuit et jouaient aux cartes. C'étaient des jeunes gens de Neerlinter. Ils rapportent chaque quinzaine à leurs parents, les ouvriers à veine, 50 francs, les hiercheurs, 30 francs. Ce système de *cambuse*, s'il se rencontre avec une discipline suffisante, est le mieux adapté aux mœurs des ouvriers. Ils se sentent chez eux, vivent à leur manière, sans aucun protocole ni formalité. Tout le monde commande, et tout le monde obéit. En fait, c'est toujours l'ancien qu'on écoute, c'est lui qui dirige la maison et en prend la responsabilité.

Les *cantines* ont une organisation différente : ce sont de vraies maisons de pensions. L'ouvrier y est logé et nourri. Telle la cantine du Bois du Luc à Houdeng-Aimeries où viennent les houilleurs d'Aerschot. Le cantinier, nommé par la direction du charbonnage, et placé sous le contrôle d'un chef garde, est chargé de la cuisine et de la propreté des chambres. Les locataires ne supportent aucun frais de logement, mais payent 1,25 fr. par jour de travail pour leur entretien et leur nourriture. Cette nourriture comporte le matin, au déjeûner, du pain, du café et du sucre; au dîner, à 3 heures, du potage, de la viande, des pommes de terre et des légumes; au souper de 7 heures, de la viande et des pommes de terre.

Le règlement fixe le retour, chaque soir, à 9 heures, le le dimanche, à minuit. Si l'ouvrier s'absentait deux jours, sans motif sérieux, il serait renvoyé de la cantine et de la mine. Cette installation du Bois du Luc nous a semblé satisfaire à toutes les exigences de l'hygiène et du confort élémentaire. Et l'ouvrier y serait heureux s'il ne prenait facilement ombrage d'un règlement cependant modéré et inspiré par les intérêts de tous.

Cette impatience de s'affranchir de toute discipline imposée amène à parler des *hôtelleries*, cet autre régime de pension fondée par l'initiative privée.

A titre d'exemple, voici celle dirigée, à Charleroi, par les Frères de la Charité. La maison fut bâtie pour contenir 150 pensionnaires et elle en eut autant à ses origines. A l'époque où nous la visitions le chiffre était tombé à 50. Et voici, me faisait remarquer mon *Cicerone*, la raison de cette diminution : il manque chez nous l'alcool et la femme. Ajoutons qu'à la place se trouve le prêtre qu'on trouve gênant, et qui ne rachète pas par sa bonté et son entier dévouement.

L'ouvrier est bien traité. A sa rentrée du travail, il se rend à la salle de bain où se trouve d'un côté une rangée de lavabos, de l'autre, une série de baignoires en ciment émaillé. Au sortir du bain, il va au restaurant prendre son repas. Du potage, de la viande, des pommes de terre, des légumes et de la bière, voilà son dîner. Attenant à la salle à manger, s'ouvre un café et une salle de jeu. Chacun a sa chambrette où l'attend le soir un lit à sommier métallique. Le lendemain, après son déjeûner, il prend avec lui des tartines et de la viande pour se rendre à l'usine. Or nous laissons à deviner ce que ce logement si bien aménagé et si propre coûte à l'ouvrier ? — 22 francs par mois. Evidemment les Frères perdent à ce commerce, mais le pensionnaire y gagne au point de vue physique et moral (1).

Nous arrivons à la façon de vivre la plus répandue, celle offerte aux migrateurs dans les maisons particulières, communément appelées *maisons de logement*.

Depuis l'époque où les charbonnages ont dû faire appel à la main-d'œuvre étrangère, les plaintes n'ont pas manqué à l'adresse de ces logements souvent anti-hygiéniques. L'enquête de 1869 sur la condition des ouvriers dans les mines et usines métallurgiques (2) insistait déjà sur les griefs auxquels il importait de remédier : « Une question qui appelle la sollicitude des industriels, est celle du logement des ouvriers célibataires et des étrangers dont le domicile est trop éloigné des établissements où ils travaillent pour qu'ils puissent retourner chaque jour dans leurs familles. Dans nos centres populeux, ces malheureux sont souvent obligés d'habiter *en grand nombre des chambres mal aérées, où ils se partagent de mauvaises couches, rarement vierges d'occupants et rarement renouvelées*. Sans gîte en quelque sorte, ils n'ont d'autre ressource que le cabaret qu'ils trouvent du reste chez celui qui les loge, et de la part duquel ils ne sont que trop souvent l'objet d'une véritable exploitation ». Le Conseil supérieur d'hygiène publique dans son dernier Règlement général sur l'hygiène des habitations regrette encore que les ouvriers soient amenés « à accepter l'hospitalité de familles qui, pour se procurer un supplément de ressources hébergent des pensionnaires dans des logements à peine suffisants pour leurs propres besoins « (3).

---

(1) Les autres hôtelleries sont installées à Seraing, Marchiennes-la Docherie, Ransart, Morlanwez et Anvers. Elles peuvent être aménagées pour héberger 600 ouvriers. En fait, les locataires sont moins nombreux et il ne semble pas que ce genre d'institution soit appelé à un large développement.

(2) La circulaire de M. A. Jamar, ministre des Travaux Publics, était envoyée aux Officiers du Corps des mines.

(3) *Règlement général sur l'hygiène des Habitations*, arrêté par le Conseil supérieur de l'Hygiène publique. Ministère de l'Intérieur, Administration du service de Santé et de l'hygiène. Bruxelles, Weissenbruch. 1911.

M. Seebohm Rowntree (1) dans son étude sur la situation des logements ouvriers dans les milieux urbains a divisé les maisons qui ont fait l'objet de ses observations en trois classes : la première comprend les habitations des ouvriers les mieux payés et des fonctionnaires secondaires ; la deuxième, celles des ouvriers qualifiés mais sans toucher un maximum de salaire ; ou bien encore, celles d'ouvriers non qualifiés mais aidés par le travail de leur femme et de leurs enfants ; la troisième enfin, celles des ouvriers non qualifiés et des pauvres en général. Il constate l'encombrement d'une maison quand elle contient plus de deux personnes par chambre. Ainsi une demeure de 4 pièces occupée par 8 personnes serait considérée comme encombrée si elle était occupée par 9 personnes. Sans discuter cette base d'appréciation, il déclare que la proportion de l'encombrement est très élevée dans chacune des classes, et d'autant plus que l'habitation est plus réduite. Pour la classe II par exemple, la proportion dépasse 20 p. c. dans le Bassin de Liége et de Charleroi. Pour la classe III, la proportion monte de 30 à 75 p. c.

Envisageant à ce point de vue la ville de Liége et les districts industriels du centre du Hainaut et du Borinage, nous relevons le pourcentage suivant (2) :

---

(1) B. Seebohm Rowntree, *How to diminish poverty*, Chap. XXVIII.
(2) Deux personnes en dessous de 10 ans sont comptées comme une personne.

CLASSES DE LOGEMENT		Nombre de personnes sur lesquelles a porté l'enquête	Pourcentage de personnes habitant des maisons à raison de			
			deux personnes au plus par chambre à coucher	plus de deux personnes	plus de trois personnes	plus de quatre personnes
Borinage	Classe I	131	86.73	15.27	—	—
	id. II	452	68.40	31.60	9.61	0.99
	id. III	584	30.74	69.26	44.77	26.88
Centre	Classe I	565	89.21	10.79	41.51	1.77
	id. II	752	76.86	23.14	6.12	0.60
	id. III	1007	38.28	61.72	29.10	12.17
Liége	Classe I	295	57.12	42.88	14.58	20.51
	id. II	270	41.59	58.41	30.50	9.61
	id. III	345	14.64	85.36	48.41	27.54

Si l'enquête avait porté sur un plus grand nombre de maisons, le pourcentage eût encore baissé, car il résulte d'une visite personnelle faite par nous dans différents quartiers populaires de la région de Charleroi, qu'une chambre contient en général autant de lits qu'il est possible d'en mettre. Voici un cabaretier mettant sa propre chambre en location ; chaque soir il descend sa paillasse et l'étend près du comptoir. Un autre fait occuper par un ouvrier le lit de ses deux enfants. Ceux-ci passent la nuit sur un matelas reposant sur des chaises. Un autre encore loue la partie de son grenier non occupée par le pigeonnier. Ces cas sont multipliables à l'infini.

Nous ne devons pas être surpris d'un tel encombrement de locataires. Ceux-ci appartiennent pour la plupart à la catégorie la plus obscure des travailleurs. Trouver place où dormir, ils ne demandent pas davantage, d'autant moins qu'ils s'imaginent payer un prix de location en raison inverse du nombre d'occupants. Or le locataire principal cherche, au contraire, à augmenter le loyer d'une chambre en proportion du nombre de lits (1). Ainsi deux équipes de 6 ouvriers dormant successivement le jour et la nuit dans les trois lits d'une même chambre, payent relativement plus que si la chambre était louée à une seule équipe, où s'ils occupaient des chambres contigues.

L'hygiène de ces demeures devrait être d'autant mieux surveillée. Il n'en est rien. Nombre de chambres à coucher ont à peine 2.25 mètres de hauteur, d'autres ne reçoivent l'air et la lumière que d'une lucarne basse, ou d'un escalier, ou d'un réduit, ou même d'un lieu d'aisance à proximité.

Que dire de la literie ! Beaucoup de maisons possèdent des anciens lits de bois où la saleté s'est accumulée. Souvent pas de matelas mais une paillasse; pas de draps; s'il y en a, ils portent d'épaisses tâches de graisse et de poussière à la tête et aux pieds. On se demande comment la fièvre typhoïde, la gale et la tuberculose ne font pas plus de victimes dans ces milieux malpropres. L'explication se trouve peut-être dans les conditions générales de la vie de l'ouvrier qui sont meilleures à notre époque. Autrefois, il séjournait plusieurs mois dans le même taudis sans jamais retourner au village, il fournissait un travail de 13, 14 heures, et se nourrissait moins bien. Il faut ajouter que les autorités communales se soucient davantage des règles de l'hygiène dans les nouveaux quartiers populaires.

A propos du régime alimentaire suivi dans les pensions (2), les réponses se ressemblent beaucoup : au déjeûner, pain, café, viande froide ou fromage ; au dîner, du potage, des pommes de terre, de la viande, des légumes et un verre de bière. Ils prennent avec eux du café et des tartines pour un

---

(1) Cf. Comité de Patronage des Habitations ouvrières de Prévoyance de la Ville de Liège et des communes limitrophes. *Rapport sur les opérations du Comité en 1912*. Liége, H. Poncelet.

(2) Un certain nombre de migrateurs, peu nombreux et des plus modestes, louent une chambre et préparent eux-mêmes leurs repas avec la nourriture qu'ils apportent de chez eux ou ont achetée.

second déjeûner sur le chantier. Le prix moyen mensuel de la pension est de 45 francs dans la région de Liége, de 55 fr. dans le pays de Charleroi, et le locataire principal affirme sans sourciller ne rien gagner à ces conditions. Peut-être ; en tous cas, il touche gros argent grâce aux multiples exploitations dont les ouvriers sont victimes.

Voici par exemple, un procédé indélicat et très courant. Le soir du jour où les logeurs ont perçu « la quinzaine », le cabaretier paie une « tournée ». C'est l'amorce. Chacun alors de payer la sienne, à son tour, et le tenancier de débiter son alcool frelaté et sa petite bière. Bientôt tout le monde chante et danse. Le cabaretier verse toujours et marque à sa guise sur l'ardoise ou sur la table du comptoir le nombre de verres bus par les consommateurs. Il n'est pas rare que le buveur bénévole se voie accuser une dette plus forte que le salaire des deux dernières semaines. Il devra alors remettre au cabaretier son carnet de paie, et celui-ci ira lui-même au bout de la quinzaine suivante toucher au charbonnage le salaire de son logeur. Un certain nombre d'ouvriers toujours endettés, doivent se faire reporter de mois à mois aux comptes ultérieurs et tombent dans le piège d'être assujettis et de ne plus pouvoir chercher logement ailleurs. Un jour que nous parlions à un chef porion, il nous raconta qu'il avait reçu la veille la visite d'un houilleur. « Chef, c'est demain la paye. J'ai perdu mon carnet et viens vous en demander un autre » — Qu'en avez-vous fait ? » — « Tout ce que je sais, c'est que je ne l'ai plus ». On lui donna un nouveau carnet et il alla toucher son salaire. A peine était-il sorti que la femme de son tenancier se présente chez le caissier du charbonnage avec le carnet prétendument perdu. « Femme, il est trop tard, cet ouvrier a été payé ». — « Mais voici son livret de quinzaine, et il a 32 francs de dette ! » « C'est possible, mais il avait lui aussi un livret et nous ne payons pas deux fois ».

Il est des cabaretiers et des petits détaillants qui poussent le trafic jusqu'à exiger du nouveau logeur un blanc-seing où ils inscriront à leur gré les comptes les plus fantaisistes. L'un d'eux avouait ingénuement un jour à un officier de la police judiciaire percevoir de la sorte un bénéfice annuel d'environ 1500 francs.

Il est évident qu'à tous ces points de vue, le migrateur séjournant la semaine dans la localité de travail, devrait pouvoir trouver des habitations collectives hygiéniques et soustraites à l'apparence même de l'exploitation. Si l'on veut aboutir à un résultat général, il faut intéresser les sociétés industrielles elles-mêmes à la situation matérielle de leurs ouvriers(1). Beaucoup de maisons furent construites dès le début en faveur de ceux qui viennent s'installer aux environs de l'usine avec leur ménage ; presque rien n'a été réalisé pour les migrants. Nous savons bien que ce public spécial, à l'unisson de tant d'autres, est peu disposé à fréquenter un établissement de fondation patronale, et les faits témoignent que la clientèle de telle et telle hôtellerie est instable, mais rien n'empêche les patrons d'encourager, en ce cas, par une souscription d'actions, une société philantropique et financière établie pour l'érection de ces maisons communes.

Le Conseil Supérieur d'Hygiène publique a préconisé une autre forme d'intervention, la création d'hôtels populaires par les collectivités ouvrières elles-mêmes, et nous savons que la loi sur les Habitations à bon marché y a pourvu expressément (2). Ces coopérative sissues, par exemple,

---

(1) A propos d'une enquête organisée en 1908 dans la région du Tournaisis, on pensa que le brasseur était le capitaliste qui pourrait le plus facilement être amené à construire des maisons de logement pour migrateurs. Au rez-de-chaussée se tiendrait un estaminet où le propriétaire ferait délivrer sa bière à la clientèle stable de ses nombreux locataires ! Mais ne serait-ce pas multiplier les débits de boissons, et si le brasseur ne poursuit que ses intérêts pécuniaires, quelle garantie aura-t-on que ces nouueaux logements ne seront pas décemment tenus ? Cf. *Bulletin mensuel des Œuvres sociales*, n° 6. Tournai, Casterman, 1909.

(2) Cf. l'art. 3 de la loi où il est dit : « *sont considérés comme habitations ou logements à bon marché... les immeubles, tels que dortoirs publics et hôtelleries populaires, affectés à des logements passagers en commun* ».

des Unions professionnelles (1), feraient tomber les préjugés entretenus par les travailleurs vis-à-vis des initiatives patronales.

Quoiqu'il en soit, les sociétés industrielles seront nécessairement amenées par la concurrence toujours plus intense sur le marché des affaires, à envisager de plus près les détails de l'organisation du travail et elles devront se rappeler plus efficacement cette pensée que Thomas Ashton émettait déjà au milieu du siècle dernier : « tout ce que j'ai dépensé pour loger convenablement mes ouvriers m'a été rendu avec usure. Plus sains, plus dispos, plus vigoureux, ils ont travaillé avec plus de soin et ils ont produit davantage (2) ». Et cet accroissement de production, s'il n'implique pas le *sweating system*, ce n'est pas l'ouvrier qui s'en plaindra, le patron moins encore.

---

(1) Ce point de vue devra faire l'objet d'une considération particulière lorsqu'il s'agira d'étendre la personnification civile des Unions professionnelles.
(2) Cité par Porter ; *Progress of Great Britain*. London, 1856, p. 145.

CHAPITRE VI

CONDITIONS MORALES DE LA VIE DES OUVRIERS MIGRATEURS

En général on ne connaît les ouvriers migrants que pour les avoir rencontrés quelquefois le soir à l'intérieur des gares, sur les quais d'embarquement. Ils se précipitent en groupes compacts vers leurs compartiments qui sont bientôt assiégés. Plusieurs n'attendent pas l'invitation du garde-convoi, et vont s'installer partout où ils trouvent place, voire même en deuxième classe. Mais ce sans gêne et cette turbulence n'est qu'un côté très superficiel du caractère de cette catégorie de travailleurs.

Nous avons ici l'exemple peut être le plus apparent et le plus suggestif de l'influence exercée par le milieu sur la vie tout entière.

Un jeune homme élevé dans l'amour du devoir et le respect de l'autorité, à peine se trouve-t-il transporté dans une société licencieuse et libertaire, qu'il est entraîné par l'instinct de l'imitation à un ensemble de gestes et d'attitudes à l'opposé de ses habitudes premières. La mère au foyer, le prêtre au catéchisme, l'instituteur en classe, l'atmosphère saine des plus heureuses traditions, tout ce qui contribuait à faire grandir l'enfant dans la pleine possession de lui-même, se trouve remplacé, et presque soudainement, par l'empreinte vicieuse des camarades et des mauvais lieux.

Tout le monde ne subit pas semblable déformation, ni au même degré. Les uns, de nature froide et indépendante, n'offrent aucune prise aux sollicitations malsaines, d'autres doivent l'honnêteté de leur conduite à la vigilance énergique de leurs parents ou au soutien généreux d'un ami. Mais de combien n'est-il pas vrai de penser que la vie au dehors a été la source de leurs déchéances !

Il faut dire que le jeune ouvrier de la campagne engagé dans l'industrie est placé d'emblée dans une situation nettement défavorable. Tout d'abord, il sait peu de chose de la vie de là bas. Le gamin de la ville grandit, lui, dans le voisinage même de l'usine où il ira travailler. Le spectacle de la rue commence à lui apprendre ce que ses camarades lui enseigneront plus clairement plus tard. Et cette initiation lente lui permettra plus facilement de se ressaisir, s'il veut. Le paysan, au contraire, est jeté brusquement dans une société totalement différente de la sienne. Non pas que le mal ne se commet pas au village, mais il y met moins d'ostentation et échappe aux regards peu avertis. Conçoit-on le désarroi d'une âme encore naïve en face des scènes les plus troublantes ! Car, et c'est un autre dommage, le jeune migrateur se connaît moins encore qu'il ne connaît le milieu où il est plongé. Si ses éducateurs avaient obtenu le résultat inappréciable de le rendre un peu réfléchi et de lui faire mesurer ses forces en fonction de l'entourage où il devait être un jour, il aurait quitté le village avec le sentiment personnel de ses responsabilités. Nous ne disons pas qu'il aurait affirmé son caractère dès le début, et aurait profité du désordre des autres pour mieux s'ordonner lui-même, mais il eût appris à peser la portée de ses actes avant de s'y laisser entraîner, comme le sauteur, au moment de s'élancer, voit des yeux la hauteur de la corde. Vous ferez remarquer qu'il a pris peut-être de bonnes habitudes au foyer. Oui, mais n'avait-il pas en même temps l'humeur impulsive ou indisciplinée, et qu'est-ce alors qu'une habitude routinière non délibérément acceptée.

D'autre part, le goût du métier, l'estime qu'on recueille pour un bel ouvrage achevé, contribue au respect de soi et fournit une aide précieuse pour se bien tenir. Or la plupart sont employés à la grosse besogne. Hommes de peine, ils travaillent machinalement et ce sentiment de leur incompétence, jointe au défaut d'instabilité qui les porte capricieusement vers tel atelier, puis vers tel autre, les prédispose au laisser-aller de leurs tendances vicieuses.

Quand nous parlons des mauvaises influences du milieu, nous songeons à celles auxquelles les migrants sont particulièrement exposés : la vie dans les trains, et la vie dans les maisons de logement. Nous voyagions un jour sur la ligne de Charleroi à Louvain avec un groupe d'ouvriers revenant des hauts-fourneaux de Marcinelle. Deux d'entre eux approchaient de la cinquantaine. Ils s'étaient enfoncés dans les coins du compartiment, et dormaient, la casquette abaissée sur le visage. Les autres étaient beaucoup plus jeunes. L'un de ceux-ci n'avait certes pas 15 ans. Derrière la poussière ramassée aux ateliers, je distinguais une figure très fraîche et une complexion délicate. Il avait des yeux fort candides et une manière de se tenir si modeste que je me prenais à regretter qu'on mêlât si vite cet enfant avec des camarades déjà familiarisés avec les dessous de la vie. Mais lorsque la conversation commença à dégénérer en propos malpropres et que les grands chuchotaient entre eux à mots couverts, je vis le petit s'essayer à jouer l'homme très au courant, tâchant même de renchérir. Le train s'arrêta à Ottignies et comme il tardait de repartir, le chef de la bande, le plus fort en gestes et en paroles, bondit vers la portière, ouvrit la fenêtre, et lança un juron d'impatience dans la direction de la locomotive. Et tous de se mettre à jurer. J'entendis le petit qui lui aussi, de sa voix claire, blasphémait. Je n'ai jamais mieux saisi sur le vif le rôle des influences dans la déformation des caractères.

Dans les trains de houilleurs et de métallurgistes, les dirigeants socialistes organisent à certaines époques la progagande antireligieuse et malthusienne. On choisit dans les différentes régions rurales un migrateur connu pour ses opinions subversives. On le dresse au cercle d'études et par les journaux, et pour exciter son zèle, on lui promet des bénéfices pécuniaires. Tous les jours vous pourrez alors le voir, à l'aller et au retour, servant à fortes doses sa prose impie et licencieuse. Vous devinez ce qu'est cette prose, une amertume haineuse contre toute autorité et toute contrainte. La religion est la première à en souffrir. Elle est représentée comme un objet d'exploitation de la part des prêtres. Le Christ n'est qu'un homme ; l'Eucharistie, une superstition ; « l'Enfer, nous l'avons dans la mine, cela suffit bien ». Aucune œuvre chrétienne, aucun héroïsme ne trouve grâce. Leur code de moralité n'est pas moins lamentable. Vous les entendrez autoriser la stérilité intentionnelle, l'infanticide, l'amour libre, la prostitution dans des termes immondes qui vous font penser que vous vous trouvez au milieu de tarés. Au point de vue du travail, ces conversations entretiennent parmi les ouvriers la plus fâcheuse mentalité. Ce sont des plaintes sans discernement contre le régime du salariat, contre les conditions générales du travail, contre le patronat. C'est la propagande indirecte pour la grève perlée et le sabotage déguisé. Quand le compartiment est gagné à ces idées, malheur à l'ouvrier indépendant qui risque une opinion contraire, On l'accable d'injures, « renard », « blanc dos », « jaune », tous les mots du répertoire habituel pleuvent sur lui, et il faut un caractère très ferme et maître de soi pour tenir tête à l'orage.

Nous ne disons rien des actes d'immoralité qui se commettent dans les trains, surtout au retour du travail, et sur certaines lignes particulièrement mal famées. Les règlements de police justifient les poursuites et déterminent les pénalités, mais les ouvriers ne portent jamais plainte l'un contre l'autre, et le garde-convoi ou bien n'est pas personnellement témoin de la contravention, ou se refuse à faire dresser procès verbal par crainte de représailles.

A propos des conditions physiques auxquelles le migrateur se trouve soumis, nous avons souligné les désavantages matériels attachés au séjour dans la localité de travail pendant toute la semaine. A ces inconvénients s'ajoutent les dangers moraux dont les suites funestes ont échappé trop longtemps à l'attention publique.

Déjà dans l'enquête officielle de 1869 sur la population ouvrière des établissements miniers et métallurgiques, des plaintes étaient émises sur l'organisation des maisons de logement au point de vue moral. « Il y a dans les environs de notre ville (Charleroi) des logements où sont nourris et hébergés des ouvriers étrangers à la localité, qui arrivent le lundi et retournent le samedi, laissant leur famille dans des endroits où la vie matérielle coûte moins et où la femme et les enfants peuvent s'occuper aux travaux des champs. C'est surtout dans ces habitations communes que règne le désordre et la malpropreté ; *c'est là que le vice s'enracine et se perpétue ; c'est là que le bon se pervertit au contact du mauvais...* » Il n'est évidemment pas question ici de ces ouvriers sobres et rangés, venant de la même région et habitant ensemble une même demeure. Ils sont arrivés dans l'industrie avec l'idée réfléchie d'amasser quelque argent, et ils trouvent dans la maturité de leur âge ou dans la surveillance mutuelle une sauvegarde contre les écarts de l'ivresse et de l'impudicité. Mais il s'agit bien de cette autre catégorie — chaque année plus nombreuse — véritables déracinés arrêtés dans la voie des délits et des crimes par la seule crainte de l'emprisonnement.

Pendant les premiers mois qui suivirent l'engagement à l'usine ou à la mine, ils se mêlaient aux camarades, et revenaient en groupes au village au bout de la semaine. Bientôt ils se sont détachés, et ils passent désormais le dimanche dans leurs maisons de logement. La mère ou l'épouse s'informe anxieusement auprès de ceux qui sont rentrés. Mais il n'y a pas beaucoup à raconter, et l'on devine vite les égarements.

Que se passe-t-il donc dans ces maisons de logement ?

Il y règne tout d'abord une continuelle promiscuité. Enfants et hommes d'âge, ouvriers de nationalités différentes, êtres tarés ou repris de justice, ce monde vit côte à côte pendant les longues heures de repos. La nuit, ils occupent plusieurs le même lit. Naguère, M. le Ministre de la Justice faisait prendre un arrêt d'expulsion contre un étranger domicilié à Quiévrain qui recrutait en Espagne des apprentis verriers et les couchait deux à deux sur des grabats. L'arrêt était légitimé par le motif de contravention aux notions élémentaires de la morale et de l'hygiène. Eh bien, cette morale élémentaire se trouve méconnue dans un grand nombre de maisons des cités ouvrières des bassins houillers (1).

Cette promiscuité en amène une autre plus regrettable encore. Les jeunes filles du peuple, relativement peu nombreuses au milieu de cette armée de travailleurs, y sont l'objet d'une exploitation régulière. Un magistrat nous disait : « Il devient difficile d'en rencontrer qui ne payent pas le tribut à la prostitution ». Dès que l'enfant travaille, l'usage veut qu'on lui laisse toute liberté. Un soir, elle a été arrêtée en chemin ou a passé devant un café borgne. Elle a écouté, elle a souri. C'en est fait d'elle. Et si l'on avertit la mère : « ma fille gagne de l'argent, répond-elle, elle doit avoir la faculté de s'amuser ». Cela se termine parfois par le concubinage sous les yeux même des parents. Car la fille ne voulant rien entendre, et menaçant de s'enfuir, a été autorisée à admettre le jeune homme dans sa chambre.

Le dévergondage commencé à l'âge de 14 ans et moins, se continue au milieu de toutes sortes de péripéties jusqu'au mariage. Beaucoup ne se marient jamais. D'ailleurs quel ménage ! Il a manqué à l'enfant une instruction ménagère, et quand l'heure est venue de tenir une maison et de

---

(1) Un commissaire de police nous déclarait avoir constaté, pendant sa dernière inspection dans les maisons de logement, 31 contraventions aux règlements de police de la localité. Et il s'était borné, disait-il, à ne relever qu'une contravention par habitation visitée.

préparer un repas, elle ignore les premières notions de la cuisine et de la propreté. L'homme se trouve bientôt mal chez lui et il sort. Ces sorties sont l'origine de nouveaux dérèglements pour elle comme pour lui.

Voici un exemple de ce qui se passe dans ces maisons de logement. Un jour, un homme et une femme, originaires de Tirlemont, viennent occuper une chambre dans la commune de J. Ils avaient été condamnés l'un et l'autre à 3 mois de prison pour adultère, s'étaient enfuis quelque temps en France, puis étaient revenus au pays sans avoir purgé leur peine. Le Parquet informé lança une ordonnance de capture. Le commissaire de police, accompagné de deux agents, se présenta un matin avant l'aube, au domicile indiqué. Et voici ce dont il fut témoin. Dans la chambre mesurant 4 mètres de long sur 5 mètres de large, il y avait dans un coin un lit où reposaient les deux coupables ; à leurs pieds, étaient étendus en sens inverse sur une paillasse deux autres concubinaires ; en face, deux petits enfants ; dans le dernier coin, trois hommes dormaient dans le même lit.

Une forme spéciale de l'exploitation honteuse est le métier de « maître logeur ». Le maître logeur est un des ouvriers en logement qui abuse de la locataire principale et la met à sa merci. Il arrive au mari, d'ailleurs peu vigilant, de surprendre le courtisan. Ce sont alors des rixes et des coups de couteau. Plus souvent il laissera faire, car il est lui-même en défaut, ou y trouve un profit pécuniaire. On nous racontait qu'un petit détaillant livrait ainsi sa femme à un logeur qui en retour l'aidait à cultiver son jardin !

Une personnalité médicale bien connue évaluait récemment au cinquième la population de nos grandes villes contaminée par les maladies vénériennes. Est-ce le résultat de l'hérédité ou d'un dérèglement personnel, il est difficile de l'établir, surtout dans le cas de ces migrateurs qui vont au dehors depuis plusieurs générations.

Nous avons interrogé à cet effet un certain nombre de médecins de village et nous rapportons ici quelques-unes de leurs observations.

M. A. de B. : « Le virus syphilitique atteint beaucoup d'ouvriers entre 18 et 30 ans ».

M. C. de D. : « Très fréquentes dans les localités industrielles, les maladies vénériennes le sont moins chez nous, car l'ouvrier rentrant chaque jour chez lui n'est guère exposé à visiter les maisons de débauche ».

M. E. de F. : « Les avaries se multiplient ici plus dans la petite bourgeoisie que dans la population ouvrière, sauf bien entendu les travailleurs du pays noir ».

M. G. de H. : « Les maladies vénériennes sont rares parmi la partie ouvrière de notre commune ».

M. I. de J. : « Le nombre d'avariés n'augmente pas, mais j'explique cette situation par le fait que les personnes atteintes vont se faire soigner dans la grande ville ».

M. K. de L. : « Je pense que les jeunes gens de chez nous atteints de blennorrhagie vont en pays inconnu pour se faire soigner ».

M. M. de N. : « Les avaries n'existaient pas autrefois dans nos localités. Aujourd'hui, elles tendent à se multiplier ». Mêmes constatations dans les communes de C., J., M., etc.

Si les constatations sont plus ou moins concluantes, c'est que les localités n'ont pas la même histoire, et que la dégradation comporte de multiples degrés. D'ailleurs les maladies vénériennes ne sont pas le complément nécessaire des mœurs dissolues. Les médecins sont cependant unanimes à déplorer le dérèglement de beaucoup de leurs clients, et à défaut de preuves directes, ils ont d'autres moyens de s'en apercevoir. A quoi tiennent l'épuisement prématuré des uns, le regard fuyant des autres, l'absence de tenue, le caractère grossier, certains cas de mortinatalité et de tares génitales chez l'enfant, autant d'indices auxquels l'observateur ne se trompe pas.

On devine en même temps la gravité des délits dont ces gens se rendent coupables. Mais ici encore il est impossible de fixer les faits par aucune espèce de statistique. *La Belgique judiciaire* n'établit nulle part le départ entre les différents criminels d'après le lieu de domicile et le lieu de travail. La feuille d'accusation dira bien que le prévenu est né au village et a commis son forfait dans la localité étrangère où il travaille, mais vous ne pourrez pas conclure à sa qualité d'ouvrier migrateur. Il serait cependant utile de pouvoir s'aider des documents des tribunaux à ce sujet afin de mieux préciser la situation morale de ce demi-déraciné. A défaut d'autres témoignages, le ministère public constate partout la fâcheuse influence du milieu industriel sur le caractère et la moralité du jeune homme campagnard, et il doit nous suffire d'enregistrer cette constatation.

* * *

En attendant l'installation, dans le voisinage des usines, de nombreuses maisons collectives et hôtelleries où les migrants seraient à l'abri des sollicitations du dehors, il semble qu'on empêcherait le mal de s'aggraver par une meilleure organisation de la police. Combien de délits constatés sans être poursuivis, combien d'autres ne sont pas soupçonnés. Entretemps, le désordre acquiert de plus en plus droit de cité.

Il faudrait avant tout que le commissaire de police fût un magistrat compétent et jouît de la pleine liberté dans l'accomplissement de ses devoirs. Les choses ne se passent pas toujours ainsi. Le Roi nomme les Commissaires de police sur présentation de deux candidats désignés par le Conseil communal. Le Bourgmestre peut en proposer un troisième. Vous voyez déjà poindre les considérations d'ordre politique. La mentalité de l'élu devra se trouver à l'unisson de celle des autorités communales.

Si cependant le nouveau magistrat entend accepter

toutes ses responsabilités, et poursuit sévèrement les contraventions aux lois de police, il risque de tomber en conflit avec les représentants de la population trop soucieux de leurs intérêts ou d'une popularité de mauvais aloi.

Car le tenancier d'une maison de logement est lui-même conseiller communal, ou préside un club très influent de la localité. Ou bien encore les habitants instruits par une feuille locale qui a des motifs d'entretenir l'immoralité publique voudraient moins de sévérité et ont fait des représentations. Et voilà la politique définitivement mêlée à des affaires d'ordre purement judiciaire. Le Commissaire de police a vite compris qu'il doit saboter la loi s'il veut vivre en paix avec l'administration.

Il semble aussi que nos magistrats communaux, s'ils avaient une connaissance plus étendue du droit pénal et administratif, comprendraient mieux l'importance de leur charge et la gravité de leurs obligations.

Quant à l'article 555 du Code Pénal, qui prescrit aux aubergistes, hôteliers et loueurs d'appartements d'inscrire sur un registre les nom, qualités, domicile, dates d'entrée et de sortie de toute personne ayant couché ou passé une nuit dans leurs maisons, il est de fait inapplicable car beaucoup de ces loueurs ne savent pas écrire. La population flottante peut ainsi rester inconnue à la police pendant de longs mois et pratiquer ses désordres sans crainte de répression.

La loi du 15 mai 1912 sur la Protection de l'enfance peut devenir dans les centres de migration un instrument de féconde régénération. Certains articles visent, en effet, la faute ou la négligence grave des parents dans l'exercice de leur autorité ; d'autres se rapportent directement aux personnes qui se rendraient coupables de crimes et de délits contre la moralité où la faiblesse des enfants.

L'article premier dit : — « Sont déchus de la puissance paternelle, à l'égard de tous leurs enfants : 1° les père et mère condamnés pour attentat à la pudeur, viol ou excitation à la débauche par application des articles 378 et 382 du Code pénal ; 2° les père et mère condamnés à une peine criminelle du chef de tout fait, autre que l'avortement et l'infanticide, commis sur la personne de leur enfant ou descendant ».

Art. 3. — Le tribunal de première instance peut, sur la poursuite du ministère public, exclure de la puissance paternelle, en tout ou en partie, les père et mère, à l'égard de tous leurs enfants ou de l'un ou plusieurs d'entre eux :

1° S'ils tiennent une maison de débauche ;

2° Si, par mauvais traitements, abus d'autorité, inconduite notoire ou négligence grave dans l'accomplissement de leurs obligations légales, ils mettent en péril la santé, la sécurité ou la moralité de leur enfant.

Art. 48. — Tout attentat à la pudeur commis sans violence ni menaces sur la personne ou à l'aide de la personne d'un enfant de l'un ou de l'autre sexe, âgé de moins de 16 ans accomplis, sera puni de la réclusion...

Art. 49. — L'attentat à la pudeur, commis avec violences ou menaces, sur des personnes de l'un ou de l'autre sexe, sera puni d'un emprisonnement de six mois à cinq ans. Si l'attentat a été commis sur la personne d'un mineur de plus de 16 ans accomplis, le coupable subira la réclusion. La peine sera des travaux forcés de dix à quinze ans, si le mineur était âgé de moins de 16 ans accomplis.

Art. 50. — Sera puni de réclusion quiconque aura commis le crime de viol, soit à l'aide de violences ou de menaces graves, soit par ruse, soit en abusant d'une personne qui, par effet d'une maladie, par l'altération de ses facultés ou par toute autre cause accidentelle, avait perdu l'usage de ses sens ou en avait été privée par quelque artifice.

Si le crime a été commis sur la personne d'un enfant âgé de plus de 14 ans accomplis et de moins de 16 ans accomplis, le coupable sera puni de la peine des travaux forcés de quinze à vingt ans. Est réputé viol avec violence le seul fait du rapprochement charnel des sexes commis sur la personne d'un enfant qui n'a pas atteint l'âge de 14 ans accomplis. Dans ce cas, la peine sera des travaux forcés de quinze à vingt ans. Elle sera des travaux forcés à perpétuité si l'enfant était âgé de moins de 10 ans accomplis.

Art. 55. — Celui qui aura enlevé ou fait enlever une fille en dessous de l'âge de 18 ans accomplis, qui aura consenti à son enlèvement ou qui aura suivi volontairement son ravisseur, sera puni, s'il est majeur, d'un emprisonnement de deux ans à cinq ans et d'une amende de 50 à 500 francs, et pourra être de plus condamné à l'interdiction conformément à l'article 33 du Code pénal. Il sera puni d'un emprisonnement de trois mois à un an et d'une amende de 50 à 300 francs, s'il est mineur.

Art. 56. — Seront punis d'un emprisonnement d'un mois à un an et d'une amende de 26 francs à 100 francs ceux qui auront exposé ou fait exposer(1), et ceux qui auront délaissé ou fait délaisser, en un lieu non solitaire, un enfant ou un incapable, hors d'état de se protéger lui-même à raison de son état physique ou mental...

Seront punis d'un emprisonnement de six mois à trois ans, et d'une amende de 50 francs à 300 francs, ceux qui auront délaissé ou fait délaisser, dans un lieu solitaire, un enfant ou un incapable hors d'état de se protéger lui-même à raison de son état physique ou mental... ».

Ces articles et les autres qui visaient moins spécialement les centres d'attraction de la main d'œuvre étrangère, montrent quelle arme puissante la récente loi sur la Protection de l'enfance met à la disposition des tribunaux pour conjurer le fléau de la démoralisation.

Il reste à en faire une application courageuse et persévérante. Un Procureur du Roi nous avouait, pour sa part, son impuissance à réaliser efficacement l'objet poursuivi par le législateur tant la tâche est lourde et le mal invétéré. Mais la Commission Royale des Patronages n'a pas eu l'illusion de croire que l'on trouverait toujours des magistrats à la hauteur de leur mission. « Toutes nos réformes,

---

(1) « Exposer un enfant, c'est déposer cet enfant dans un lieu autre que celui où se trouvent habituellement les personnes qui sont obligées de le soigner, ou dans un endroit autre que celui où il doit recevoir les soins que son état réclame. Il y a délaissement, quand l'enfant a été laissé seul et que, par ce fait d'abandon, il y a eu cessation, ne fut-ce que momentanément, ou interruption de soins ou de la surveillance qui lui sont dus ». Cf. Nypels et Servais, *Code Pénal belge interprété*, Tome II, p. 427 et suiv.

tous nos progrès sont quelque peu entravés par les inévitables faiblesses des instruments que doit employer la société ! Mais de pareilles entraves ne sauraient être un obstacle insurmontable. Une nation doit escompter l'avenir avec courage et confiance : si la perfection ne peut toujours être atteinte, les améliorations doivent suffire à contenter les aspirations des réformateurs ».

CHAPITRE VII

LES MIGRATEURS ET LES FAMILLES

Les migrateurs qui habitent des localités populeuses à proximité des usines et des ateliers organisent leur famille comme les ouvriers de l'industrie en général, et il ne se présente pas de raison pour en faire l'objet de considérations particulières.

Mais il y a la catégorie nombreuse des migrants des bourgades plus éloignées. Ceux-ci occupent une position intermédiaire entre l'ouvrier des villes et l'ouvrier agricole. Ils se rattachent aux premiers par la profession, ils se rapprochent des seconds par le milieu et parce qu'ils exploitent souvent une parcelle de terre dont ils confient le soin à la femme et aux enfants.

Il y a donc quelque intérêt à examiner leur situation matérielle, et à voir jusqu'à quel point ces familles ont adopté un mode de vivre semblable à celui des localités nettement industrielles. Non pas qu'il soit possible de présenter un budget type et de l'analyser en ses parties. Parmi ces ouvriers, les uns sont qualifiés, comme les verriers, et touchent de gros salaires, d'autres ne le sont pas, comme les manœuvres d'usine, et sont moins bien payés. Certains trouvent une partie de leurs ressources dans la culture du sol et l'entretien du bétail, d'autres dans l'assistance précieuse apportée par leurs enfants en âge de travail. Il y a enfin des ménages bien ordonnés et économes, et d'autres qui se distinguent par la plus complète imprévoyance. Et toutes ces circonstances, les plus avantageuses comme les moins favorables peuvent se rencontrer diversément dans le même milieu. Telle, par exemple, cette famille dont le père est tailleur de pierre, la mère exploite la petite ferme avec la jeune fille, les trois fils sont employés dans les hauts-fourneaux. Telle, par contre, cette autre famille dont le père est terrassier et la mère retenue au foyer par le soin de quatre enfants en bas âge.

Nous nous bornerons à souligner dans le budget certaines caractéristiques qui sont en train de transformer la physionomie du ménage rural traditionnel.

Pour le chapitre de la nourriture, il est incontestable que le travail au dehors a permis à de nombreuses familles de sortir de leur état d'indigence et de s'accorder les choses nécessaires à la vie. La misère d'habituelle qu'elle était au milieu du siècle dernier, est devenue exceptionnelle grâce sans doute à une meilleure productivité du sol, mais aussi grâce à la richesse qui entre dans les villages avec les migrateurs tous les soirs de paie. La viande, premier signe de bien-être et cependant d'un usage si rare autrefois, est entrée généralement dans la consommation du ménage, plusieurs jours chaque semaine. Braine l'Alleud, par exemple, avait, il y a 50 ans, une population de 6500 habitants et comptait 4 bouchers; il a augmenté aujourd'hui sa population de moitié et le nombre des bouchers a plus que triplé. Le vieux secrétaire communal de N. nous disait : « Quand j'étais jeune, il n'y avait pas de boucherie chez nous. Un ouvrier de fabrique revenait de Louvain chaque semedi avec deux morceaux de viande, l'un pour Monsieur le Curé, l'autre pour moi ». A Waterloo et dans 8 autres localités voisines, on comptait, il y a 25 ans, 8 bouchers. Ils sont aujourd'hui 25, soit trois fois autant, et la population ne s'est pas accrue d'un cinquième. A ce propos, tandis que pour le paysan, le porc reste la principale viande, l'ouvrier industriel se nourrit beaucoup de viande de bœuf. « Autrefois, je vendais toujours du « bouilli » nous disait un boucher qui revenait d'avoir servi sa clientèle dans plusieurs villages. Eh bien, me voici de retour du village de M., j'ai là 25 clients. A l'exception de deux rentiers, j'ai vendu la meilleure viande aux ouvriers. Ce n'est pas que le goût soit plus raffiné, mais les préjugés grandissent contre la marchandise de deuxième choix et les ménagères ignorent les recettes culinaires pour la faire valoir ».

Le chapitre du vêtement occupe aussi une part plus grande dans le budget. Pendant la semaine, tous les ouvriers, exception faite des ouvriers qualifiés, sont encore pauvrement vêtus, mais le dimanche une tranformation s'opère. Ils circulent dans le village ou partent en excursion tous bien habillés. Les jeunes gens visent même à l'élégance et donnent souvent le change sur leur situation sociale. Il est certain que cette manifestation particulière de bien-être provoque dans les ménages agricoles surtout chez les jeunes filles, l'instinct d'imitation. L'idée de paraître, autrefois si absente des esprits, arrive maintenant au premier plan des préoccupations, et l'on peut suivre son envahissement graduel jusque dans les coins les plus reculés.

Bientôt, là aussi, l'habit servira moins à couvrir qu'à permettre de se parer. Les couturières confectionnaient tous les vêtements qui ne pouvaient se faire au logis ; elles ne gardent plus que la confiance des vieilles gens dont les goûts sont demeurés simples. Ce sont les grands magasins de la capitale qui attirent le reste de la clientèle. Trouve-t-on encore beaucoup de localités dans la région wallonne où personne ne connaît les dernières inventions de la mode ? Et si cette mode est de bon ton, si chacun tient son rang, qui se plaindra de cet état de choses, sinon les partisans irréductibles de toutes les coutumes rurales.

Il ne faudrait pas cependant donner tout à fait tort à ces derniers.

Au point de vue du logement, le Commissaire de l'Arrondissement de Nivelles constatait récemment le bon état général des maisons ouvrières dans les centres industriels. Dans les parties exclusivement agricoles, la situation est moins satisfaisante car les maisons sont vieilles et souvent antihygiéniques (1). Le comité de patronage des habitations

---

(1) Enquête de M. le Gouverneur du Brabant sur les logements à bon marché. Avril 1914.

ouvrières a distribué, pendant l'exercice 1913, 828 certificats et les bourgades éloignées n'en prennent qu'une part relativement fort réduite (1). Dans l'arrondissement de Louvain, le comité de patronage des cantons de Tirlemont, Diest, Glabbeek et Léau exerce une louable activité pour encourager la construction de demeures plus spacieuses. C'est vers le nord de la province que les améliorations sont le plus désirables.

Sans doute, le prix des loyers n'est pas uniforme ; il varie d'après la distance des localités de travail, la rareté des habitations et les conditions plus ou moins favorables d'aménagement ; mais il est en général moins élevé dans la partie flamande, et partout il absorbe une part relativement moins grande du revenu que dans les centres industriels. La location d'un appartement de deux chambres à Tirlemont, à Nivelles ou à Tubize coûte ce qu'on paierait dans un village de l'intérieur pour une petite maison de quatre places. Et nous passons sous silence les impositions.

Le chapitre des « varia » occupé surtout par les dépenses de luxe et d'agrément était autrefois de presque nulle importance dans le budget ouvrier. A part les petites dépenses réclamées par l'usage de l'alcool et du tabac, le villageois se privait de tout plaisir coûteux : on n'achetait ni livres, ni journaux ; comme voyage, on se contentait de faire le tour du village le dimanche après l'Office religieux. La réserve d'argent au fond du coffre servait à payer les honoraires du médecin en cas de maladies. Aujourd'hui, à côté de cotisations multiples pour diverses associations — ce qui constitue d'ailleurs un bon placement quand il s'agit de mutualités ou de syndicats —, il y a les fêtes amicales, les excursions, les paris, le cinéma, l'achat de menus objets de toutes sortes, la boisson, les friandises.

---

(1) Comité de Patronage des habitations ouvrières de l'Arrondissement de Nivelles. Exercice 1913.

C'est là un phénomène général d'observation : aussitôt les besoins nécessaires satisfaits, au lieu de réserver le supplément des ressources aux choses utiles et de confort, il y a tendance à le gaspiller en futilités. Le côte à côte des ouvriers industriels avec les familles rurales crée en celles-ci des désirs nouveaux, et c'est un bien quand l'augmentation des besoins secondaires répond à la poursuite du mieux-être sagement entendu. C'est un mal, si ces besoins déjà factices en appellent d'autres aussi déraisonnables et qui laissent l'âme en souffrance jusqu'à ce qu'ils soient satisfaits.

Il ne faudrait pas prétendre que tous les migrateurs apportent du dehors le goût exagéré du luxe. Si l'on remarque la part du gaspillage dans le budget de beaucoup de jeunes ménages sans enfants ou qui en limitent le nombre à un seul, il est au contraire un grand nombre de familles où les ressources répondent trop exactement aux exigences de la vie pour autoriser des dépenses inconsidérées. D'autres entretiennent soigneusement l'esprit d'épargne en vue d'un lopin de terre à acheter, d'un petit avoir à laisser aux héritiers ou simplement pour se subvenir quand le moment du repos forcé sera venu.

En résumé, la situation matérielle faite aux ouvriers industriels habitant la campagne est généralement préférable à celle des ouvriers des villes ; la moindre cherté du loyer et de l'entretien n'est pas compensée par les frais de déplacement, les ressources de la culture, si minime soit-elle, s'ajoutent au salaire du père de famille (1), la sollicitation aux jouissances futiles et onéreuses se fait sentir avec moins d'instance. Ils doivent toutefois se mettre en garde contre la soif des plaisirs. L'aspiration au bonheur actuel n'est pas en soi illégitime, mais afin de l'atteindre moins incomplètement, le pauvre comme le riche, doit savoir

---

(1) Dans le Hageland, par exemple, les ouvriers de l'industrie possèdent généralement un coin de terre et une vache.

modérer ses désirs en conformité avec le rang où les circonstances l'ont placé.

Le comte J. M. Arrivabene, bien connu au milieu du siècle dernier par son dévouement au pays, écrivait un jour à son ami le vicomte de Biolley : « Je vais vous dire tout bas à l'oreille une chose qui, si j'osais la proclamer tout haut, me ferait jeter la pierre par bien des personnes et passer pour l'ennemi du peuple ; et cependant Dieu sait si j'aime le peuple ! S'il était en mon pouvoir d'accroître sensiblement, d'un instant à l'autre, le revenu de la classe ouvrière en masse, je me garderais bien de le faire. Dans son état moral actuel, lui mettre beaucoup d'argent dans la main, ce serait fomenter des goûts de dissipation, ce serait lui rendre un mauvais service » (1). Cet économiste n'était pas adversaire du relèvement de la condition des ouvriers puisqu'il y travailla de toutes de ses forces, mais il voulait faire part de cette parcelle de vérité que le salaire élevé était pour certaines catégories de travailleurs exempts de charges, l'occasion de désordres pires que l'indigence où elles se trouvaient auparavant, et contre lesquels il importait de les prémunir. L'amélioration matérielle n'est somme toute un bien que pour autant qu'on en fait un judicieux usage. C'est à répandre la notion d'ordre et de modération que doit aussi s'employer la vraie éducation.

* *

L'esprit de la société est en perpétuelle évolution, et il ne faut pas s'étonner de voir les familles, molécules de la société, changer leur physionomie aux différentes époques de l'histoire. Ni Le Play au siècle dernier, ni Henri Bordeaux aujourd'hui dans leur éloquente défense de la famille, n'ont entendu s'attacher à un type rigide en dehors

---

(1) J. Arrivabene, *Sur la condition des laboureurs et des ouvriers belges*, Bruxelles, Mélin, 1845, p. 18.

duquel il n'y aurait pas de prospérité. S'ils décrivent en de si belles pages, l'un, la famille souche de l'ancien régime, l'autre, les foyers des villages de Savoie, c'est qu'ils trouvent dans ces exemples l'union, la force et la moralité, conditions essentielles du bonheur des familles. Il y a des facteurs favorables dont les vertus du logis profitent pour éclore et fleurir, la vie rurale dans les contrées de traditions est de ceux-là. Cela n'empêche qu'on peut trouver des foyers admirables au sein même des villes les plus modernes et les plus dissolues.

Sujettes aux circonstances économiques qui entraînent le père et les enfants hors du village pour chercher du travail, les familles des migrateurs en particulier ont-elles su se garder du mal de dissolution dont la famille en général est souvent atteinte aujourd'hui ?

Mise en péril de son existence même, relâchement de l'amour conjugal, disparition du sentiment d'autorité et de respect, sous ces aspects et d'autres encore, comment se présente la famille de l'ouvrier migrant ?

Quand on voit la jeunesse des centres industriels prêter joyeusement l'oreille aux leçons de désordre, de haine et d'anarchie, on se tourne comme d'instinct vers la population des campagnes où pousse la génération forte dont le sang doit renouveler, croit-on, les poumons malades de la nation en décadence. Cet espoir n'est-il pas quelque peu chimérique ? La littérature entr'autres, en chantant avec optimisme la petite ferme blanche aux volets verts, le foyer rural heureux et paisible, la parfaite union des époux, ne contribue-t-elle pas à faire passer sa poësie pour de l'histoire et à fermer les yeux sur les misères cachées derrière ce beau décor ?

Il est incontestable, tout d'abord, que les familles rurales comme les familles urbaines tendent à se détruire par la stérilité.

Au milieu du siècle dernier, la statistique présentait un coefficient de naissances presque uniforme à travers les différentes provinces. Tous les arrondissements se rapprochaient du taux moyen de 32 naissances par 1000 habitants. Mais à partir du dernier tiers du siècle, la natalité se mit à fléchir aux dépens des milieux industriels, principalement dans les régions wallonnes. Le coefficient qui était tombé à 31.1 pour mille en 1880, descendit en 1890 à 29.1 et en 1900 à 28.9.

Depuis 15 ans, le mal se généralise et commence à atteindre sensiblement les parties les plus saines de nos campagnes. Le Brabant qui enregistrait 280 naissances par 10,000 habitants en 1901, n'en comptait plus que 210 en 1911. Soit une diminution de 70 (1).

Il était curieux de consulter les statistiques pour savoir si les milieux de migrateurs étaient particulièrement responsables de la baisse de la natalité.

Nous avons choisi à cet effet 38 localités disséminées à travers les 2 Arrondissements de Louvain et de Nivelles. Les unes comprennent une population importante de migrateurs, les autres occupent leurs habitants presqu'exclusivement à l'agriculture. Les premières figurent au tableau en caractères italiques. Les calculs s'étendent sur une période de 30 années, de 1880 à 1910, et fournissent la moyenne décennale des naissances et les taux correspondants.

---

(1) C. Jacquart, *Population en Belgique* dans la *Revue Sociale Catholique*, Avril 1913.

— 121 —

LOCALITÉS	Moyenne décennale des naissances			Taux moyen de natalité		
	1881-1890	1891-1900	1901-1910	1881-1890	1891-1900	1901-1910

Arrondissement de Louvain :

Aerschot	215,2	238,2	248,9	3,7	3,6	3,4
Bael	41,4	55,4	69,3	3,3	4,2	4,5
Becquevoort	49,9	53,4	70,7	3,3	3,2	3,6
Corbeek-Loo	38,9	44,9	47,0	3,5	3,6	3,2
Diest	234,7	244,8	230,0	3,0	2,8	2,7
Erps-Querbs	61,3	72,7	70,4	2,7	3,2	2,8
Hérent	138,2	195,4	191,2	3,7	4,2	3,2
Héverlé	156,8	177,4	195,4	3,7	3,3	2,7
Holsbeek	46,6	52,0	49,9	3,4	3,7	3,5
Kessel-Loo	213,2	238,3	263,9	3,9	3,5	3,1
Léau	54,8	60,7	62,2	2,7	2,9	2,8
Louvain	1235,5	1160,3	949,8	3,2	2,8	2,3
Neerlinter	76,5	84,5	101,2	3,0	3,2	3,4
Sichem	97,6	104,7	135,6	3,6	3,5	3,9
Testelt	34,0	36,5	53,9	2,8	3,0	3,8
Tirlemont	453,5	506,6	464,1	3,0	3,0	2,5
Vaelbeek	7,0	6,7	8,2	3,1	3,1	3,7
Waanrode	29,5	32,0	34,6	3,0	3,0	3,1
Webbecom	17,0	13,6	16,6	3,4	2,6	3,0
Wilsele	87,3	110,2	116,3	4,3	4,2	3,5

Arrondissement de Nivelles :

Zetrud	45,0	43,1	38,8	3,6	2,7	2,4
Beauvechain	51,3	52,0	51,9	2,8	2,8	2,6
Bomal	7,9	8,1	7,9	1,9	2,1	2,0
Braine-l'Alleud	217,1	200,3	222,7	3,1	2,6	2,6
Braine-le-château	102,2	96,8	84,3	3,1	2,7	2,2
Corroy-le-Grand	37,2	32,3	30,0	2,5	2,4	2,3
Court-St-Étienne	92,1	91,0	87,6	2,6	2,4	2,1
Jodoigne	89,1	77,4	64,8	2,0	1,8	1,5
Nivelles	266,5	238,8	217,9	2,6	2,1	1,8
Oisquercq	22,1	13,7	13,6	4,1	2,4	2,2
Quenast	68,5	65,7	55,5	3,9	2,8	2,0
Roux-Miroir	12,1	11,6	13,2	1,8	1,9	2,3
Tourinnes-la-Grosse	38,2	43,1	28,7	3,0	3,5	2,4
Tubize	125,7	129,9	134,2	2,9	2,7	2,3
Villers-la-Ville	23,5	23,6	24,9	2,3	2,2	2,2
Walhain-St-Paul	53,1	45,8	52,3	2,7	2,4	2,7
Wavre	188,4	199,7	170,2	2,6	2,5	2,0
Ways	17,1	12,7	14,1	2,7	2,0	2,1

Cette statistique nous permet de faire les constatations suivantes :

1°) Dans l'arrondissement de Louvain, les localités presqu'exclusivement agricoles (1) ont élevé le taux moyen de la natalité depuis 1881, sauf le village de Webbecom. D'autre part, les localités à forte population industrielle ont vu ce taux baisser considérablement. Mais ici encore il faut excepter les communes de Sichem, Testelt et Neerlinter.

2°) Dans l'arrondissemment de Nivelles, la baisse du taux est générale, sauf pour un village nettement agricole où il est stationnaire, et deux autres du même caractère où il est en hausse.

On le voit, les chiffres pris isolément n'autorisent pas une conclusion, et il faut les appuyer sur les renseignements recueillis à d'autres sources (2). Or, les témoins les plus sûrs nous affirment que la propagande néomalthusienne s'est répandue dans les localités rurales surtout grâce aux migrations. Dans les trains, dans les salles d'attente, dans les cabarets qui avoisinent les chantiers, sur les chantiers eux-mêmes, les migrants ruraux entendent parler de la « grève des accouchements ». Et l'on connaît les motifs mis en avant par les socialistes : « multiplier les existences, c'est augmenter la masse des ouvriers qui demandent du travail, c'est donc permettre aux patrons de continuer leurs salaires de famine, c'est laisser la classe populaire dans l'indigence et la misère. Vaut-il vraiment la peine d'avoir des enfants si l'on doit partager avec eux ce dont on n'a pas assez pour soi, si on en fait une nouvelle génération d'esclaves. Soyez peu nombreux et les capitalistes mendieront l'aide de vos bras, au lieu que c'est vous maintenant qui êtes aux genoux des capitalistes ». Tel est le mot d'ordre de la procréation consciente. Après être descendu de la

---

(1) Bael, Becquevoort, Erps-Querbs, Vaelbeek, Waenrode.

(2) D'autant plus que les milieux d'usines renferment généralement une proportion d'adultes plus considérable que les campagnes.

tribune des Congrès (1), il s'est transmis de bouche en bouche à travers les usines, et les migrateurs en ont recueilli les échos. Beaucoup de jeunes mères ne pensent plus que la nombreuse famille est une bénédiction, que la joie de mettre au monde et d'être aimé par la chair de sa chair compense les douleurs et les soucis de la maternité ; elles ont, elles aussi, leurs raisons de retrécir le foyer : c'est que la vie est plus libre, et plus facile et plus agréable, si l'on n'a qu'un enfant ou deux, c'est qu'en en ayant davantage, on devrait trop se priver ; n'est-ce pas un peu aussi qu'on a peur de paraître ridicule ? « Vous n'êtes bonne qu'à mettre bas » disait un jour une femme de la campagne à une voisine qui avait 9 enfants, pensant ainsi lui faire injure ! (2)

A côté de la diminution de la natalité, le jeu des migrations ouvrières a aussi contribué à troubler l'organisation de la famille. A moins que son mariage n'ait été inspiré par les principes chrétiens et ne soit fondé sur le véritable amour, peut-on mesurer le danger d'infidélité conjugale que rencontre le jeune époux laissé à lui-même dans une région inconnue. Il éprouve le vif désir de la présence de sa femme, et il lui faudra attendre souvent toute la semaine avant de la revoir. Si encore les travailleurs demeuraient entre eux pendant la longue absence, chacun trouverait une sauvegarde dans la surveillance de ses camarades. Mais ils se trouvent seuls, ou veulent rester seuls. Bientôt

---

(1) Le Congrès des Métallurgistes belges, en 1909, déclara officiellement que « la multiplication du nombre des enfants est un obstacle au triomphe de la lutte contre le patronat ».

(2) Nous ne disons pas que le cultivateur aura beaucoup d'enfants parce qu'il habite la campagne, ni que l'ouvrier migrateur en aura peu parce qu'il travaille au dehors. Nous affirmons simplement que la migration, grâce aux idées et aux mœurs en usage dans beaucoup de milieux industriels, contribue à diminuer l'esprit de foi et de sacrifice, l'esprit de famille et d'amour conjugal, à augmenter parallèlement 'individualisme, facteur principal de la décroissance de la natalité.

ils ne le seront plus, car la fille de joie s'est montrée dans l'arrière boutique avec ses atours criants. On peut s'arrêter au flirt comme on peut aller jusqu'à la perte totale de sa liberté. L'épouse qui habite loin ne soupçonne pas. Avertie, elle tâcherait au retour de conquérir définitivement par ses prévenances le cœur de son mari. Ainsi l'union conjugale diminue à mesure que là bas se renouvellent les faiblesses. Il est rare qu'on aboutisse à la séparation de corps, mais l'entente des époux est déjà assez compromise quand le mari se désintéresse du foyer, se permet de fortes retenues sur son salaire, ou ne revient pas après le travail.

L'infidélité est parfois l'œuvre de la femme. Nous avons encore à la mémoire le terrible drame de l'asphyxie survenu à E., dans la Flandre Orientale, en avril dernier. Un matin, on trouva dans sa maison le cadavre de J. B. A., de deux de ses enfants et d'une servante. Jean-Baptiste était houilleur au puits de Harchies-lez-Bernissart et revenait chaque semaine. Il soupçonna un jour sa femme d'entretenir des relations avec un nommé De M.. De là, des scènes fréquentes de jalousie et de brutalité. La femme quitta son mari et vint se fixer à Bruxelles, le fils aîné alla habiter chez un oncle. Jean-Baptiste A... resta seul pendant quelque temps, mais il fit bientôt la connaissance au lieu du travail, d'une fille mère A. M., qu'il emmena avec lui. C'est elle qu'on trouva asphyxiée près de lui et de ses deux enfants.

Que de drames poignants de l'espèce se renouvellent chaque année, dans les mêmes circonstances et avec les mêmes détails, sauf le crime. La femme est moins exposée aux écarts dans les villages où l'on surveille les allures d'un chacun. Mais ces dérèglements sont fréquents dans les villes, surtout quand le ménage est sans enfant. On connaît la lettre que Madame Fraisne laisse sur le bureau de son mari avant de s'enfuir avec Maurice Roquevillard : « Qui me retiendrait ? au début de notre mariage vous redoutiez les enfants : il eût peut être suffi d'une petite main tendue pour m'enchaîner tout à fait. Mais notre maison est vide et personne n'a besoin de moi ».

D'autre part, l'ouvrier migrateur qui fonde une famille risque souvent de compromettre l'éducation de ses enfants.

Dans les communes à population semi-agricole et semi-industrielle, les instituteurs et institutrices nous ont partout déclaré n'avoir remarqué aucune différence spéciale de caractère parmi les enfants du premier âge. On trouve chez l'enfant de l'ouvrier comme chez celui de l'agriculteur les mêmes tendances à redresser, l'éclosion des mêmes vertus filiales. Mais à peine entré dans l'adolescence, l'enfant commence à se reconnaître, et en regardant autour de lui, il réfléchit. On s'aperçoit bientôt alors de l'heureuse ou mauvaise influence de l'éducation familiale. Le Play avait été frappé par cette observation de Saint Augustin que les petits enfants « ressentent avec une énergie croissant en proportion des forces physiques, l'orgueil, l'envie, la haine, la colère et les autres vices de l'humanité, quand les hommes faits n'inculquent plus avec vigilance la dignité des manières et le respect de la loi morale » (1).

Or l'ouvrier industriel se rend incapable d'exercer son activité paternelle quand il se laisse aller lui-même aux caprices de ses humeurs et à ses goûts d'indépendance. S'il revient de l'usine avec des allures grossières et des mots vilains, s'il fréquente les mauvaises gens et ne prie pas, l'enfant est profondément troublé dans les leçons d'obéissance, de respect et de sagesse apprises sur les bancs de l'école. Le héros de « *La Maison* » d'Henry Bordeaux conserva toujours la première mauvaise impression que fit sur lui son grand père. « Car chez les bonnes gens, on n'omet pas le signe de la croix sur la farine blanche qui va se changer en pain. A table, mon père, avant d'entamer la miche, ne manquait point de tracer une croix avec deux

---

(1) F. Le Play, L'Organisation de la famille, Paris, Téqui, 1871, Chap. II. p. 109.

entailles du couteau. Quand c'était grand père qui remplissait l'office de panetier, j'avais bien remarqué qu'il n'en faisait rien. Ce fut l'un de mes premiers étonnements. Dès le début de la vie, je compris l'importance des dissentiments religieux ».

La mère de famille pourra sans doute suppléer aux vices ou aux défauts du père par l'exemple de ses vertus et un redoublement de sollicitude, mais si elle a toujours vécu au village, peu avertie, elle sera moins bien préparée à comprendre les torts faits à son fils et à le prémunir contre les erreurs où son mari est tombé.

C'est plus dommageable encore si la mère a elle-même fréquenté l'atelier, car comment veut-on qu'elle donne sagement une éducation qu'elle n'a pas reçue. Dès l'âge de 12 ans, elle partait chaque matin avec les hommes dans les trains, elle était mêlée par nécessité aux scandales journaliers de la vie de fabrique. Laissée à elle-même et libre toute la semaine, elle fuyait encore le dimanche le foyer où elle eût pu recevoir des leçons d'ordre et de discipline. Or voici le temps venu d'entrer en ménage. Elle épousera souvent un ouvrier de l'industrie et ni l'un ni l'autre n'apportera avec lui le patrimoine de qualités et de vertus suffisantes pour bien diriger la famille à venir. Si elle était occupée aux champs, elle trouverait peut-être dans cette existence tranquille et solitaire, la gravité de mise et l'habitude de la réflexion. Mais, — et cette observation est courante — elle évitera de s'unir en mariage avec un ouvrier de la terre pour être maîtresse chez elle tout le jour et arranger sa vie à sa guise. Les loisirs dont elle ne sait pas disposer ne serviront qu'à la conserver frivole et à la rendre cancanière. Que deviendra alors l'éducation ! On lui a trop de fois répété dans les conversations licencieuses que le mariage était un plaisir et non une charge. Maintenant que les enfants sont venus, elle fait preuve vis-à-vis d'eux de l'individualisme dont elle a été elle-même l'objet de la part de ses parents. Pendant les premières années, elle leur témoigne un amour facile et trop faible, et, plus tard, elle voit en eux une source de nouvelles recettes dans le budget de la famille.

Si le père exerce la profession agricole, il lui faudra un jugement et une fermeté peu commune pour continuer heureusement l'éducation de son fils employé dans l'industrie. Le voyant manquer de soumission au foyer et de retenue dans ses relations au village, il s'échappera peut-être en invectives brusques et blessantes, et au lieu de ramener l'enfant, il l'éloignera davantage. N'ayant jamais travaillé lui-même au dehors, il ignore les difficultés qu'on y éprouve à bien vivre. Il n'aura pas la douceur et l'onction nécessaire pour persuader à l'enfant de profiter de son écart passager pour se redresser et se constituer définitivement une personnalité. Il manquera de perspicacité pour deviner la première saillie des passions, leur degré d'attirance, le trouble qu'elles laissent dans l'âme. Il élève comme on l'a élevé lui-même, en donnant des ordres brefs pas toujours raisonnables, alors que le jeune homme qui a pris la mentalité de l'atelier, prétend être traité avec précaution et être dirigé avec persuasion.

La bonne méthode est malaisée à trouver, personne n'en disconvient. L'adolescent échappe tout le jour aux regards de ses parents ; gagnant sa vie, il se croit sans tutelle, il voit autour de lui des camarades jouissant de la plus entière indépendance ; s'il a de plus le tempérament passionné, comment réussir à lui faire accepter encore à l'âge de 14 ans, une formation contraire à ses plus fortes aspirations !

Autrefois l'éducation dans les familles rurales ne présentait pas la complexité d'aujourd'hui. Depuis que les travailleurs sont partis pour les localités industrielles où ils rencontrent le monde le plus indiscipliné et le plus dissolu, le foyer a été troublé dans son ancienne harmonie, et il faut renoncer à dépeindre encore le village comme l'asile des vertus privées et publiques.

M. Adolphe Prins a décrit naguère les conditions défavorables où se trouve l'enfant de la rue ; on doit y reconnaître plusieurs traits, et des plus graves, qui se rapportent en même temps à l'enfant des campagnes : « Pour tous les enfants des bas-fonds sociaux, la vie morale et régulière devient de nos jours de plus en plus difficile ; l'atelier et même le foyer sont parfois des écoles de vice, d'inconduite et de criminalité ; les excitations, les tentations, les chances contraires s'accumulent autour d'eux et les enveloppent de toutes parts ; partout pour eux il y a des risques. Seulement il y a des différences de degrés entre ces risques ; les risques sont plus ou moins grands suivant qu'une famille est plus ou moins unie ou désunie ; suivant que l'enfant grandit dans un foyer plus ou moins déserté par le père ou par la mère, ou par le père et la mère à la fois, accaparés par l'usine, suivant que l'enfant trouve autour de lui une révoltante promiscuité ou une décence relative, suivant qu'il habite un logis convenable ou un taudis abject ; suivant que ses yeux sont plus ou moins habitués à des scènes de violence, de débauche et d'alcoolisme ; suivant enfin que les tares héréditaires ou les stigmates de dégénérescence pèsent plus ou moins sur la naissance... » (1)

---

(1) Cf. *Bulletin de l'Office de la Protection de l'Enfance*. Première année, n° 1, p. 15. Discours prononcé par M. Adolphe Prins, Président de la Commission royale des Patronages, à la séance tenue, le 29 Septembre 1912, au Palais des Académies, à Bruxelles.

CHAPITRE VIII

LA PHYSIONOMIE DU VILLAGE

Au milieu du siècle dernier, les arrondissements de Louvain et de Nivelles présentaient au voyageur l'aspect d'une vaste plaine couverte de cultures, de terrains en jachères ou en friche, interrompue çà et là par des bois communaux. Le village constituait le type habituel d'établissement rural, c'est à dire que les maisons se trouvaient groupées toutes ensemble, séparées seulement les unes des autres par des rues ou des petits enclos. Le type des domaines agglomérés où les fermes demeurent isolées au milieu de leurs exploitations respectives, était devenu rare par suite du partage en nature introduit depuis longtemps par le régime successoral. De distance en distance, on rencontrait sur son chemin des agglomérations plus denses tirant leurs principales ressources non pas de la culture du sol, mais des diverses branches de la petite industrie, du commerce et de l'exercice des carrières libérales. C'était au nord, les villes d'Aerschot et de Diest, plus bas Louvain, Tirlemont et Léau, plus bas encore Wavre et Jodoigne, et à l'extrémité sud-ouest, Nivelles et Tubize.

Cette contrée a modifié sa physionomie ancienne : l'agriculture s'est étendue, et, en se perfectionnant, elle a donné un rendement plus varié et plus riche. Les centres industriels, d'abord très rares et sans importance, se sont élargis et multipliés. Les usines et les grands ateliers ont pénétré dans les campagnes, chaque année en voit surgir de nouveaux, à proximité des voies ferrées et des rivières. Clabecq, Hérent, Kessel-Loo, Court St Etienne, Virginal, Wilsele et combien d'autres villages, sont devenus des foyers d'activité autour desquels se ramasse une agglomération ouvrière parfois fort dense.

Et voici qu'avec l'extension du mouvement de migration s'ajoute un nouvel élément perturbateur de l'ancienne uniformité ; nous avons aujourd'hui le phénomène déjà très accusé de la localité rurale à population semi-agricole et semi-industrielle.

Il est intéressant d'observer la transformation de ces communes, jusqu'ici homogènes et sédentaires, par l'adjonction de nombreux habitants qui vont chercher au dehors leurs moyens de subsistance. L'aspect extérieur, tout d'abord, n'est plus le même. On connaît le caractère général des maisons de campagnards : façade unie, dépourvue de toute ornementation et blanchie à la chaux, entrée de plein pied, au rez-de-chaussée, dans la cuisine au carrelage en terre cuite, et qui donne accès à la chambre à coucher des parents. A l'étage, — la plupart des vieilles demeures n'ont pas d'étage —, la grande chambre à coucher des enfants et le grenier. L'étable, la grange, la porcherie, le hangar pour les instruments aratoires, sont attenants au corps de logis. A part la ferme avec sa large cour à l'avant ou au centre des dépendances, voilà l'habitation presque uniforme de l'ouvrier et du petit exploitant rural. Or, depuis la migration, et dans les localités qui se recommandent par leur abord facile, on voit les maisons de paysans autrefois distantes les unes des autres, reliées entre elles le long de la route par des demeures nouvelles, d'aspect urbain, accompagnées d'un jardin légumier. Ce sont les domiciles des migrants. Si le village se tient à l'écart, les logements ouvriers constituent un groupe séparé plus à proximité de la gare. Faites un jour le chemin de Tubize à Braine l'Alleud. A Clabecq et à Braine le Château, vous distinguerez aisément parmi les maisons alignées sur la chaussée celles qui formaient le village historique. A Wauthier Braine, la population agricole est restée disséminée sur la hauteur, et beaucoup de familles se sont installées à part, plus près des usines. Ailleurs, comme à Ottignies, Villers la Ville et Waterloo..., l'élément migrateur a pris tellement d'importance dans certains quartiers qu'on ne croit plus se trouver au village. Les maisons sont construites par rangées, à front de rue ; la façade est souvent décorée par des linteaux de pierre bleue ou par des dessins de briques en couleur; les passants disposent de trottoirs réguliers. Cette agglomération a attiré le petit commerce, des boutiques de merceries, des quincailleries, des boucheries, des charcuteries ; au dessus des estaminets, on lit des enseignes comme celles-ci : «Au pays de Charleroi », « au Café des mineurs », « au Souffleur de verre», «au Terminus» (1); et tout cela rappelle les centres de travail, dont le contact est en train de modifier profondément la physionomie rurale traditionnelle.

Ne vous attendez pas à voir dans ces nouveaux quartiers le grand crucifix et l'image de la madone encore si familiers dans les campagnes au dessus de la porte des demeures et au carrefour des chemins.

Le cimetière a été déplacé et transporté loin de l'église. Parfois les raisons d'hygiène imposaient ce changement; ailleurs, on n'a fait qu'obéir à des préoccupations antireligieuses. Et c'est dommage, car les ouvriers, en se rendant au travail, voyaient les croix des tombes et entendaient la voix des morts dont l'existence s'était passée dans le devoir et l'espérance de l'au delà.

Mais c'est surtout l'âme de ces localités à population mixte qui subit une radicale transformation sous le jeu d'influences contraires.

Autrefois le village avec sa population homogène présentait une vivante harmonie dans une remarquable unité.

---

(1) Comparez avec les vieilles enseignes : « Au repos du voyageur », « Au laboureur », « Herberg », « In de Zwaan », « In de peer », « In de Halfmaan » ; souvent on se contentait de suspendre une branche de sapin au dessus de la porte d'entrée.

Il était véritablement le prolongement de la famille, ou plutôt, c'était la famille elle-même mais agrandie. Cette harmonieuse unité tenait tout d'abord à la sympathie d'idées sinon politiques du moins religieuses. Tous aussi exerçaient la même profession agricole, et cette communauté d'intérêts assurait le bien général dans la gestion des affaires communales. Ajoutez à cela, un mode uniforme de vie. C'était pour ainsi dire un même ordre du jour qui était suivi dans tous les ménages : On se levait avant l'aube, on allait aux champs, on en revenait au son de l'Angelus, pour repartir ensemble l'après-midi. Le soir, les feux s'éteignaient à la même heure dans toutes les maisons. Que de simplicité dans ces existences semblables, et quelle invite à la tranquillité et à la concorde. Il régnait enfin parmi eux un amour tenace pour les usages établis. Non pas qu'il faille s'attacher aux vieilles coutumes pour elles-mêmes — les assiettes en faïence ont bien fait de remplacer les écuelles de bois — mais elles rappellent le souvenir respectueux des ancêtres et raffermissent le principe d'autorité. Cette continuation du passé était facilitée par la communauté de parenté. Le jeune homme, en âge de se marier, n'allait pas comme aujourd'hui chercher son épouse au hasard des rencontres, dans un endroit quelconque où le travail l'a conduit ; il la trouvait chez lui ou au village voisin.

Dans ces localités du vieux type, il surgissait comme aujourd'hui des animosités et de vives querelles, mais on se battait comme on se bat entre frères, pour terminer le différend et non pour l'entretenir par des haines froides et perpétuelles.

Le facteur de la migration a contribué plus qu'aucun autre à enlever au village sa conception familiale. Les divergences d'idées et d'intérêts, la variété des professions et du mode de vivre, l'instabilité du domicile, ont séparé des éléments, autrefois si unis, au profit d'un individualisme chaque jour plus accentué.

Le migrateur part de grand matin et ne revient que le

soir à la nuit tombante sans avoir vu personne. A son retour, le paysan est déjà revenu des champs et vaque aux soins de l'étable. Le dimanche, l'agriculteur assiste à la messe, se rend ensuite à la réunion syndicale ou va boire un verre de bière au cabaret, puis rentre chez lui. L'ouvrier industriel, pendant ce temps, n'est-il pas encore au lit, après les beuveries du samedi soir, ou bien il se livre à ses divers amusements, ou bien encore il travaille.

Le temps n'est pas éloigné où le travail était inconnu le dimanche, sinon en cas de force majeure, quand il fallait profiter du soleil pour faner ou rentrer les gerbes de froment. Mais la main-d'œuvre s'est raréfiée dans les campagnes et le fermier fait maintenant appel aux ouvriers de l'industrie le jour où ceux-ci ne sont pas employés au dehors. Le cas devient fréquent dans la partie wallonne. Si l'ouvrier cultive pour son compte, vous l'y verrez arrosant ses légumes ou cueillant ses pommes de terre. Nous en comptâmes un dimanche une centaine sur la petite distance qui sépare Fonteny de Court-Saint-Étienne.

Mais ce sont les hommes d'âge mûr qui s'occupent ainsi. Les jeunes gens préféreront la ronde de cabaret en cabaret. Ils y dépensent avec ostentation, et il est curieux de constater comment des débits de boisson où l'on ne vendait qu'une espèce de bière et une liqueur, le genièvre, se changent peu à peu par l'exigence des clients, en véritables estaminets de ville.

Beaucoup d'ouvriers se livrent aux jeux et aux sports. On voit de petites sociétés de cyclistes se constituer partout et organiser de nombreuses excursions pendant la saison d'été. Nous avons dit que 25,859 plaques de bicyclettes avaient été distribuées en 1912 dans l'arrondissement de Louvain et celui de Nivelles (1). De ce nombre 11,868 appartiennent aux chefs-lieux de recettes exclusivement ruraux.

Ce sont aussi les migrateurs qui contribuent à populariser

---

(1) Le nombre s'est accru de 7000 pendant l'exercice 1913.

dans les campagnes les sociétés colombophiles (1). Ce sport serait recommandable s'il n'entraînait de nombreux paris qui absorbent parfois, nous a-t-on assuré, tout le salaire de la quinzaine.

Nous sommes loin, n'est-ce pas, de la simplicité des goûts telle qu'elle est décrite par l'administration communale d'Opwijck, en Brabant, lors d'une enquête du Conseil de statistique, en 1854 : « Les distractions, le dimanche, consistent, l'été, en une causerie dans le voisinage, sur la perspective d'une bonne ou mauvaise récolte, et, l'hiver, en plaintes sur les intempéries et la rigueur de la saison. Les ouvriers font une certaine consommation de tabac à fumer ; c'est pour eux une espèce de pain quotidien, dont ils se régalent lors de chacun des repas du jour. On peut dire que l'habitude de fumer absorbe à la fois le temps et l'argent. » Il y avait le jeu de balle, de boule, le tir à l'arc, le « Meiboom », les jeux de cartes en hiver, près du feu.

Aujourd'hui, les jeux ne suffisent plus ; on multiplie les fêtes villageoises, les kermesses, les excursions, les concerts, les bals, les séances cinématographiques.

Et à mesure que pénètre ce besoin inquiet de plaisirs et de sensations nouvelles, dans la même mesure diminue, sinon logiquement, du moins en fait, le sentiment de la nécessité de mettre Dieu dans la vie. Une certaine aisance est la condition normale de la famille. Encore faut-il savoir en user sans porter atteinte aux droits plus élevés de la conscience et de la modération.

Les migrants entendent émettre tant de sophismes contre la doctrine chrétienne, ils ont été témoins pendant leur jeunesse de tant d'indifférence religieuse de la part des

---

(1) Dans une étude, qui sera publiée dans les Mémoires de l'Académie flamande, et intitulée : *Het Hageland, bijdrage tot de studie der economische en sociale geschiedenis*, M. Vliebergh signale des communes qui contiennent de 1000 à 2000 pigeons voyageurs.

compagnons de travail plus âgés dont ils attendaient l'exemple bienfaisant, que leur croyance a été dangereusement blessée. Et la pratique s'est ralentie avec l'affaiblissement graduel des convictions. Les flamands ont moins souffert de cet état de choses, car ils trouvent dans une foi plus robuste et moins raisonneuse ainsi que dans le respect plus sérieux du passé, un élément de résistance aux infiltrations des idées païennes. Les wallons, d'esprit plus mobile, se laissent facilement emporter par le courant, et prennent l'incrédulité du milieu.

Outre la raison du plus grand bien-être qui distrait le cœur et le tourne tout entier vers les jouissances actuelles et tangibles, — et d'autant plus que l'instruction religieuse est généralement superficielle, — il faut, pour expliquer l'abandon des pratiques chrétiennes, considérer encore les conditions mêmes dans lesquelles se trouve organisée l'industrie contemporaine.

L'agriculture qui s'est exercée dans les âges de foi avait associé ses travaux avec certaines cérémonies de l'église : C'est ainsi qu'on plantait les haricots aux Rogations, on semait les oignons à la Saint Grégoire, on accompagnait le prêtre à travers la campagne en chantant les litanies des Saints.

L'industrie est neutre, c'est le siège du travail intense, de la lutte contre la concurrence étrangère. L'individu peut avoir des convictions d'ordre supérieur, la collectivité n'en a pas. On discute les questions d'horaire ou de salaire, les conditions d'hygiène, mais la pensée de Dieu est absente. Le règlement d'atelier aura soin de défendre toute propagande religieuse ou philosophique en vue de maintenir la paix entre les membres du personnel (1).

Les effets d'un tel régime dont nous n'examinons pas

---

(1) La Fête chrétienne du Travail, célébrée à Bruxelles en Juin 1914, est un heureux rappel aux anciennes coutumes, lorsque les corporations assistaient en corps aux Offices de l'église.

l'opportunité, ne peuvent manquer de se faire sentir. Déjà étrangers par nécessité aux cérémonies liturgiques, comme à la bénédiction du cierge à la chandeleur, aux offices de la Semaine Sainte, les migrants prennent de plus l'habitude de vouloir échapper à toute sanctification du Dimanche.

Nous n'apporterons aucune statistique pour ne pas blesser les susceptibilités locales, et, en désignant certains villages, sembler ménager les autres. Il est avéré cependant que si l'assistance à la Messe d'obligation est encore régulière dans les régions flamandes chez les hommes d'âge mûr, elle l'est beaucoup moins chez les jeunes gens.

On entend dire que l'église est remplie de fidèles. C'est vrai dans beaucoup d'endroits, mais la petite église, suffisamment large il y a 40 ans, ne pourrait plus contenir les quelques centaines de personnes qui sont venues augmenter la population (1).

En wallonie, les défections sont plus considérables et déjà anciennes. Il est des paroisses où 10 p. c. seulement des hommes assistent régulièrement à l'Office du Dimanche. Ne sommes-nous pas en-dessous de la réalité en disant que le pourcentage moyen des abstentions, au moins pendant les mois d'été, est de 70 p. c.

Avez-vous assisté à la procession dans ces villages aux trois quarts desséchés par l'indifférentisme. S'il est une fête publique qui fait appel aux meilleurs souvenirs et aux plus saines émotions, c'est bien celle-là : la grande croix, les

---

(1) Il est permis de regretter qu'un certain nombre d'ouvriers retenus au lieu du travail jusqu'au dimanche matin arrivent au village lorsque la Messe est terminée. Pour obvier à un dommage aussi grave, on institua la Messe en cours de route, pour les mineurs du bassin de Liége, par exemple, qui s'arrêtent à Saint Trond avant de repartir pour la région de Diest. L'office était dit dans l'Eglise des Pauvres Claires, près de la gare, et les migrants, au nombre d'une centaine, y entendaient une instruction. Mais les obstacles se sont présentés, entr' autres, les mineurs n'arrivaient pas tous par le même train. Certains passaient à 6 heures, les autres à 7, 8 et 9 heures.

statues des Saints protecteurs, les bannières des Confréries, les jeunes filles de l'école vêtues de blanc et tenant en mains les emblêmes de la Passion, les garçons chantant des cantiques, le groupe des premiers communiants, le Saint Sacrement qui sort vers la population pour la bénir. Autrefois, c'était, avec la kermesse, le principal événement de l'année, tout le village y assistait à la suite des autorités communales, et cette unanimité renouvelait chez tous le sentiment que Dieu venait de recevoir vraiment un culte public. Aujourd'hui on tend à suivre l'exemple des villes, on fait le curieux le long du cortège. Beaucoup sont ailleurs. Il est des maisons qui se dispensent de jeter des fleurs au passage ou d'illuminer leurs fenêtres. Dans certains coins, la procession a perdu toute signification.

On comprend qu'avec la diminution de la vie religieuse ait baissé également le niveau de la moralité publique.

Si l'on consulte le registre des condamnations que possède chaque maison communale, on s'aperçoit qu'en général, les délits sont devenus beaucoup plus fréquents depuis les migrations. Et en examinant la profession exercée par les délinquants, le nombre des ouvriers migrants l'emporte proportionnellement de beaucoup sur celui des habitants sédentaires.

Voici, à titre d'exemple, le village de P. où le chiffre de la population est resté généralement stationnaire. Jusqu'en 1870, il y avait une moyenne annuelle de 3 condamnations. Depuis lors, la moyenne s'est élevée à 11, puis à 20 condamnations. Les 5 dernières années qui précèdent notre enquête, fournissent les résultats suivants (1) :

En 1908, sur 15 condamnations, 9 atteignaient les ouvriers migrateurs, 6 atteignaient les agriculteurs.

En 1909, sur 12 condamnations, 7 atteignaient les ouvriers migrateurs, 5 atteignaient les agriculteurs.

---

(1) La population est également répartie entre ouvriers de l'industrie et ouvriers de la terre.

En 1910, sur 38 condamnations, 26 atteignaient les ouvriers migrateurs, 12 atteignaient les agriculteurs.

En 1911, sur 24 condamnations, 22 atteignaient les ouvriers migrateurs, 2 atteignaient les agriculteurs.

En 1912, sur 20 condamnations, 19 atteignaient les ouvriers migrateurs, 1 atteignait les agriculteurs.

Et qu'on veuille remarquer le caractère plus grave des délits dont les migrants se rendent coupables. L'agriculteur sera condamné pour une légère infraction au Code pénal ou au Code rural : il aura contrevenu aux règlements édictés pour l'extirpation des chardons (C. R. a. 80) ou pour la destruction des chenilles (C. R. a. 88); il aura négligé, le soir, d'éclairer son chariot (C. P. a. 551), ou aura conduit celui-ci sur la voie cyclable, ou laissé courir ses poules à l'abandon, ou labouré une partie du chemin public (C. R. a. 88). Quand l'ouvrier industriel comparaît, c'est pour coups et blessures, pour vol qualifié, pour port de faux nom, pour injures à l'adresse de la police. Souvent aussi, il est puni pour attentats à la pudeur et pour outrages publics aux bonnes mœurs.

A ce propos encore, beaucoup de villages ont perdu leur ancienne réputation d'honnêteté foncière. Les migrants n'en sont pas l'unique cause, mais ils y ont contribué en rapportant des centres industriels une conversation généralement inconvenante et des allures souvent scandaleuses. Il en est résulté que les parents soucieux de l'éducation de leurs enfants deviennent méfiants dans les campagnes comme dans les villes. On se renferme davantage chez soi, la maison ne reste plus ouverte au premier passant, et l'on désigne aux jeunes gens les mauvaises personnes qu'il n'est jamais permis de fréquenter. Ainsi disparaît un autre élément d'union entre les familles.

La fréquence des rapports sexuels entre personnes non mariées dépend de diverses circonstances qui ne permettent pas un jugement d'ensemble. Tels qui ont une conduite extérieure irréprochable dans la localité où ils habitent, sont fort déréglés dans la ville où ils travaillent. Il est aussi des villages où une police sévère empêche les abus de se multiplier. Les médecins constatent cependant une rapide dégénérescence et ils l'expliquent notamment par l'excitation à la débauche fomentée par les habitués des bars et les liseurs de journaux pornographiques. Leur jugement se base sur des inductions plutôt que sur des constatations médicales. En effet, le taux de la natalité illégitime est en baisse dans les parties rurales des deux arrondissements. Ils n'ont pas observé non plus la diffusion des maladies vénériennes, mais savent que les personnes atteintes vont se faire soigner chez les médecins des villes et parfois même dans des débits de boissons où des compagnons de travail font le commerce d'apothicaire. Les cas de blennorrhagie sont peut-être fréquents, mais ils leur sont rarement soumis. L'ouvrier connaît les lavages antiseptiques et, si la maladie s'aggrave, il aura recours à un médecin étranger.

Il est pénible de devoir reconnaître que les jeunes filles ouvrières sont profondément atteintes par l'immoralité. Nous donnons ici l'opinion d'un docteur de village exerçant la médecine depuis plus de 30 ans et dont la clientèle s'étend sur plusieurs communes. Ces communes ne se trouvent pas à proximité immédiate des usines : « L'influence désastreuse des ouvriers et ouvrières travaillant au dehors sur la moralité au village est indéniable. J'estime que les deux-tiers de la population féminine en âge de puberté, non mariée, ont des relations extraconjugales. Ce chiffre paraîtra exagéré. Je puis certifier le contraire. De ce nombre, 80 p. c. ont des rapports sans résultat, les 20 autres accusent des naissances illégitimes ou l'avortement. Dans ce dernier cas, elles se font soigner chez une matrone de la ville la plus proche. »

D'autres médecins disent : « La plupart des jeunes filles ouvrières ont des mœurs dissolues ». « Chez nous, la jeune fille de fabrique n'a plus de retenue. » « Depuis 5 ans, les pratiques abortives se répandent chez les femmes non mariées grâce à la propagande malthusienne de certains socialistes. » Tous les témoignages sont concordants.

Il ne faudrait pas, nous semble-t-il, généraliser l'impression de ce médecin qui mettait la moralité des villages au niveau de celle des milieux urbains. Nous sommes frappés davantage par les exemples du mal et un phénomène souvent répété devient trop vite à nos yeux un fait ordinaire. La campagne conservera toujours sa vertu bienfaisante. Elle est évocatrice de calme et de discipline ; elle aide la réflexion et revêt l'âme, comme on a dit, d'une armature de sentiments qui agissent en nous presque sans nous.

CHAPITRE IX

LES MIGRATEURS SAISONNIERS

Dans l'Ancien Régime, la famille trouvait généralement parmi ses membres la main-d'œuvre nécessaire pour conduire la ferme et ses dépendances. Mais bientôt par l'extension des marchés et l'attrait des villes, on vit se multiplier le nombre des valets et des servantes de ferme. Puis se répandit la classe des « journaliers », travailleurs à la journée qui venaient, le matin, tondre les brebis, tuer les porcs, glaner et battre le froment, et s'en retournaient chez eux chaque soir. Depuis la fin du siècle dernier, s'est beaucoup développée la catégorie spéciale des « saisonniers ».

On entend par « saisonniers », les ouvriers qui s'en vont chaque année, à certaines époques régulières, offrir leurs bras dans d'autres localités du pays et de l'étranger.

Ce phénomène social n'est pas particulier à la Belgique. En France, beaucoup de montagnards de l'Ariége et de la Haute Savoie émigrent dans le Languedoc à l'époque des vendanges ; les habitants de la Basse Bretagne se rendent volontiers en Beauce et en Normandie pour la fenaison et les récoltes. En Italie, les Piémontais vont en Campanie et hors de leurs frontières, dans la Provence et la Camargue. Les Suisses sont bouviers dans le Nivernais, les Polonais s'engagent dans les fermes des départements français de l'Est.

L'œuvre protectrice de la Société St Raphaël (1), et tout

---

(1) *Bulletin de la Société belge de l'Archange Raphaël*, Œuvre protectrice des émigrants. Mensuel. St André par Lophem (Flandre Occidentale).

récemment le bel ouvrage de M. Ronse (1) ont fait connaître l'exode annuel de ces 40.000 ouvriers agricoles, briquetiers, maçons belges qui partent pour les pays étrangers, pour la France, jusqu'en Puy de Dôme et en Isère ; pour l'Allemagne, la Hollande et le Grand Duché de Luxembourg.

Nous ne parlons ici que des « saisonniers » de l'intérieur. Et notre pensée se porte principalement sur les « Aoûtiers », ouvriers agricoles ou industriels ruraux qui se répandent surtout dans les grandes fermes de la Hesbaye et de toute la région limoneuse. Le voyageur les a rencontrés dans les gares, la casquette de laine sur la tête, sur l'épaule, le bissac à carreaux blancs et bleus, contenant le vêtement de travail, du pain, du lard et quelques menus objets (2).

La monographie officielle parue en 1901 signale déjà le nombre grossissant de ces travailleurs, habitant en particulier les pays d'Aerschot et de Diest. Au dire des tâcherons eux-mêmes, le mouvement s'est encore accru pendant les dix dernières années.

Quel est le chiffre de cette estimation ? Il est inconnu. Tout d'abord, le Recensement de la population, s'il nous fournit le nombre des personnes appliquées au travail de la terre, ne distingue aucunement entre profession principale et accessoire. Le Recensement industriel consacre un cadre spécial aux ouvriers de l'industrie qui exercent secondairement la profession agricole, mais le chiffre pour les arrondissements de Louvain et de Nivelles (300) est très inférieur à la réalité (3). D'ailleurs s'agit-il de journaliers ou de tâcherons ? Et puis, il y a des petits cultivateurs et des ouvriers agricoles qui sont aussi « saisonniers ».

Il restait, à défaut de pouvoir s'informer auprès des communes elles-mêmes, qui n'établissent aucun relevé de

---

(1) Edm. Ronse, *l'Émigration saisonnière belge*. Gand, *Het Volk*, 1913.

(2) Dans son roman *De Werkman*, Stijn Streuvels a peint en vives couleurs le type du « *Franschman* ».

(3) Dans le *Recensement agricole* (1910) ne figure pas cette catégorie spéciale de travailleurs.

cette sorte, à faire procéder à un travail de statistique dans toutes les gares et les points d'arrêt. Ici de nouveau, les difficultés surgissaient. Il y avait de ces ouvriers qui se servaient d'autres moyens de locomotion que du chemin de fer. Ceux qui voyageaient en Avril, n'était-ce pas ceux qu'on revoyait passer en Juillet ou Septembre ? Prenaient-ils tous des billets à prix réduits ?

Forcés de n'obtenir que des résultats d'approche, nous nous sommes borné à faire enregistrer les nom et prénom de tous les saisonniers qui se présenteraient aux guichets des gares, haltes et points d'arrêt, pendant le mois d'Août 1913. Ils étaient priés de désigner en même temps que le lieu de leur domicile, la localité où ils allaient travailler et la profession qu'ils y exerceraient. Ce Recensement nous a appris que 1964 personnes des deux arrondissements précités firent la moisson dans d'autres régions du pays.

Ces ouvriers habitaient les 26 localités ci-après : *Arrondissement de Louvain* : Aerschot, Becquevoort, Bost, Budingen, Caggevinne Assent, Deurne, Diest, Drieslinter, Geet-Betz, Gelrode, Langdorp, Léau, Montaigu, Neerlinter, Oplinter, Roosbeek, Schaffen, Sichem, Testelt, Thielt Notre Dame, Tirlemont, Waenrode, Webbecom. — *Arrondissement de Nivelles* : Bousval, Chastre-Villeroux, Blanmont.

Mais il n'y a pas que la récolte des blés, il y a le « binage » et le « démariage » des betteraves en Avril, et l'arrachage des betteraves vers la mi-Septembre. Par le « binage », le sol autour des plantes reste meuble et les mauvaises herbes sont détruites. Le « démariage » trie les plantes quand la semeuse a jeté les graines en terre en masses trop serrées (1). Il résulte de renseignements obtenus en divers endroits que le nombre des travailleurs occupés à cette besogne a été sensiblement égal au nombre des moissonneurs. Toutefois ce chiffre diminue d'année en

---

(1) Le « Binage » dure en moyenne 4 ou 5 semaines, l'arrachage 6 semaines, et la récolte de 6 à 7 semaines.

année avec l'abandon graduel de la culture betteravière.

Il est à noter qu'en règle générale ce sont les mêmes bras qui accomplissent les trois genres de travaux saisonniers dont nous parlons. Comment s'occupent-ils le reste de l'année? La plupart retournent à la terre dans leurs localités d'habitation en qualité de journaliers ou de petits cultivateurs; les autres s'emploient dans les sucreries et principalement dans les charbonnages et les usines métallurgiques.

Notre statistisque ne relève que 4 saisonniers habitant la partie wallone. Et la raison est d'ordre social et économique. Les migrateurs wallons avaient été les premiers à répondre à l'appel de main-d'œuvre étrangère, et comme d'autre part, le régime des grandes et moyennes exploitations enlevait à la plupart la perspective de devenir cultivateurs avec une quantité suffisante de terre en exploitation, ils s'attachèrent au nouveau mode de travail qu'ils avaient embrassé et prirent la besogne d'ouvrier agricole en aversion. Aujourd'hui les bras manquent dans les campagnes wallones ; comment pourraient-ils pourvoir à la disette qui se manifeste ailleurs ?

Le paysan des régions flamandes a conservé plus facilement le goût de la vie agricole, mais comme il porte la charge d'une nombreuse famille et que le mince revenu de ses terres ne couvre pas toujours ses dépenses budgétaires, il s'engage dans les fermes de la Wallonie à l'époque des gros ouvrages.

Nous avons pris soin de noter les localités de dispersion mentionnées par notre statistique. Elles sont au nombre de 198, situées dans 18 arrondissements, indiqués ci-après dans l'ordre d'importance. S'il fallait désigner une moyenne, on compterait 99 saisonniers agricoles par foyer d'attraction.

Aire de dispersion des « Saisonniers » agricoles des arrondissements de Louvain et de Nivelles
(Recensement Août 1913)

Arrondissement :	Nombre de migrants :
Maeseyck	2
Malines	2
Anvers	3
Waremme	7
Marche	12
Ath	16
Huy	17
Louvain	19
Dinant	22
Philippeville	25
Mons	26
Liége	44
Soignies	90
Bruxelles	123
Thuin	134
Namur	287
Charleroi	363
Nivelles	793

Le recrutement de cette classe d'ouvriers se fait habituellement par l'intermédiaire de placeurs qui reçoivent de 2 à 5 francs pour chaque placement effectué, ce qui constitue bientôt une somme importante s'ils desservent un territoire, comme Thielt Notre Dame, Aerschot et Montaigu, où la demande est nombreuse. Le fermier, pour éviter les frais d'embauchage et choisir l'équipe qui lui convient, fera parfois lui-même le tour des villages, mais, en laissant trop voir son besoin de main-d'œuvre, il rend les ouvriers plus difficiles et fait monter les prix (1).

---

(1) M. Bouché, dans son ouvrage sur « Les ouvriers agricoles en Belgique » désire à juste titre voir s'organiser plus complètement le service de placement du personnel agricole. Mais il suggère l'intervention de

Ne prenez pas les saisonniers agricoles pour des domestiques de ferme dont les gages se paient au mois, ni pour des journaliers dont le salaire se compte à la journée ; ce sont des tâcherons qui entreprennent un travail agricole déterminé « pour une rémunération unitaire fixée dans le contrat et payée après l'exécution complète de celui-ci.»(1)

Le contrat est verbal pour les saisonniers recrutés sur place, comme pour les gagistes et les journaliers ; il est écrit pour ceux qu'on embauche à distance. Il stipule habituellement : 1° l'ouvrage à fournir et la manière dont il sera exécuté, 2° le salaire total en argent, par hectare (2), 3° le paiement d'appoint en nature : pommes de terre, bière..., 4° le jour de paie, qui est celui où la besogne est terminée. Si le travail était abandonné ou exécuté dans des conditions inacceptables, le patron n'aurait aucun recours utile, car le procès expose à de multiples embarras et l'ouvrier est généralement insolvable.

Nous avons eu sous les yeux plusieurs de ces contrats, et à les comparer entre eux, ceux d'autrefois et ceux d'aujourd'hui, on s'aperçoit que les stipulations deviennent de plus en plus détaillées et minutieuses. Jadis, le manque de bras ne se faisait pas sentir, et le fermier donnait souvent au contrat la teneur qu'il voulait. De là, de multiples violations de la justice. Maintenant, le taux des salaires

---

l'État à cet effet. Le secrétariat communal recevrait les demandes et offres d'emploi; il transmettrait les inscriptions à une bourse de travail régionale, ces agences correspondraient entre elles et s'aideraient selon les besoins de chacune. Ce procédé qui est certainement administratif, présente-t-il les garanties suffisantes de succès ? Le personnel préposé au recrutement doit avoir une connaissance des hommes et des emplois, agir avec souplesse et discernement ; sinon la demande de beaucoup de tâcherons restera sans effet. (Bruxelles, Misch et Thron, 1914, Conclusion).

(1) Bouché, op. cit., p. 45.

(2) Quand diverses espèces de travaux doivent être effectués, fauchage à la machine, sapage des parties versées, mise en gerbes, remise en grange, ... il arrive que le fermier détermine le salaire à la journée.

tend à s'élever sans cesse (1), vraisemblablement jusqu'au point où l'exploitant trouvera encore profit à se servir de ces bras étrangers.

Jadis encore, les tâcherons se recrutaient exclusivement parmi les familles agricoles ; maintenant, un certain nombre d'entre eux passent l'hiver dans les charbonnages et les usines, où ils prennent au contact des ouvriers de là-bas une mentalité plus ombrageuse et susceptible. Les rapports entre l'équipe et le patron deviennent pénibles et empreints de méfiance. Que celui-ci intervienne pour indiquer, par exemple, la meilleure manière de soulever la betterave, l'ouvrier s'offusque vite et n'écoute qu'à contrecœur. On nous citait le cas de plusieurs groupes qui avaient rompu brusquement le contrat d'engagement, et cela par solidarité et pour défendre la cause de l'un d'entre eux, cependant en faute. D'autres pratiqueront une sorte de sabotage. Pour ne nous en tenir qu'à un seul cas, ils feront un trop large démariage des betteraves pour alléger d'autant le travail de l'arrachage en octobre suivant, et cela sans consentir à une diminution de salaire. D'autres encore décolleteront la betterave trop bas (2), ou faucheront l'épi trop haut. L'habitude se prend parmi eux aussi de chômer le lundi, même lorsque les pluies qui s'annoncent menacent de coucher les moissons.

Comment s'effectuera le paiement des saisonniers? Le mode n'est pas uniforme. Quelquefois le fermier paiera lui-même à chacun sa quote part. Plus souvent, il remettra la somme globale au chef d'équipe, lequel après avoir prélevé une commission, répartira le montant, à parts égales ou selon la valeur du travail fourni. Ajoutez à

---

(1) Un employeur nous disait que 5 ans auparavant, il avait payé le fauchage 18 fr. l'hectare, le démariage des betteraves 40 fr., et l'arrachage 45 francs. Cette même besogne lui coûte aujourd'hui respectivement 25, 50 et 55 francs. L'augmentation est générale.

(2) Le décolletage consiste à enlever la tête de la betterave.

cela la prime de fin d'ouvrage qui est fixée à 5 francs par homme d'équipe après la récolte du grain, à 10 francs après la récolte des betteraves. De tradition, cette prime est en nature pour les tâcherons habitant la localité ou les environs immédiats, mais on s'imagine difficilement des migrateurs retournant au foyer, à 15 lieues de distance, avec des gerbes de froment ou des collets de betterave sur le dos. Pour ceux-ci la prime est en argent.

Le jour fixé pour commencer le travail, les « saisonniers » arrivent à la ferme. Ils sont introduits aussitôt dans le corps de logis qui leur servira de cuisine. Ils préparent eux-mêmes le repas au cas où constituent une équipe complète. Quand ils ne sont que deux ou trois, ils partagent la nourriture des valets et des servantes. Le régime est la demi-table, c'est à dire qu'ils apportent avec eux du pain et du lard, et reçoivent gratuitement les pommes de terre et la bière.

La litière consiste en paillasses ou bottes de paille alignées le long du hangar ou dans la grange qui tiendra lieu de dortoir commun.

Au point de vue hygiénique, l'ouvrier trouve profit à quitter les ateliers et à reprendre sa vigueur dans le plein air des campagnes. La besogne des tâcherons exige cependant un déploiement de forces considérables, surtout à l'époque des moissons. Les flamands montrent plus d'endurance que les wallons. Levés dès 3 heures, il en est qui poursuivent l'ouvrage jusqu'au lendemain matin, liant les gerbes, la nuit, au clair de lune.

Au point de vue industriel, les chefs d'entreprise, outre qu'ils doivent supporter une diminution de la production, expliquent par cet abandon périodique des usines pourquoi beaucoup de « saisonniers » ne prennent jamais rang parmi les ouvriers qualifiés, mais restent manœuvres toute la vie. Peut-être ; en tous cas, aux yeux de l'ouvrier, c'est cette **vie aux champs qui l'emporte, soit qu'il est plus sûr d'y trouver la satisfaction de ses goûts naturels, soit qu'elle lui procure plus d'avantage pécuniaire.**

Cet avantage pécuniaire est évident, au moins pour la classe des cultivateurs qui ne tirent pas de leur lopin de terre les ressources nécessaires à la subsistance.

Mais la migration saisonnière présente de non moins graves inconvénients au point de vue moral. Les premiers jours, il règne une certaine tenue dans le logis commun ; mais bientôt c'est le sans-gêne qui pousse aux conversations grivoises et au dévergondage. Il faut à la jeune fille qui fait partie de l'équipe une honnêteté foncière et un robuste sentiment du respect qu'elle se doit pour ne pas devenir le jouet d'étrangers avides d'un genre spécial de diversions après les lourdes fatigues de la journée.

Dans beaucoup de familles, l'usage s'est heureusement conservé de s'engager ensemble chez le même fermier ou dans le même voisinage (1). Ailleurs, on montre, hélas, moins de vigilance, et il arrive que le père et les jeunes enfants travaillent chacun dans des villages différents (2), séparés parfois l'un de l'autre pendant de longues semaines. Il est juste toutefois de

---

(1) Les « Saisonniers » d'Aerschot, par exemple, vont à Rèves, Enghien, Thuillies...

(2) Le curé de Becquevoort s'est fait l'intermédiaire entre les fermiers wallons et ses ouailles pour régler l'offre et la demande. Pendant les travaux, il visite les différentes équipes et leur communique les nouvelles des absents. Cette initiative généreuse produit de très heureux effets. — M. le curé de Mennevret (diocèse de Soissons) a raconté son apostolat auprès des siens dispersés, au nombre de 550, dans les départements de l'Aisne, de Seine-et-Marne et de Seine-et-Oise. Il a pu de la sorte apporter ses précieux encouragements à bien des familles, faire améliorer la nourriture des travailleurs et les conditions de logement (Cfr. Congrès des œuvres diocésaines de Soissons, année 1911.) — L'Œuvre des domestiques de ferme de Forez (France) s'enquiert auprès de chaque curé des communes du canton s'ils ont des enfants de leur paroisse placés dans des localités voisines. En cas d'affirmative, le nom de ces enfants est communiqué au curé de la paroisse où ils sont placés avec la désignation de la ferme qui les abrite. De cette manière, ces pauvres déracinés trouvent une âme de prêtre qui s'intéresse à eux.

remarquer que l'offre correspond rarement au nombre des personnes qui composent la famille et demandent cette sorte d'emploi. En tout état de causes, il faut plaindre les parents assez inconsidérés pour mêler leurs enfants de 12 ans à des équipes dont ils ne connaissent pas la parfaite honorabilité.

Un autre abus — et la législation n'y a pas encore pourvu, — consiste à poursuivre le travail des champs le dimanche, en dehors des cas de force majeure. Sans doute l'exploitant et l'ouvrier sont d'intelligence sur ce point, le premier parce qu'il désire congédier au plus tôt ce personnel étranger, le second, car, la besogne achevée, il pourra s'employer ailleurs. Mais on échappe ainsi à l'esprit de la loi qui a voulu garantir le repos dominical dans l'intérêt public. Il convient donc d'engager les « saisonniers » migrants à faire usage du billet de semaine qui leur procurera cet autre bienfait de les rapprocher souvent des autres membres de la famille demeurés au village.

*
* *

Les Briquetiers ne sont pas appelés des « saisonniers » bien qu'ils en constituent, en réalité, une classe importante. Il ne s'agit pas, cela s'entend, des briqueteries établies à demeure, à Willebroek, Boom, tout le long du Rupel et dans la Campine anversoise. Nous parlons des exploitations volantes qui s'établissent, selon les besoins, sur tous les points de la contrée argileuse de la basse et moyenne Belgique.

Le réseau des chemins de fer dans les Arrondissements de Louvain et de Nivelles a transporté, en Août 1913, respectivement 218 et 75 de ces travailleurs distribués parmi 23 et 22 communes.

Foyers de dispersion pour les briquetiers migrants :

Arrondissement de Louvain	Nombre de briquetiers	Arrondissement de Nivelles	Nombre de briquetiers
Bautersem	12	Autre Église	2
Becquevoort	8	Baisy-Thy	1
Bunsbeek	4	Braine l'Alleud	1
Cumptich	6	Genappe	9
Gossoncourt	7	Grand Léez-Thorembais	11
Grimde	3	Houtain le Val	1
Haekendover	2	Jodoigne	10
Hauthem Ste Marguerite	8	Lathuy	2
Hougaerde	1	Loupoigne	5
Meldert	6	Marilles	1
Montaigu	41	Nivelles	1
Neerheylissem	19	Noduwez	2
Neerlinter	3	Orp le Grand	1
Oirbeek	28	Ottignies	1
Oplinter	7	Perwez	2
Overhespen	2	Piétrain	2
Rhode Sainte Agathe	2	Rixensart	2
Rillaer	5	Vieux Genappe	3
Sichem	22	Villers la Ville	1
Thielt Notre Dame	1	Virginal	5
Tirlemont	16	Wavre	10
Vissenaeken	8	Ways	2
Zetrud-Lumay	4		
TOTAL : 23 Communes	218	TOTAL : 22 Communes	75

L'aire de dispersion des briquetiers s'étendait à travers 16 arrondissements d'après la nomenclature suivante :

I. Arrondissement de Bruxelles :

Assche	1	Uccle	30
Berchem-Sainte-Agathe	14	Watermael-Boitsfort	15
Grimbergen	28	Woluwe-Saint-Lambert	25
Rhode-Saint-Genèse	4	Woluwe-Saint-Pierre	7

II. Arrondissement de Charleroi :

Charleroi	1	Couillet	26
Châtelineau	7	Ransart	5

III. Arrondissement de Hasselt :

Heppen	4

IV. Arrondissement de Huy :

Bléret	3	Huy	4

V. Arrondissement de Liége :

Ans	1	Houtain-Saint-Siméon	3
Bierset-Awans	2	Liége	30
Fexhe le Haut Clocher	6	Liers	2
Flémalle Haute	3	Micheroux	3
Herstal	14		

VI. Arrondissement de Louvain :

Corbeek-Loo	3	Oplinter	4
Cortenberg	2	Tirlemont	4
Halle-Boyenhoven	9	Velthem	7
Hérent	5	Wilsele	1

VII. Arrondissement de Malines :

Lierre	1

VIII. Arrondissement de Mons :

Obourg	1

IX. Arrondissement de Namur :

Cognelée	1	Tamines	1
Courrière	1	Vedrin	3
Eghezée	1		

X. Arrondissement de Nivelles :

Archennes	2	Jodoigne	3
Enines	2	Waterloo	2
Huppaye	1		

XI. Arrondissement de Philippeville :

Agimont	1	Jamagne	1

XII. Arrondissement de Saint-Trond :

Saint-Trond	3

XIII. Arrondissement de Thuin :

Ham sur Heure	2	Strée	1

XIV. Arrondissement de Tongres :

Bilsen	8	Lanaeken	1
Hoesselt	4	Tongres	5
Houppertingen	5		

XV. Arrondissement de Verviers :

Herve	5	Visé	16
Nessonvaux	2		

XVI. Arrondissement de Waremme :

Momalle	3	Remicourt	2
Neerwinden	3	Rosoux	9

Au début de l'année, l'entrepreneur fait un contrat avec le *mouleur* et le *paqueteur*. Le premier monte alors sa table — 3 hommes et 3 jeunes gens (1) — et s'occupe de la confection des briques. Le paqueteur se choisit aussi une équipe — 6 ouvriers en moyenne — pour dresser le four et cuir les briques.

---

(1) Le mouleur, le corroyeur, le chargeur de table et 2 petits porteurs.

A peine prévoient-ils la cessation des grandes pluies, — commencement ou mi-avril — les ouvriers quittent leur habitation et gagnent le « terrain ». Si le temps est beau, si les bras sont vigoureux, si le mortier a été remué à point, telle équipe fabriquera journellement 17.000 et parfois 20.000 briques. Le salaire varie selon la région, mais surtout selon le genre de travail et la qualité de la besogne fournie. Il est toujours à la pièce. Les hommes qui moulent et brouettent l'argile gagnent environ 80 centimes par mille briques, soit 11 francs en moyenne par jour. Les aides ne touchent que 20 centimes, soit 2,75 francs. Le cuiseur reçoit 1,50 franc par mille briques, et parvient ainsi à payer à chacun de ses aides un salaire moyen de 8 francs.

La saison briquetière dure jusque vers la mi-septembre, mais il y a les dimanches, les jours de fête, les jours de pluie ou de déplacement d'un terrain à l'autre, pendant lesquels on ne travaille pas.

Après ces journées d'effort intense, le briquetier, jadis, ne trouvait pour son repos qu'un peu de paille sous un hangar mal aménagé et trop étroit. Depuis les arrêtés royaux qui ont suivi le vote de la loi du 30 avril 1909 (1), plusieurs conditions ont été imposées à l'entrepreneur et qui assurent l'hygiène du logement.

La cambuse doit être construite en briques, sur terrain sec, et couverte de tuiles jointoyées. Elle doit fournir un cubage d'air de 10 mètres cubes par personne. L'intérieur sera badigeonné à la chaux, il n'y aura plus de brasier ouvert, mais il faudra un foyer qui permette le dégagement du carbone. Les couches réservées aux hommes et aux femmes (2) seront séparées.

---

(1) *Loi sur les logements des ouvriers employés dans les briqueteries et sur les chantiers.*

(2) Le nombre de femmes employées dans les exploitations volantes de briqueterie décroit de plus en plus. Elles préfèrent s'engager dans les usines où le travail est moins pénible et plus rémunérateur.

On continue à apporter avec soi la literie et les ustensiles de cuisine.

La nourriture comprend au déjeûner, qui a lieu vers 3 heures et demie du matin, du café, des tartines et des œufs crus. A 8 heures, second déjeûner, composé généralement d'une omelette au lard, de pain et de bière. Les autres repas ressemblent à ceux des autres catégories d'ouvriers.

Les mœurs des briquetiers ne sont pas mauvaises, sinon que les cuiseurs intoxiqués par les gaz qui flottent au dessus du four, s'adonnent souvent à la boisson. L'un d'entre eux nous avouait que son camarade et lui buvaient chaque jour un litre de genièvre.

Nous avons fait remarquer ailleurs combien l'attraction du travail industriel qui s'est fait sentir jusque dans les coins les plus reculés avait dispersé en tous sens le père et les enfants. La même observation se présente au sujet des briquetiers. Quand le moment est venu pour le fils de commencer à gagner de l'argent, le père le remet à un chef d'équipe qui l'enverra *inconsidérément* là où le manque de bras se fait sentir.

Nous avons rencontré, un jour, à Sichem, un ouvrier allant dresser un four à briques hors province. Il avait ses 5 fils avec lui, agés respectivement de 19, 17, 16, 14 et 13 ans. Les groupements par famille doivent être recommandés pour ce genre de travaux, car ils permettent de continuer, en partie du moins, l'éducation du foyer.

* *

Les «*Terrassiers*» sont considérés comme appartenant eux aussi à l'industrie saisonnière. Le relevé de 1913 en mentionne 577 habitant tous l'arrondissement de Louvain. Cet emploi est depuis longtemps exercé presqu'exclusivement par les flamands, comme la maçonnerie ou la verrerie attire surtout les wallons.

Parmi les 47 foyers de dispersion échelonnés le long des voies ferrées de l'arrondissement précité, 23 ont envoyé des terrassiers au dehors. Comme pour les travaux de la moisson, c'est le territoire de Montaigu, Sichem, Diest et les villages voisins de Tirlemont, qui forment les groupes les plus importants, plus des quatre-cinquièmes du chiffre global.

Nous voyons cette catégorie de travailleurs se répandre dans toutes les directions. Mesurez, par exemple, l'aire de dispersion des ouvriers qui partent de Tirlemont. Nous en voyons à :

Saventhem	1
Bruxelles	1
Oplinter	2
Léau	1
Anvers	2
Hasselt	1
Liége	2
Ougrée	1
Tilleur	2
Courcelle	7
Hennuyères	2
Gouy-lez-Piéton	6
Thy le château	1
Nil Saint-Vincent	2
Couillet	4
Trazegnies	5
Sobre s/Sambre	11
Leuze	2
Viesville	2

Mais c'est principalement aux environs des grandes villes et là où s'effectuent d'importants travaux publics que se rendent les terrassiers migrants. C'est ainsi qu'à

Bruxelles, le port, la gare centrale, l'élargissement du réseau ferré, ont attiré un nombre considérable de flamands brabançons.

CHAPITRE X

LES MIGRANTS ET LE MARCHÉ INDUSTRIEL

Le nombre de personnes occupées à l'agriculture était de 1,083,601 en 1846; 50 ans plus tard, il était de 1,204,810, et il n'a pas cessé de s'accroître. A ces deux mêmes dates, on comptait respectivement 61 et 64 travailleurs par 100 hectares de culture ordinaire. Mais si nous mettons ces chiffres absolus en regard de la population totale des habitants de plus de 12 ans, nous constatons que le rapport p. cent est tombé de 34 à 24.

C'est l'industrie qui a accaparé presqu'entièrement l'émigration agricole. Depuis le milieu du siècle dernier, le personnel ouvrier industriel a plus que triplé ; de 314,842 il est monté à 1,185,381 sur une population de 7,423,784 habitants (1). Il n'existe aucun pays qui fournisse une proportion plus élevée. C'est l'importance prépondérante des régions industrielles qui fait de la Belgique le pays le plus dense du monde : L'arrondissement administratif de Bruxelles contient 924 habitants par kilomètre carré; celui de Charleroi en a 751 ; Liége 700; Anvers 622; Courtrai 483; Gand 454; Alost 440; Mons 427. Le vieillard qui compare aujourd'hui les vallées de la Meuse et de la Sambre avec l'aspect qu'elles présentaient jadis, croit se trouver sur une terre étrangère. Aux environs de Liége et de Charleroi, nous sommes vraiment en « pays noir », moins encore par la présence des terrils et des panaches de fumée qui s'échappent de mille cheminées, que par la fourmillère

---

(1) Chiffre du dernier Recensement général.

de travailleurs qui remplit les charbonnages, les usines et les chantiers.

Cependant les facteurs qui favorisèrent le développement économique n'exercent plus leur action dans des circonstances aussi avantageuses qu'au début de notre prospérité. Le charbon demeure abondant sans doute, surtout depuis la découverte des mines du Limbourg, mais l'extraction de veines souvent étroites, irrégulières et très profondes, ne permet que difficilement d'établir un barème de prix inférieur ou égal à celui du combustible étranger. Le marché extérieur est également plus disputé : Les États-Unis, l'Allemagne, le Japon, en particulier, sont devenus des concurrents qui s'imposent chaque jour davantage. D'autres peuples se transforment et sont en train de s'industrialiser à leur tour. Comment les syndicats capitalistes devront-ils dans la suite diriger les affaires pour maintenir leur taux dans le commerce au dehors, surtout quand une petite nation comme la nôtre ne dispose ni d'agents, ni d'une flotte marchande, ni d'une production suffisamment large pour forcer l'attention et se créer une nombreuse clientèle dans des pays dont les plus importants se sont déjà protégés contre l'entrée de nos fabrications par des barrières toujours plus hautes !

Une double caractéristique distingue notre industrie nationale. Tout d'abord les demi-fabricats constituent notre principale production. Payant moins de droits d'entrée que les objets entièrement manufacturés, ils peuvent lutter plus facilement contres les produits similaires sur les marchés extérieurs. On s'efforce également de fabriquer le plus économiquement possible. Le bas prix du revient, voilà, en effet, ce que les directeurs d'entreprises s'ingénient à réaliser depuis les vingt cinq dernières années.

C'est dire qu'à ne considérer que la concurrence étrangère, les exploitants sont adversaires de la hausse des salaires.

Et c'est ici qu'on accuse parfois les ouvriers migrants de

soutenir le patronat. Sans doute, leur venue en grand nombre sur le marché a pu contribuer à maintenir longtemps à un taux très inférieur la rémunération de diverses catégories de main-d'œuvre. En s'engageant, ils ont dû souvent écarter des ouvriers domiciliés dans les localités même des entreprises et frappés par le chômage. Mais cette constatation ne présente rien d'étrange ; elle se renouvelle chaque jour, et il ne faut pas être migrant pour en être cause.

Encore à propos de salaire, on reproche aux mêmes migrateurs de faire de la sous-concurrence.

Notons tout d'abord que la plupart d'entre eux ne s'emploient pas à des métiers artistiques ni en général dans les petits ateliers. Ils font le gros ouvrage des usines, des charbonnages, des hauts-fourneaux ; peu gouvernés par les forces syndicales et ne recherchant parfois qu'un salaire d'appoint, ils acceptent facilement les conditions qui leur sont offertes. Comme, d'autre part, les sociétés exploitantes veulent garantir leur prospérité en fournissant au plus bas prix de revient et en retenant les actionnaires par de sérieux dividendes, elles accueillent volontiers ces demandes de bras. Elles s'établissent même au milieu des campagnes pour soustraire leur personnel ouvrier aux influences contraires.

Dans la supposition que le travail est sous-évalué et que les patrons pourraient lui accorder une meilleure rétribution, le remède consiste à grouper ces migrants en sections syndicales, tout comme les ouvriers sédentaires.

Au comité fédéral reviendrait la charge de maintenir l'unité de vue et de se faire l'écho des revendications raisonnables.

*
* *

Peut-on se faire une idée précise du chômage qui atteint les ouvriers migrateurs ?

Le recensement industriel de 1910 a fait un relevé général des chômeurs en Belgique.

D'après la méthode suivie, on ne comprend pas sous le nom de chômeurs les personnes qui manquent de profession ou sont dans l'incapacité d'en exercer aucune pour des raisons individuelles. Ainsi les prisonniers, les vagabonds, recueillis dans les dépôts de mendicité où les écoles de bienfaisance, les militaires en service, les estropiés, les sourds-muets et aveugles hospitalisés, toutes ces personnes ne sont pas des chômeurs à proprement parler. Il s'agit ici de « chômage provoqué par des causes économiques ou, tout au moins, celui qui, provoqué par d'autres causes, aurait une durée suffisante pour exercer une répercussion sensible sur le budget des ouvriers privés de besogne. » (1) Cette durée fut fixée à quatre jours consécutifs d'inaction, y compris le jour du recensement.

Le chiffre total des ouvriers chômeurs à cette époque, en Belgique, était de 85,103 dont 69,967 hommes et 15,136 femmes. 5,242 d'entre eux étaient sans travail par suite de grève.

La proportion du chômage chez les hommes est surtout forte dans l'industrie de la construction (36,1 p. c.) dans celle des mines (9,5 p. c.) et dans celle des métaux (9,5 p. c.). C'est l'industrie du vêtement qui compte le plus de chômeurs parmi les femmes (60 p. c.).

En comparant avec le nombre des ouvriers et ouvrières occupés dans l'industrie (1,185,381), la proportion p. c. des chômeurs est de 7, 1, mais cette dernière estimation n'est pas définitive, car il faudra attendre les résultats de la dernière révision de la statistique par le Ministère de l'Industrie et du Travail.

Examinons plus en détail la situation du chômage dans les arrondissements de Louvain et de Nivelles.

---

(1) Cfr. *Recensement de l'Industrie et du Commerce*, Exposé des méthodes, p. XLIV.

Chômeurs.

INDUSTRIES	LOUVAIN			NIVELLES		
	H.	F.	T.(1)	H.	F.	T.
Pêche	—	—	—	—	—	—
Mines	311	—	311	24	—	24
Carrières	1	—	1(2)	32	—	32
Métaux	151	—	151	128	1	129
Céramiques	153	32	185	109	2	111
Verrières	1	—	1	9	—	9
Chimiques	30	—	30	4	3	7
Alimentaires	190	70	260	25	1	26
Textiles	3	6	9	29	28	57
du Vêtement	36	112	148	15	55	70
de la Construction	910	—	910	2502	—	2502
du Bois et de l'Ameubl.	120	2	122	123	—	123
des Peaux et Cuirs	71	2	73	16	—	16
du Tabac	4	—	4	—	—	—
du Papier	3	2	5	10	3	13
du Livre	13	—	13	1	—	1
d'Art et de Précision	4	1	5	5	—	5
des Transports	49	1	50	35	—	35
Total :	2050	228	2278	3067	93	3160

Si nous nous rappelons que les 2 arrondissements comptent respectivement 25,219 et 28,463 ouvriers et ouvrières qui exercent la profession industrielle, nous obtenons les chiffres 9 et 10 comme pourcentage de chômeurs. Ici encore ce sont les ouvriers de la construction qui fournissent la

---

(1) H = Hommes. F = Femmes. T = Total.
(2) Si on additionne le nombre d'ouvriers employés dans les carrières et relevé dans chaque commune, ce total est évidemment fautif.

proportion la plus élevée (au delà des six-dixièmes). Puis se succèdent les industries minières, céramique, alimentaires, des métaux, du vêtement, etc....

Le Relevé officiel ne réserve pas un poste spécial pour les chômeurs migrants.

Pour une seule industrie, il est possible de déterminer exactement leur nombre. Nous savons, en effet, que les 2 arrondissements réunis contenaient 335 chômeurs employés régulièrement dans les travaux des mines. Or, il n'existe aucun charbonnage sur toute l'étendue de ce territoire ; les chômeurs recensés sont donc tous des migrants. Les ouvriers de la construction, s'il leur arrive de travailler dans la localité de leur domicile, exercent habituellement leur profession au dehors. De nouveau, les chiffres de 910 et de 2502 chômeurs signifient autant de migrateurs.

Mais pour les autres corps de métiers, comment faire le départ des chômeurs migrants de ceux qui ne le sont pas ! Dans la catégorie des ouvriers des métaux, par exemple, on mêlera indistinctement le charron et le maréchal ferrant du village avec la masse des navetteurs qui partent pour les usines. De même pour l'industrie du vêtement ; les couturières de la localité figureront avec toutes celles qui font le métier de tailleuse, de modiste ou de dentellière dans la grande ville.

Nous avons cependant entrepris un relevé approximatif pour un certain nombre de communes. Négligeant celles où se manifeste une activité économique et où les sans-travail pouvaient être sédentaires, nous avons considéré seulement les endroits où n'existe aucune industrie et qui se rapprochent le mieux du type rural. S'il s'y trouve quelques métiers, ils sont généralement exercés par le père de famille et pendant toute l'année. Ainsi nous avons retenu 182 communes, parmi les 221 qui composent les 2 arrondissements. Dans ces communes, 2,241 ouvriers migrants étaient atteints par le chômage, dont 2188 hommes et 53 femmes.

En précisant, nous obtenons le tableau ci-après :

Chômeurs migrants
(182 communes)

INDUSTRIES :	NOMBRE	
	Hommes :	Femmes :
de la Pêche	—	—
des Mines	120	—
des Carrières	26	—
des Métaux	47	—
Céramiques	201	28
Verrières	8	—
Chimiques	6	—
Alimentaires	110	3
Textiles	26	4
du Vêtement	11	18
de la Construction	1530	—
du Bois et Ameublement	53	—
des Peaux et Cuirs	12	—
du Tabac	—	—
du Papier	6	—
du Livre	1	—
d'Art et Précision	—	—
des Transports	31	—
Total :	2188	53

En établissant une moyenne, on compte 12 chômeurs migrants par commune.

Le rapprochement du total des migrants avec celui des chômeurs dans ces mêmes communes nous autorise à estimer à 19 p. c. le nombre des migrateurs qui se trouvaient sans travail. C'est la catégorie des ouvriers de la construction qui est cause d'une aussi forte proportion. En effet, près de la moitié de ceux-ci (1) figuraient sur les bulletins du Recensement comme n'exerçant pas leur principale occupation. Sans eux, le pourcentage tombe à 5,7.

Vu l'époque où la statistique fut dressée (31 décembre), on constate qu'il y a peu de chômage en Belgique parmi la multitude des navetteurs et des semainiers. Cela tient à la régularité de la vie économique générale, régularité qu'il convient d'améliorer encore en s'assurant une clientèle plus stable et en facilitant l'entente intersyndicale pour la fixation des prix du marché.

Les chômeurs ne sont pas tous également misérables. En Angleterre et en Allemagne, on connaît les trimardeurs, ouvriers sans gîte et sans aucune ressource, vagabondant de ville en ville, à la recherche d'une maigre pitance et d'un asile pour la nuit. On y a pourvu entr'autres par les *Workhouses* et les *Wanderarbeitsstätten*.

Chez nous, la presque totalité des ouvriers atteints par le chômage attendent la reprise du travail dans leur localité d'habitation. Du fait qu'ils sont renseignés comme chômeurs, il n'est pas permis de conclure avec certitude qu'ils sont privés pendant ce temps de tout gagne-pain. D'après la manière dont la question fut posée par le Recensement, il s'agissait d'établir s'ils avaient abandonné depuis au moins 3 jours leur profession coutumière. Or beaucoup de chômeurs migrants peuvent avoir répondu affirmativement tout en étant employés à des occupations d'ordre secondaire et transitoire. Le plafonneur et le maçon par exemple, habitant la campagne et battant le grain ou labourant la terre, continuent à gagner un salaire. Il existe même de nombreuses familles agricoles où le chômage industriel est impatiemment attendu chaque année pour l'entreprise de certains ouvrages nécessaires.

---

(1) Dans les arrondissements de Louvain et de Nivelles, on a relevé respectivement 1132 et 5021 ouvriers de la construction, et parmi eux 910 et 2502 chômeurs.

Le travail agricole constitue donc une première ressource pour le migrant qui doit abandonner l'usine. Il en est d'autres, comme la caisse de chômage. Notons à ce propos que les communes rurales sont encore dans l'impossibilité de les organiser. Elles ne disposent ni des finances ni du personnel nécessaire à un service de ce genre. Mieux vaut songer à l'établissement de caisses syndicales subventionnées par un fonds intercommunal. Le syndicat distinguera la maladie et l'incapacité du chômage proprement dit, il verra si ce dernier est volontaire ou involontaire, il s'efforcera d'en diminuer la durée par une solution rapide des difficultés pendantes ou par l'installation d'une Bourse du Travail qui recueillera les offres pour d'autres emplois. La subvention officielle servira à encourager le versement de la cotisation-prévoyance, mais sera attribuée également aux syndiqués et aux non-syndiqués.

De son côté, l'administration des chemins de fer a voulu venir en aide aux migrants en facilitant le déplacement de ceux qui cherchent de la besogne au dehors. Elle leur fait délivrer des billets de semaine pour les distances de 35 kilomètres et moins (1). Cette concession très démocratique est d'application fréquente parmi les populations rurales.

---

(1) *Règlement général d'exploitation*, IIe Partie, Fascicule III, art. 103.

CHAPITRE XI

LES MIGRATEURS
ET
LES INITIATIVES PRIVÉES ET PUBLIQUES

Les migrateurs qui se rendent au lieu du travail par chemin de fer, ont bénéficié d'une série de faveurs administratives particulières, et nous avons déjà mentionné plus haut (1) l'institution des abonnements pour ouvriers et des tarifs à prix réduits. L'initiative revient, pensons-nous, à la *Compagnie du Grand Central Belge* (2) qui, dès le mois de Février 1865, établissait diverses mesures en ce sens. Quoiqu'il en soit, ce fut M. Jamar, Ministre des Travaux Publics, qui inaugura en 1869, sur le réseau de l'État, le service des abonnements à 6 déplacements aller et retour par semaine et pour un rayon de 5 lieues (3). En 1876, le rayon était porté à 10 lieues (4); en 1883, à 14 lieues (5); en 1892 à 20 lieues (6). Et comme un certain nombre d'ouvriers étaient occupés le dimanche, tels les fonctionnaires du chemin de fer, l'administration créa cette même année les abonnements à 7 déplacements (7).

---

(1) Cfr. Chap. II.
(2) Cfr. Documents parlementaires, Chambre des Représentants, 1871-2, p. 153.
(3) Cfr. Arrêté ministériel du 8 Septembre 1869, dans *Moniteur Belge*, 15 Septembre.
(4) Cfr. Arrêté ministériel du 1 Janvier. Cité par E. Mahaim, op. cit. p. 20 et seq.
(5) Cfr. Arrêté ministériel du 1 Octobre.
(6) Cfr. Arrêté ministériel du 1 Avril.
(7) Cfr. Arrêté ministériel du 1 Février.

Enfin, il restait la catégorie intéressante des travailleurs que le grand éloignement de l'usine empêchait de retourner chaque jour au foyer. M. le Ministre Van den Peereboom leur accorda, en 1896, l'abonnement d'un déplacement par semaine sans limite de distance, auquel il ajoutait l'abonnement pour un voyage simple par jour en faveur de ceux qui reviennent au logis autrement que par chemin de fer. Ce dernier billet était limité à 20 kilomètres, et il n'a guère obtenu de succès, sinon dans les régions à proximité des principales villes du pays.

Connexe au service des abonnements, fut la réglementation du tarif des prix de parcours. Cette fois encore, ce fut la société du « *Grand Central* » qui inaugura cette mesure sur son réseau. Mais l'Administration des chemins de fer de l'État suivit bientôt. En 1870, un abonnement à 6 déplacements par semaine, pour une distance de 25 kilomètres, coûtait 2 fr. En 1880, le taux fut réduit à 1,70 fr. ; en 1883 et en 1892, lorsque les billets devinrent successivement valables pour une distance de 70 et 100 kilomètres, on se contenta d'élever les anciennes taxes de 10 centimes par 5 kilomètres. Enfin, en 1897, le prix des abonnements a été réduit de 10 p. c.

Cette institution des abonnements pour ouvriers a rencontré tour à tour les approbations ou le blâme selon les intérêts qu'elle est appelée à défendre ou à sacrifier, et il a été question dans certains milieux parlementaires, d'inviter M. le Ministre des Chemins de fer à constituer une Commission où serait envisagé le problème au triple point de vue financier, économique et social.

Est-ce que, tout d'abord, le tarif des abonnements ouvriers n'est pas inférieur à la part correspondante des frais d'exploitation ? Cette question a été présentée plusieurs fois, surtout depuis 1896, à l'occasion de l'examen annuel du

---

(1) Cfr. Arrêté ministériel du 1 Janvier.
(2) Cfr. Documents parlementaires, Chambre, 1871-2, p. 153.

budget, et il n'a pas encore été apporté de réponse décisive. Le rapporteur de la section centrale, en 1905, s'exprimait de la manière suivante : « ... tout ce que l'on peut dire, c'est que les billets ordinaires, simples et aller et retour, rapportent environ 4 centimes par voyageur-kilomètre, les billets à prix réduits, en dehors des abonnements ouvriers, 2 centimes par kilomètre, et les trains exclusivement ouvriers 0,7 centimes par voyageur-kilomètre. On voit, par ces chiffres, quelle devrait être la proportion moyenne des trains pour qu'ils donnent la même recette (1). Il n'est donc pas établi par des calculs que les billets d'ouvriers contribuent à mettre le budget en déficit. En fait, il est extrêmement difficile d'arriver à une appréciation certaine. Il faudrait pour cela examiner le budget d'une ligne de chemin de fer exclusivement fréquentée par les ouvriers, et qui conserverait le même nombre de voyageurs sur tout le parcours et à travers toute l'année, connaître l'usure du matériel, les frais de chauffage et autres conditions d'exploitation qui échappent aux chiffres exacts.

Quoiqu'il en soit, M. le ministre Liebaert, au cours de la discussion du Rapport cité plus haut, se déclarait partisan, au point de vue financier, du service des trains ouvriers, mais à la condition « d'être un service accessoire, additionnel, venant s'interposer entre d'autres services qui sont rémunérateurs. » Le jour donc où cette organisation prendrait une importance de premier plan dans le trafic général, il faudrait de toute nécessité relever le taux des tarifs. Cette manière de voir se résout d'avance aux déficits éventuels en prévision de compensations d'autre part, mais elle est certainement conforme au mobile qui inspira les auteurs de ce système d'abonnements, qui ont principalement voulu faciliter l'accès au lieu de travail.

Et nous touchons ici aux observations d'ordre éco-

---

(1) Chambre, Documents, session 1904-5, p. 337, cité par Mahaim, op. cit., p. 29.

nomique. Les usines et les grands ateliers s'établissent autant que possible près des centres d'extraction ou de production des matières premières, et à proximité des meilleures voies de communication. Voilà pourquoi les alentours de Liége, le Centre et le Borinage, si riches en houille, sont devenus en peu de temps d'importantes régions manufacturières. Mais la main-d'œuvre locale ne put pas longtemps suffire. L'immigration devint donc nécessaire. En mettant la population rurale à la disposition de l'industrie, les trains ouvriers ont permis d'augmenter la production et d'étendre les débouchés. Malheureusement ces vastes agglomérations de travailleurs ont amené trop de mobilité dans le personnel des entreprises. Témoins de la prospérité des affaires, ils se sont rendus compte que leurs bras étaient nécessaires et ils quittent facilement le chantier pour aller s'offrir ailleurs où ils seront aussitôt accueillis. M. R.-A. Henry, dans « *Le Socialisme et l'art de commander dans l'Industrie* », (1) rapporte qu'en 1911, pour une population de 32.312 ouvriers, les mines de houille du couchant de Mons avaient enregistré 52.413 préavis de congé. C'est à dire qu'en moyenne, la population ouvrière de ces mines se renouvelait entièrement tous les 7 mois. Dans un cas particulier, il constata que 50 % des travailleurs avaient séjourné moins de trois mois dans la même exploitation.

Sans songer à nier la légitimité de nombreuses grèves qui ont éclaté dans notre pays, il faut également admettre que l'énorme concentration d'ouvriers dans une même région offre aux éléments perturbateurs un milieu facile pour créer une mentalité ombrageuse et faire diminuer le rendement. En les rendant solidaires, ce qui est un bien, ils les amènent à oublier que la force ne supprime pas le droit.

Est-il vrai, comme on l'a dit, que l'afflux vers les industries, grâce aux billets à prix réduits, avait empêché la

---

(1) H. Vaillant-Carmanne, Imprimeur-Éditeur. Liége, 1914, p. 83.

hausse des salaires ? Notre avis est autre. Le contact nouveau des ouvriers du dehors avec les ouvriers agricoles provoqua peu à peu le relèvement du salaire de ces derniers. Quant aux ouvriers employés dans l'industrie, il faut se rappeler que l'immigration ne s'est pas produite tout à coup et que l'offre a été généralement plus considérable que la demande. Et puis, il importe d'examiner les améliorations survenues dans la situation générale de la masse des travailleurs, et non pas des cas particuliers.

En somme, les abonnements ouvriers à prix réduits constituent une heureuse institution au point de vue économique. D'ailleurs, aucun membre des deux Chambres ne s'avisera jamais de proposer un relèvement des tarifs ou des mesures disciplinaires, et cela pour des raisons politiques qu'il est facile de découvrir. En voulant porter atteinte à une faveur aussi populaire que celle-là, il y perdrait son siége, et ses collègues ne le suivraient pas.

L'ENSEIGNEMENT PROFESSIONNEL

Les ouvriers migrants, surtout ruraux, se trouvent généralement dans une situation désavantageuse au point de vue de l'Enseignement professionnel. Outre la considération que l'instruction technique n'est pas obligatoire et que les parents s'empressent de faire travailler leurs enfants dès qu'ils ont atteint l'âge légal, il y a cette raison spéciale que les écoles du soir sont peu nombreuses, et, par conséquent, souvent très éloignées de la demeure du migrant.

Dans les deux arrondissements que nous étudions, il y a 14 écoles industrielles et professionnelles dans les localités suivantes : Louvain, Tirlemont, Braine L'Alleud, Braine le Château, Court St Etienne, Genappe, Jodoigne, Nivelles, Tubize, Waterloo et Wavre (1). Nous nous sommes mis en

---

(1) Cf. Rapport Général sur la situation de l'Enseignement technique en Belgique ; J. Lebègue et Cie, Bruxelles, 1912.

relations avec ces établissements ainsi qu'avec les autres établissements du même genre situés dans les centres où se rendent nos migrants, et ils ont bien voulu répondre au questionnaire suivant : 1° Quel est le nombre d'élèves qui fréquentent l'école ; 2° Quel est le nombre d'élèves domiciliés dans les localités autres que celle de l'école ; 3° Quelles sont ces localités et combien chacune envoie-t-elle d'élèves à l'école ?

Au moment du Recensement — Décembre 1913 — les 14 établissements susdits contenaient 1798 élèves qui se répartissaient, pour le domicile, de la manière suivante : 1122 habitaient la localité même où se trouvait l'école; 658 habitaient d'autres localités dans l'un des 2 arrondissements ; 18 étaient domiciliés dans le reste du pays.

Voici, à ce sujet, l'état de l'école industrielle de Tirlemont :

Nombre d'élèves domiciliés à	Tirlemont		182
	Becquevoort	2	
	Bunsbeek	1	
	Cappelen	1	
	Cumptich	1	
	Glabbeek	2	
	Halle-Boyenhoven	1	
	Hougaerde	4	
Nombre d'élèves domiciliés	Hoeleden	1	27
dans l'Arrondissement de Louvain	Léau	4	
	Meensel	2	
	Neerlinter	1	
	Oplinter	4	
	Vissenaeken	1	
	Waenrode	1	
	Wommersom	1	
Nombre d'élèves domiciliés	Jauche	2	7
dans l'Arrondissement de Nivelles	Jodoigne	5	

Nombre d'élèves domiciliés dans le reste du pays	Grand Hallet	3	
	Houtain L'évêque	1	
	Laer	1	10
	Racourt	2	
	Ransberg	2	
	Wever	1	

Combien, d'autre part, y avait-il de nos migrants qui suivaient des cours professionnels dans les localités où ils travaillaient et étrangères aux 2 arrondissements ? — Nous n'en avons compté que 126, répartis dans 11 villes ou localités différentes :

Bruxelles	Ecole Industrielles	32
Charleroi	Ecole Industrielle	38
Chatelet	Ecole de Dessin	1
Couillet	Ecole Industrielle	1
Courcelles	Ecole Industrielle	2
Fleurus	Ecole Industrielle	40
Liége	Ecole des Travaux Publics	1
Malines	Ecole de Menuiserie	3
Marchiennes	Ecole professionnelle de Mines	1
St Trond	Ecole de Diamantaire	1
	Ecole de Mécanique	4
Tamines	Ecole Industrielle et de Sauvetage	2
	Total	126

La presque totalité des jeunes ouvriers migrateurs entrent donc à l'usine et à l'atelier sans étude préparatoire ni aucune initiation pratique. Ils doivent se former eux-mêmes et souvent ne parviennent pas à devenir de vrais ouvriers qualifiés.

L'institution du 4e degré à l'école primaire donnera une formation éloignée, elle n'a pas comme objet de créer des apprentis. D'autre part, il est impossible d'établir partout des cours industriels pour la grande diversité des métiers, et, d'ailleurs, si ces cours existaient dans les localités de travail, comment y faire assister des jeunes gens qui ne sont pas soumis à la loi et échappent à la surveillance de leurs parents !

L'organisation des ateliers d'apprentissage, au moins dans la grande et moyenne industrie, où des leçons seraient données pendant ou en dehors des heures de travail, aiderait efficacement à la solution du problème. Mais nous sommes loin de la réalisation de ce vœu si nous songeons qu'il existe, en Belgique, moins de 50 ateliers d'apprentissage agréés par l'Etat, dont le nombre d'élèves n'atteint pas 1600.

LES UNIONS PROFESSIONNELLES

Les associations sont appelées à profiter aux migrateurs comme aux autres ouvriers. Ils ont à défendre eux aussi leurs intérêts professionnels, tels que les conditions de travail, la fixation des salaires, le respect des clauses du contrat. Ils ont même des raisons spéciales de se syndiquer, car ils voudront faire adopter un horaire conciliable avec le moment d'arrivée et de départ des trains de chemin de fer, et s'assurer le repos dominical qui leur permettra de passer tout le dimanche en famille.

Le mouvement syndical limité d'abord aux régions industrielles s'étend peu à peu à travers les campagnes, parmi la population migrante. A défaut du nombre de migrateurs membres d'Unions professionnelles et habitant les 2 arrondissements, nous possédons la liste des 83 syndicats chrétiens auxquels. beaucoup de migrants sont affiliés (1).

---

(1) *Rapport Général sur le mouvement syndical chrétien en Belgique*, par le P. Rutten, O. P. — Gand, 1913.

Alimentation :	Diest — Louvain.
Bâtiment :	Braine l'Alleud — Baulers — Bousval — Braine le Château — Corbais — Genappe — Grand Léez — Haut Ittre — Ittre — Jauche — Jauchelette — Le Bourgeois — Le Chenois — Leefdael — Lillois — Limal — Louvain — Linsmeau — Nethen — Nivelles — Ohain — Ophain — Orp le Grand — Perwez — Rixensart — Rosière — Tourinnes — Waterloo — Wavre.
Bois :	Aerschot — Louvain — Nivelles — Tirlemont.
Chaussures et cuirs :	Aerschot — Louvain — Tirlemont.
Chemins de fer :	Aerschot — Braine l'Alleud — Cortenbergh — Louvain — Nivelles — Oppuers — Perwez — Waterloo.
Diamantaires :	Lubbeek.
Industrie du livre :	Louvain — Nivelles.
Métallurgie :	Baulers — Chastres — Corbais — Louvain — Nivelles — Tirlemont.
Industr. des mines :	Diest — Genappe — Halle-Boyenhoven — Léau — Nivelles — Tirlemont.
Ouvriers peintres :	Louvain — Nivelles — Tirlemont.
Carrières de pierre :	Quenast — Rebecq — Virginal.
Vêtement :	Aerschot — Louvain — Nivelles.
Industries diverses :	Louvain — Nivelles.

On remarque que la plupart des groupements sont établis dans des localités qui ont quelque importance industrielle. Le nombre de syndiqués dans les régions très agricoles est encore fort restreint.

Les propagandistes du mouvement syndical rencontrent parmi les travailleurs migrants un sentiment moins développé de solidarité. Ceux-ci mènent une existence dispersée, partagés tour à tour entre les intérêts de la profession et ceux qui les attendent au lieu du domicile. Toujours allant et venant, ils se laissent distraire et échappent aux sollicitations des organisations ouvrières. Rentrés au village, ils retrouvent les milieux tranquilles et les calmes horizons. D'ailleurs pourquoi se syndiquer, diront-ils souvent, si la grève éclate, nous travaillerons dans les fermes jusqu'à la fin du conflit. Les saisonniers, en particulier, sont méfiants vis à vis de l'association. Ils savent que si l'usine ferme pendant qu'ils sont aux champs, ils ne percevront aucune indemnité de chômage, malgré le versement régulier de leurs cotisations.

On s'est demandé où il fallait syndiquer les migrants, dans la localité de travail ou dans celle du domicile. Au village, les groupes syndicaux seront souvent peu nombreux, car les ouvriers appartiennent à des professions multiples. Dans ce cas la Fédération devra veiller à maintenir la cohésion entre les unités éparpillées et prendre sur elle d'appuyer en son nom les revendications. D'autre part, l'organisme local facilite la discussion des intérêts de chacun; l'individu sera moins sacrifié à la collectivité; en dehors de l'agitation souvent factice créée par les meneurs, on se fera une idée plus adéquate des questions en litige.

Quoiqu'il en soit, puisque les Unions professionnelles poursuivent essentiellement le bien général de leurs membres, il faudra assurer, pour les migrateurs comme pour les autres, une organisation aussi uniforme que possible. C'est l'avis des secrétariats centraux et nous signalons, en terminant, le vote du dernier congrès syndical chrétien à ce sujet : (1) « *L'organisation des ouvriers migrants en associations doit être prise en main. Là où ils sont assez nombreux et appartiennent à un métier déterminé, ils seront organisés par profession ; en règle générale, ces syndicats auront leur siège dans la localité même où habitent les ouvriers. Les syndicats s'affilieront*

---

(1) tenu à Bruxelles, 27 Juillet 1913.

aux fédérations respectives et éventuellement aux fédérations régionales du centre où ils vont travailler. Les syndicats qui n'auraient pas encore de fédération se mettront en rapport avec le secrétariat général de Gand. »

LES BOURSES DU TRAVAIL

Le recrutement des migrateurs pour le travail industriel s'effectue de diverses manières. Ou bien, l'ouvrier est présenté au chantier par un de ses camarades déjà engagé. Ou bien, c'est le chef de service qui offrira une prime à quiconque fournira un ou plusieurs hommes pour l'embauchage ; ou bien, le chef de service fera lui-même un voyage dans les contrées rurales à la recherche du personnel ; ou bien encore, on procédera par voie d'affiches (1). Mais le système général de recrutement, c'est la *Bourse du*

---

(1) Voici une réclame type rédigée par un cantinier désireux de clientèle, et exposée par ses soins à la fenêtre des cabarets de campagne :

KOOLMIJNEN VAN X...
Men vraagt werklieden.

Jongens handwerklieden kunnen 4,50 fr. daags verdienen.

De kolenkappers (ouvriers à la veine) kunnen heden een gemiddeld loon van 6,50 fr. verdienen ; de dagloon van de muurkappers is een weinig minder.

Zij worden betaald per onderneming. — Men lette wel op dat de kolenladers (chargeurs au charbon) zooveel verdienen als de kolenkappers.

Wie op de veertien dagen geenen enkelen dag verlet heeft, krijgt daarenboven volle vergoeding voor zijn weekabonnement.

De putten zijn volkomen droog en in de gansche inrichting zijn de laatste verbeteringen aangebracht.

Men logeert in eene goede cantine tegen 1,25 fr. per werkdag ; voor deze prijs krijgt men kost, slapen en verzorging opperbest verzekerd.

Er wordt gelet op de goede zedelijkheid.

Men vraagt ook handwerklieden om boven te werken...

Travail. Cet organisme reçoit les offres et les demandes d'emploi. Il est un intermédiaire entre le patron et l'ouvrier, afin de permettre au premier de produire et de satisfaire aux commandes, et au second d'éviter le chômage. En soi, il devrait servir les intérêts aussi bien de l'agriculture que de l'industrie. En fait, cependant, les fermiers et les ouvriers agricoles n'y ont guère recours. C'est que ce moyen est encore inconnu dans les campagnes ; peut-être est-ce aussi que le paysan est plus individualiste et préfère régler seul ses affaires.

Jusqu'à présent les Bourses du Travail se sont établies exclusivement dans les villes. Les arrondissements de Louvain et de Nivelles en comptent 8. Mais devant le besoin toujours plus grand de main-d'œuvre, il est à présumer qu'on créera bientôt des annexes dans les localités rurales elles-mêmes. L'innovation s'est déjà produite sous une forme originale. Il arrive en effet que le cantinier préposé au service des logements appartenant à une société exploitante, s'occupe de placement pour augmenter le nombre de ses locataires et en même temps ses bénéfices. Il dépose dans un estaminet, à proximité des gares de chemin de fer, des formules de certificat d'admission émanant de l'entreprise et donnant droit à l'obtention d'abonnements ouvriers, et il verse une prime pour chaque ouvrier embauché par le tenancier.

Les habitués des Bourses de Travail sont surtout les jeunes gens, de caractère instable et uniquement propres aux gros ouvrages. Il en est qui changent d'usine 5 et 6 fois par an. Les saisonniers viennent aussi en grand nombre présenter leur demande d'emploi dans l'industrie, lorsque, par exemple, la moisson est rentrée, que les travaux de construction sont terminés et qu'on se trouve à la veille du long hiver. On voit alors beaucoup d'ouvriers agricoles et de maçons s'engager comme manœuvres dans les hauts fourneaux ou descendre dans la mine.

Il faut de l'intelligence et de la perspicacité si l'on veut que la Bourse du travail soit une organisation sociale vraiment profitable aux migrateurs. Par son activité débordante, en publiant trop ostensiblement ses offres d'emploi, elle s'expose à favoriser encore davantage la manie du changement chez le jeune ouvrier. Et en voulant donner des preuves de sa vitalité, elle risque d'attirer dans l'industrie des bras que les circonstances semblaient devoir retenir à la terre.

Il est certain, d'autre part, que la Bourse du Travail constitue pour les migrants une institution de réelle bienfaisance. Elle s'efforce de favoriser les établissements où l'hygiène, la moralité et les conditions de travail sont le mieux sauvegardées, elle avantage sans doute les ouvriers qualifiés, mais elle s'occupe aussi particulièrement des hommes mariés dont le chômage enlève à la famille les moyens de subsistance. Elle veillera enfin à placer les migrateurs d'une même région dans un même charbonnage, une même usine, à proximité de la voie de communication qui les reconduira le plus vite possible au foyer.

LES SOCIÉTÉS MUTUALISTES.

Les ouvriers migrants profitent-ils en grand nombre des bénéfices de la mutualité ?

Voyons la situation, à cet égard, dans les sociétés mutualistes d'assurance contre les maladies et les accidents reconnues par l'État.

A l'époque de notre enquête, elles s'élevaient en Belgique au chiffre de 3956. De ce nombre 621 furent fondées dans le Brabant, dont 71 dans l'arrondissement de Louvain et 141 dans celui de Nivelles.

D'après les renseignements que nous ont procuré respectivement 58 et 125 de ces sociétés, nous avons pu établir le relevé suivant :

Nombre de membres des sociétés mutualistes d'assurance contre les maladies et les accidents, reconnues par l'État.

	Travailleurs agricoles		Travailleurs industriels	
	dans la Commune	*hors* de la Commune	*dans* la Commune	*hors* de la Commune
LOUVAIN	530	108	5190	1910
NIVELLES	1422	111	6535	4182

On comptait donc alors 219 travailleurs agricoles migrants et 6092 travailleurs industriels migrants assurés par les sociétés susdites, soit un total de 6291 migrants. Il est certain que les sociétés de secours mutuels, qui se composent d'ouvriers employés au dehors dans l'industrie, distribuent relativement beaucoup plus d'indemnités que les sociétés exclusivement agricoles. Outre les accidents de travail et les maladies professionnelles, l'énervement des longs voyages, les repas froids, la fatigue habituelle, les stationnements dans les temps de pluie et de dégel contribuent à compromettre la santé d'un grand nombre.

Et c'est précisément à cause des charges spéciales que les migrants industriels font peser sur les mutualités, que les membres sédentaires ouvriers agricoles et autres ont songé, en plusieurs endroits, à constituer des sociétés séparées. Il faudra résoudre cette difficulté dans un avenir prochain.

La loi de l'assurance obligatoire produira cet heureux effet de rendre prévoyants beaucoup de jeunes ouvriers qui jusqu'ici gaspillaient leurs salaires, et ne se confiaient pendant la maladie qu'à l'assistance de la charité privée ou des pouvoirs publics.

LA LÉGISLATION
SUR LES HABITATIONS OUVRIÈRES.

Déjà en 1840, un comité composé de MM. Ed. Ducpétiaux, le Comte Arrivabene et A. Visschers projetait de fonder une association pour la construction d'habitations ouvrières, mais l'idée fut combattue par la *Commission médicale* de Bruxelles et trouva peu d'écho dans le monde politique (1). Vingt cinq ans plus tard, le 2 juillet 1867, paraissait au *Moniteur* le texte d'une loi autorisant le Gouvernement à homologuer les statuts de sociétés qui auraient pour objet la construction, l'achat, la vente ou la location d'habitations destinées aux classes populaires. Bientôt plusieurs sociétés s'établissent dans les villes, mais aucune n'exerce son action dans la partie rurale du pays. En 1869, à la séance de la Chambre du 16 avril, M. le Député Kervyn de Lettenhove frappé à son tour par le nombre grandissant des maisons misérables qui encerclaient les principales villes et où s'entassaient des familles nombreuses dans une dangereuse promiscuité, demandait l'union de toute les influences pour amener les ouvriers des villes et ceux du dehors à se procurer une « résidence fixe et spéciale où ils seraient chez eux. »

La Commission d'enquête sur le travail, instituée par Arrêté royal, le 15 avril 1886, faisait un nouveau plaidoyer en faveur de la construction de maisons ouvrières « aux abords des stations rurales de nos chemins de fer. » (2)

Mais, de nouveau, à part quelques essais d'ailleurs heureux, mais très localisés, aucun mouvement ne prit naissance en Belgique, et il fallut attendre le vote de *la loi sur les habitations ouvrières* du 9 août 1889.

Et cette loi même, jusqu'à quel point son application servit-elle les intérêts des populations rurales ?

Il serait impossible de le dire, car les comités de Patronage, dans leur Rapport annuel, ne déterminent pas la profession des ouvriers ruraux qui font appel au crédit de la société.

---

(1) J. Dauby, *Les classes ouvrières en Belgique*. Bruxelles, Hayez, 1860, p. 49.

(2) De Camps, *L'Évolution sociale en Belgique*. Bruxelles, Bruylant, 1890.

Le Rapport du Comité des cantons de Tirlemont, Diest, Glabbeek et Léau fait heureusement exception, et nous donnons ici le total des certificats délivrés aux ouvriers industriels de ce ressort pendant les exercices 1910-1913 :

	Nombre total de certificats délivrés pour achat de terrain, de maison, ou en vue d'un emprunt :	Nombre de certificats délivrés aux ouvriers industriels;	Nombre présumé de certificats délivrés aux migrants :
Exercice 1910	259	138	132
» 1911	214	96	84
» 1912	181	88	75
» 1913	224	123	111

Dans un ressort qui s'étend sur 61 communes dont la population s'élève à plus de 106,000 habitants, il aurait donc été distribué pendant 4 ans environ 400 certificats aux ouvriers migrateurs. Ce chiffre est faible en comparaison des besoins auxquels il faudrait répondre. Dans le Hageland, par exemple, nous avons rencontré beaucoup de maisons qui abritaient à l'étroit plusieurs familles. Cette même disette de logements se fait également sentir dans les contrées rurales de la Flandre et du Limbourg.

M. de Corswarem disait en 1903 au Comité de patronage de Hasselt qu'au cours d'une enquête, on lui avait signalé partout des gens mariés vivant séparément chacun chez des parents, par défaut d'habitation. Et M. le député Tibbaut ne craignait pas d'affirmer naguère devant ses collègues de la Chambre des Représentants que les campagnes manquaient d'habitations autant que les villes. (1)

Mais n'oublions pas que nous sommes en terre flamande où la population est plus attachée au sol et la migration moins accentuée.

---

(1) Chambre des Représentants. *Annales Parlementaires*. Session 1913-1914., p. 968.

Dans l'arrondissement de Nivelles au contraire, et notamment dans les parties de moyenne et de grande culture, les ouvriers qui veulent habiter les villages éloignés trouvent facilement où élire domicile. Les localités où les maisons sont toujours occupées sitôt bâties sont précisément celles se trouvant à proximité d'une industrie locale prospère ou sous l'influence d'une région d'activité très puissante (1). Citons en passant Braine le Château, Court St Étienne, Genval, La Hulpe, Ottignies, Quenast.

La loi récente du 25 Février 1914 a été inspirée par le désir d'étendre l'œuvre commencée en 1889, et ce désir a pris corps dans la fondation d'une société nationale des habitations à bon marché. Composée des représentants de l'État, des provinces, des sociétés régionales ou locales agréées, qui sont tous appelés à concourir à la construction des petites maisons, elle a pour mission d'étudier les besoins particuliers à chaque milieu, et de provoquer l'activité des organismes locaux par l'appoint de ses conseils et des ressources financières de l'État. Il ne s'agit pas de

---

(1) Le Conseil provincial du Brabant inscrivit au budget de l'année 1914 un crédit de 200,000 francs pour «la construction d'habitations ouvrières *de préférence à la campagne...* », et le Gouverneur, dans une circulaire datée le 18 Novembre 1913, invitait les communes de l'arrondissement à se prononcer sur le besoin local de maisons ouvrières, et en même temps sur leur participation éventuelle à l'effort organisé par la Province.

Parmi les 221 communes des deux arrondissements de Louvain et de Nivelles, il n'a pas été fourni de renseignements pour 100 d'entre elles. Au sujet des autres communes, 17 reconnaissent le manque de maisons pour la classe ouvrière, 94 déclarent au contraire que les maisons ne font pas défaut. Mais cette affirmation paraît peu fondée. En effet, le point n'est pas de savoir si, de fait, beaucoup de ménages vont habiter dans une localité étrangère, ou si toutes les maisons sont occupées. On ne sera informé du manque véritable de logements qu'après avoir répondu à la question : Les ménages qui vont s'établir ailleurs eussent-ils eu l'avantage de trouver une habitation au village, s'ils l'avaient voulu. Nous attendons une réponse négative pour un grand nombre de communes surtout dans la partie flamande, et c'est dans ce sens que s'est exprimé M. Tibbaut au Parlement.

faire ici un exposé de la loi, et nous nous contentons de rappeler les dispositions intéressant spécialement les contrées rurales. L'article 3 vise en premier lieu comme habitations à bon marché « les immeubles appropriées au logement d'une famille, y compris le jardin, le lopin de terre et autres dépendances de la maison, pour autant que le loyer annuel ou le revenu cadastral ne dépasse pas un maximum fixé, suivant les localités ou régions, par un arrêté royal pris sur l'avis de la société nationale. »

La sphère d'application de la loi se rapporte avant tout aux ouvriers, gens de journée, gens de travail et de service. (Art. 4, 1°.)

Les sociétés locales ou régionales chargées de l'achat, de la construction, de l'amélioration, de la vente, de la location d'habitations à bon marché, achetant des terrains destinés à être aménagés ou à être revendus dans ce dessein, faisant des prêts en vue de ces achats, constructions ou améliorations, ces sociétés, disons-nous, seront composées de particuliers associés ou non à l'État, aux provinces, aux communes et aux établissements de bienfaisance. (Art. 6.)

On s'aperçoit du rôle considérable offert aux initiatives généreuses en vue d'assurer aux ruraux un foyer à l'endroit même où ils ont grandi et où ils désirent achever leur vie. Si l'on n'y prend garde cependant, et M. le député Tibbaut s'est fait l'écho de cette crainte, la réforme tournera à l'avantage des grands centres industriels désireux de trouver la main-d'œuvre ouvrière à proximité des ateliers. A titre d'exemple, la Chambre de Commerce d'Anvers, en prévision des nouveaux travaux d'exploitation du bassin canal et des darses, proposa aussitôt après le vote de la loi d'affecter une partie des terrains acquis par l'État au nord des Bassins, à la construction de cités ouvrières pour les nombreux migrateurs venant chaque matin des localités de la Campine.

Les comités de patronage feront sans doute remarquer

qu'en ville et dans les foyers d'attraction, l'édification de nouvelles demeures constitue un placement d'argent avantageux, car on a l'assurance de les louer presqu'aussitôt. A la campagne, la demande est locale et fort réduite et on ne voudra bâtir qu'au fur et à mesure des besoins exprimés. Or, il est trop tard de se mettre à construire pour un jeune ménage déjà en quête d'habitation. Où logera-t-il entretemps ? Ne trouvant pas où se fixer, il ira s'établir ailleurs. L'objection a son fondement. Aussi, personne ne préconise la construction de maisons dans tous les villages inconsidérément, mais bien là ou l'on connaît l'attachement de la population au sol natal et où les communications avec les sièges du travail ne présentent pas de trop graves difficultés. Les Communes de Bousval, Halle-Boyenhoven, de Lubbeek, de Vieux-Héverlé, de Winghe St Georges, pour ne mentionner que celles-là, réalisent ces conditions et les autorités respectives s'empresseront de profiter de l'application de la nouvelle loi.

D'autres encore, inspirés par l'intention très louable de conserver au village sa physionomie traditionnelle et ses anciennes mœurs, opposeront la question préalable : est-il souhaitable de retenir à la campagne les ouvriers qui ont abandonné les champs pour l'atelier? Travaillant au dehors, ne vaut-il pas mieux qu'ils habitent au dehors ? En fait, il est incontestable que la vie rurale, vie simple et ordonnée, s'accorde mal avec les extravagances et la recherche de toutes sortes de besoins factices souvent apportées des villes par les ouvriers migrateurs. Mais le paysan n'est pas lui-même sans travers ni vices. D'ailleurs, il faut, semble-t-il, examiner le problème de plus haut. Au point de vue de l'intérêt général, quel avantage voit-on à déplacer un mal pour le transporter ailleurs ! S'il est au village une catégorie d'indésirables, pourquoi l'envoyer grossir les agglomérations urbaines où la pratique des vertus civiques et privées est déjà rendue difficile ! Et puis, outre que la fusion des caractères et des différentes classes de la société est rendue inévitable par la facilité des communications et des rapports, en poussant aux migrations définitives, ne travaille-t-on pas du même coup à la concentration ouvrière, c'est à dire à l'augmentation du coût général de l'existence (1) ! A propos du prix des loyers, comparez, par exemple, la situation des habitants des localités industrielles d'une part, à celle des communes agricoles d'autre part (2).

	I. LOCALITÉS INDUSTRIELLES II. LOCALITÉS AGRICOLES	Moyenne de la location annuelle d'une maison ouvrière	Valeur moyenne des maisons ouvrières neuves y compris le terrain
I.	Braine l'Alleud	180	4,500
	Braine le Château	145	3,500
	Bousval	150	4,000
	Clabecq	225	6,000
	Court St Étienne	144	3,800
	Ottignies	180	4,200
	Quenast	144	6,000
	Tubize	155	4,500
	Virginal-Samme	140	4,000
II.	Gentinnes	120	4,500
	Glabais	90	4,000
	Hamme-Mille	120	4,000
	Houtain-le-Val	132	3,500
	Ittre	125	3,600
	Loupoigne	100	3,500
	Malèves	100	2,700
	Ophain	108	3,500
	Nodebais	96	3,200

Qu'on ne provoque donc pas l'émigration des ouvriers industriels habitant les campagnes. Des raisons d'hygiène

---

(1) V. Fallon, s. j. *Les plus-values et l'impôt*, Bruxelles, Van Fleteren, 1913, p. 77 et suiv.

(2) Cf. *Rapport annuel sur les opérations du Comité de patronage des habitations ouvrières de l'Arrondissement de Nivelles*, exercice 1913.

et d'ordre psychologique s'y opposent. Laissons les phénomènes de la vie économique se manifester librement, quand le bien général, matériel ou moral, ne se trouve pas compromis. Le paysan abandonne la culture du sol et s'engage dans les fabriques pour augmenter ses maigres revenus et jouir d'une légitime aisance. Si, d'autre part, il aime de rester au village parce que l'existence y est plus saine, plus tranquille et moins coûteuse, parce que ses parents y vivent encore, qu'il continue d'y demeurer, et ce sera aux autorités responsables, aux institutions sociales, aux influences religieuses et charitables d'empêcher que le village ne perde quelque chose de ses vertus foncières. Nous ne disons pas que tous les ouvriers ruraux employés dans l'industrie doivent s'accrocher obstinément au village. Il en est, au contraire, auxquels l'âge, la distance considérable de l'usine et d'autres circonstances particulières conseilleraient de partir. Mais nous pensons qu'à peine d'accentuer la surpopulation dans les milieux industriels avec tous les maux qui en découlent, il faut favoriser plus encore que le retour à la terre, le maintien à la campagne des ouvriers d'origine terrienne.

Il existe encore d'autres initiatives publiques et privées, lesquelles, dans l'intention des auteurs, doivent profiter à la population migratrice, comme l'institution du 4me degré d'instruction primaire, l'assistance religieuse en cours de route, la visite d'encouragement du prêtre de la paroisse rurale dans les localités de travail,... mais il en a déjà été fait mention dans d'autres parties de cette enquête et nous n'y revenons pas.

CHAPITRE XII

LES MIGRATIONS DÉFINITIVES

La migration revêt deux formes principales : elle est temporaire, c'est-à-dire que l'ouvrier, chaque jour, chaque semaine, ou à d'autres époques déterminées, se déplace de la localité de son domicile pour se rendre au travail dans une localité étrangère; elle est définitive, et l'on entend par là, ce mouvement incessant de la population qui se transporte d'une localité dans une autre pour y demeurer d'une manière permanente.

Il nous reste à envisager ce dernier aspect de la migration, connu aussi sous le nom d'émigration ou d'immigration à l'intérieur du pays (1).

---

(1) La désertion des campagnes et l'affluence vers les villes ne constitue pas un fait nouveau en Belgique. Dès le 11ᵉ siècle, la Flandre devint l'entrepôt des marchandises expédiées de France, d'Allemagne et d'Italie vers l'Angleterre. L'industrie nationale, et, en particulier, la fabrication des tissus de laine, voulut profiter de ce mouvement économique, pour s'étendre et exporter à son tour. D'autre part, l'augmentation incessante de la population rurale fournit la classe d'artisans nécessaire. Le drapier se détacha de l'ensemble de la population agricole, il quitta la terre pour émigrer vers les centres d'activité commerciale où il pouvait trouver pour ses produits un débouché assuré, et où l'appelaient des compagnons de travail partageant les mêmes intérêts et les mêmes soucis. Pour ce qui concerne la région dont nous nous occupons, il est probable que le voisinage de St. Trond, considéré comme un poste avancé de la draperie flamande, ainsi que l'établissement de la voie de transit entre le Rhin et Bruges, par Léau et Louvain, contribua à créer, dès le 12ᵉ siècle, un mouvement d'émigration parmi la population brabançonne. (Cfr. H. Pirenne, *Histoire de la Belgique*, Vol. I, liv. 2, passim. Bruxelles. Lamertin, 1900.

Et tout d'abord, est-il permis de parler en termes absolus de dépopulation des campagnes? Est-il vrai qu'il s'exerce en Belgique une telle force d'attraction de la part des foyers d'activité industrielle que les arrondissements ruraux se vident peu à peu de leurs habitants jusqu'à présenter dans un avenir prochain l'aspect des plaines délaissées du midi de la France et de l'Angleterre? S'exprimer de la sorte serait méconnaître les faits qui comportent une signification tout opposée. Parmi les 41 arrondissements administratifs, nous en comptons 33 dont la physionomie générale est agricole, et seulement 3 d'entre eux accusent un fléchissement de population pendant l'espace des 40 dernières années : Ath (dans le Hainaut), Virton (dans le Luxembourg) et Philippeville (dans la province de Namur). La diminution, d'ailleurs peu sensible, se chiffre respectivement par 4, 1 et 3 habitants par kilomètre carré (1). Partout ailleurs, dans les régions agricoles, le taux demeure stationnaire ou s'accroît d'une manière continue.

Voici, spécialement pour les arrondissements de Louvain et de Nivelles, le chiffre de la population, après chaque période décennale, depuis 40 ans.

	1880	1890	1900	1910
Louvain	203,693	221,662	241,959	268,709
Nivelles	158,124	161,592	168,146	177,641

---

(1) Cf. *Annuaire Statistique de la Belgique*, Bruxelles, Lecigne ; — et C. Jacquart, *Mouvement de l'Etat civil et de la population en Belgique*, Bruxelles, Hayez, 1906. — On estime à 56 % la population qui vit à la campagne et 44 % celle des communes urbaines. (Seebohm Rowntree, op. cit. p. 540.)

Mais entrons davantage dans le détail et voyons comment se pose le problème dans les endroits qui ne se trouvent pas sous l'influence directe de l'industrie. En séparant donc de l'arrondissement de Louvain les communes d'Aerschot, Diest, Héverlé, Kessel-Loo, Louvain, Tirlemont et Wilsele, il reste un total de 104 localités dont le caractère est demeuré rural. Eh bien, seulement deux d'entre elles ont perdu une partie de leur population depuis 1880, Opheylissem qui enregistre une diminution de 58 habitants, et Schaffen à l'extrémité nord-est de la frontière Campinoise qui en accuse 168.

A son tour, l'arrondissement de Nivelles comprend 108 communes, dont trois villes, Jodoigne, Nivelles et Wavre, et huit localités nettement industrielles, Braine l'Alleud, Clabecq, Court-Saint Étienne, Perwez, Quenast, Rebecq-Rognon, Tubize et Virginal-Samme. Des 97 communes restantes, 47, c'est à dire près de la moitié, ont vu leur population se réduire, mais seulement de 5636 habitants. Dans certaines communes, la diminution s'affirme plus sensiblement qu'ailleurs, comme à Plancenoit, Thines, St-Géry, Longueville, mais aucune n'a perdu, pendant ces 40 années, le tiers de ses habitants.

En France, au contraire, le dépeuplement des campagnes est devenu presque général et présente des symptômes d'une gravité particulière. En 1886, la population totale de ce pays était d'environ 35.000.000 unités et les habitants des régions rurales y figuraient pour 26.000.000, soit 75 p. c. Vingt ans plus tard, il y avait 39.000.000 d'habitants, mais la part des villages n'était plus que de 22.000.000, soit 57 p. c. Et la baisse continue. M. Blanchard, dans son enquête à travers la Flandre, a rencontré partout des maisons en ruines. M. Demangeon a fait la même observation en Picardie, et, à propos de la Gascogne, le docteur Labat écrit : « C'est une race qui meurt et la moitié de la Gascogne serait en friche sans la machine... » (1) L'auteur

---

(1) Cfr. A. Souchon, *La crise de la main-d'œuvre agricole en France*. Paris, Rousseau, 1914.

des « Paysages romanesques » a décrit l'impression pénible que lui fit « le village abandonné ». Il l'aperçoit de loin, au sommet de la montée. Il croyait déjà entendre les paysans qu'il avait connus jadis, lui souhaiter la bienvenue. Là, pensait-il, je trouverai de l'eau fraîche, des œufs, du lait, une grange pleine de bon foin séché. Il approche du village. Personne n'apparaît. Les maisons sont muettes. Il s'arrête pour écouter. Pas trace de vie à l'intérieur. Il frappe à la première porte, pas de réponse. La suivante est pareillement vide, et la suivante encore... On dirait que la population menacée d'un tremblement de terre s'est enfuie... De tels villages ne se rencontrent pas chez nous.

Mais s'il est impropre de parler de dépopulation rurale en Belgique (1), ce n'est pas à dire qu'il ne se produit pas un sérieux mouvement d'émigration des campagnes vers les parties industrielles du pays. *L'Exposé de la situation du Royaume*, qui indique l'importance proportionnelle de chaque groupe de profession, donne pour la carrière agricole le pourcentage de 31 en 1888 et de 21.1 en 1900, tandis que la carrière industrielle élève son pourcentage de 34.5 à 41.6. De 1900 à 1910, l'augmentation de la population a été de 10.91 p. c., surtout, comme le tableau ci-après le montre, à l'avantage des provinces industrielles :

Anvers	20.48 p. c.
Brabant	28.23 p. c.
Flandre-Occidentale	9.44 p. c.
Flandre-Orientale	12.44 p. c.
Hainaut	12.31 p. c.
Liége	8.51 p. c.
Limbourg	4.71 p. c.
Luxembourg	1.64 p. c.
Namur	2.24 p. c.

---

(1) *Exposé de la situation du Royaume*, 1876-1900.

Excédent d'immigration ou d'émigration.

	LOCALITÉS	Population en 1880	Population en 1890	Excédent des naissances sur les décès	Population augmentée de cet excédent	Excédent d'immigration (+) ou d'émigration (—)	Population en 1890	Population en 1900	Excédent des naissances sur les décès	Population augmentée de cet excédent	Excédent d'immigration (+) et d'émigration (—)	Population en 1900	Population en 1910	Excédent des naissances sur les décès	Population augmentée de cet excédent	Excédent d'immigration (+)
	Beauvechain	1848	1752	161	2009	— 257	1752	1932	186	1938	— 6	1932	1955	179	2111	— 15
	Bomal	449	370	4	453	— 83	370	379	— 7	363	+ 16	379	374	+ 8	387	—
	Braine l'Alleud	6370	7296	949	7319	— 23	7296	8186	692	7988	+ 198	8186	9410	1044	9230	+ 18
	Braine le Château	3207	3449	377	3584	— 135	3449	3611	372	3821	— 210	3611	3953	335	3946	+
	Corroy le Grand	1542	1416	128	1670	— 254	1416	1369	109	1525	— 156	1369	1291	56	1425	— 13
Arrondissement de Nivelles	Court St Etienne	3322	3532	344	3666	— 534	3532	3924	298	3830	+ 94	3924	4373	304	4228	+ 14
	Jodoigne	4308	4283	166	4474	— 191	4283	4128	13	4296	— 168	4128	4198	—109	4019	+ 17
	Nivelles	10168	10642	814	10982	— 340	10642	11645	652	11294	— 649	11645	12697	428	12073	+ 62
	Oisquercq	555	535	92	647	— 112	535	610	56	591	+ 19	610	619	48	658	— 3
	Quenast	1384	2156	385	1769	+ 387	2156	2578	329	2485	+ 93	2578	2796	200	2778	+
	Roux-Miroir	697	619	19	716	— 97	619	581	15	634	— 53	581	560	7	588	—
	Tourinnes la Grosse	1244	1222	173	1417	— 195	1222	1253	191	1413	— 160	1253	1187	140	1393	— 20
	Tubize	3916	4490	530	4446	+ 44	4490	5271	501	4991	+ 280	5271	6574	516	5787	+ 78
	Villers la Ville	998	1022	67	1065	— 43	1022	1103	72	1094	+ 9	1103	1168	107	1210	—
	Walhain St Paul	2015	1933	178	2193	— 260	1933	1922	150	2083	— 161	1922	1906	221	2143	— 23
	Wavre	6847	7575	661	7508	+ 67	7575	8069	621	8196	— 127	8069	8556	420	8489	+ 6
	Ways	661	632	43	704	— 72	632	621	15	647	— 26	621	695	34	655	+

	Aerschot	5378	6234	1090	6468	— 234	6234	6984	1054	7288	— 304	6956	7861	1315	8271	— 410
	Bael	1256	1254	203	1459	— 205	1254	1449	284	1538	— 89	1449	1776	456	1905	— 129
	Becquevoort	1553	1560	252	1805	— 245	1560	1780	317	1877	— 97	1780	2154	467	2247	— 93
	Corbeek-Loo	1076	1175	210	1286	— 111	1175	1335	252	1427	— 92	1335	1617	272	1607	+ 10
	Diest	7399	8531	660	8059	+ 472	8575	8134	858	9389	—1255	8134	8230	1082	9216	— 986
	Erps-Querbs	2216	2206	— 48	2168	+ 38	2206	2407	28	2234	+ 173	2407	2658	97	2504	+ 154
Arrondissement de Louvain	Hérent	3251	4033	717	3968	+ 65	4033	5234	1104	5137	+ 97	5234	6500	76	5310	+1190
	Héverlé	3684	4565	854	4538	+ 47	4585	6172	870	5455	+ 717	6172	7798	897	7069	+ 729
	Holsbeek	1341	1372	223	1564	— 192	1372	1401	292	1664	— 263	1401	1538	281	1682	— 144
	Kessel-Loo	4978	6115	1162	6140	— 25	6115	7414	1196	7311	+ 103	7414	9707	1407	9821	— 24
	Léau	1978	2054	191	2169	— 115	2054	2139	228	2282	— 143	2139	2211	247	2386	— 175
	Louvain	36367	40624	3618	39985	+ 639	40624	42070	2574	43198	—1128	42070	42123	1534	43604	—1481
	Neerlinter	2475	2566	298	2773	— 207	2566	2822	428	2994	— 172	2822	3241	575	3397	— 156
	Sichem	2550	2807	527	3077	— 270	2807	3189	543	3350	— 161	3189	3914	907	4096	— 182
	Testelt	1434	1197	128	1562	— 365	1197	1313	174	1371	— 58	1313	1580	335	1648	— 68
	Tirlemont	13931	15985	1447	15378	+ 607	15985	17582	1964	17949	— 367	17582	18662	1840	19422	— 760
	Vaelbeek	232	224	34	266	— 42	224	209	25	249	— 40	209	228	40	249	— 21
	Waenrode	930	1036	129	1059	— 23	1036	1091	166	1202	— 111	1091	1235	187	1278	— 43
	Webbecom	453	522	95	548	— 26	522	520	58	580	— 60	520	608	111	631	— 23
	Wilsele	1767	2282	503	2270	+ 12	2282	2867	568	2850	+ 17	2867	3672	654	3521	+ 151
	Zetrud-Lumay	1491	1556	178	1669	— 113	1556	1653	155	1711	— 58	1653	1650	133	1786	— 136

Afin d'apprécier l'intensité des mouvements migratoires dans les 2 arrondissements, nous avons dressé des tableaux établissant la situation des communes sous ce rapport, et nous venons d'apporter ici l'exemple d'un certain nombre d'entre elles.

Les constatations portent sur une période de 30 années, de 1880 à 1910, et fournissent l'excédent d'émigration ou d'immigration, qu'on obtient en rapprochant la population de fait de ce qu'elle eût du être, vu le chiffre supérieur des naissances par rapport aux décès, ou vice versa.

On voit par l'exemple typique de ces 38 communes, que les parties nettement rurales, surtout celles qui sont éloignées des centres de communication, accusent généralement, après chaque période décennale, un fort excédent d'émigration. Quand on consulte les registres officiels, on est frappé de la supériorité du nombre des sorties sur les entrées, et l'excédent de natalité sur la mortalité n'est pas assez important pour rétablir l'équilibre.

Il était intéressant de rechercher les causes qui déterminent l'exode des campagnes. A titre d'exemple, nous avons examiné à cet effet le cas du village de Plancenoit, petite localité wallone, d'environ 800 habitants, située à plus d'une lieue de Braine l'Alleud.

Il apparaîtra par le relevé ci-contre, conforme d'ailleurs à celui de la plupart des communes de la catégorie rurale, que le manque d'habitations et le trop grand éloignement du lieu de travail, constituent les motifs déterminants de l'exode des familles ouvrières vers les localités industrielles. Le lecteur qui nous a suivi jusqu'à cet endroit de notre enquête, aura déjà supposé cette constatation, et il serait superflu de l'y arrêter davantage. Notons seulement que la population rurale, en général, continue à apprécier sainement le profit du séjour à la campagne, malgré les multiples attraits de la vie urbaine. Il en sera ainsi plus encore le jour où les villages s'intéresseront à l'esthétique des habitations et disposeront de ressources budgétaires

Mouvement d'émigration de la Commune de Plancenoit.

Année 1909

N° d'ordre	Nom et Prénom du Père de famille		Profession	Nombre de personnes qui émigrent	Localité d'immigration	Motif principal de l'immigration
1	R.	C.	journalier	1	Couture St Germain	En quête d'habitation par suite de mariage.
2	J.	T.	cultivateur	1	Lasne	Location d'une plus grande ferme.
3	V.	M.	servante	1	Baulers	Changement de service.
4	D.	J.	commis	1	Bruxelles	Se trouver près du lieu de travail.
5	E.	D.	briquetier	7	Anderlecht	Facilité de communication avec le lieu de travail.
6	G.	R.	ouvrier agricole	5	Vieux Genappe	Facilité de communication avec le lieu de travail.
7	S.	G.	conducteur de tram	1	Bruxelles	Se trouver près du lieu de travail.
8	W.	F.	maréchal ferrant	1	Braine l'Alleud	En quête d'habitation par suite de mariage.
9	P.	L.	servante	1	Bruxelles	Entrée en service.
10	B.	R.	domestique	1	Ohain	Changement de service.
11	S.	A.	—	1	Waterloo	Mariage. Occuper la maison de l'époux.
12	V.	F.	carrier	3	Marbais	Changement de profession.
13	T.	J.	paveur	1	Braine l'Alleud	Facilité de communication avec le lieu de travail
14	L.	M.	—	1	Vieux Genappe	Mariage. Occuper la maison de l'époux.

Année 1910

N°	Nom	Prénom	Profession	Nombre	Localité d'immigration	Motif principal de l'immigration
1	M.	A.	maréchal ferrant	6	Couture St Germain	Changement de profession.
2	P.	J.	domestique	1	Baulers	En quête d'habitation par suite de mariage.
3	N.	J.	verrier	3	Gosselies	Se trouver près du lieu de travail.
4	B.	A.	gazier	3	Vieux Genappe	Occuper plus grande maison.
5	S.	P.	mécanicien	5	Bruxelles	Se trouver près du lieu de travail.
6	T.	P.	—	1	Braine l'Alleud	Facilité de communication avec le lieu de travail.
7	L.	Th.	plafonneur	1	Lasne	En quête d'habitation par suite de mariage.
8	M.	J.	—	4	Lillois	Occuper plus grande maison.
9	N.	J.	journalier	1	Jumet	Habiter chez son fils.
10	R.	A.	jardinier	7	Rhode St Genèse	Changement de service.
11	B.	J.	domestique	3	Braine l'Alleud	Facilité de communication avec le lieu de travail.
12	T.	L.	menuisier	3	Couture St Germain	Habiter chez ses parents.
13	L.	F.	sabotier	8	Ottignies	Occuper plus grande maison.
14	C.	P.	ouvrier d'usine	1	Braine l'Alleud	En quête d'habitation par suite de mariage.
15	T.	A.	—	2	La Hulpe	Habiter la maison d'un de ses enfants.

Année 1911

N°	Nom	Prénom	Profession	Nombre	Localité d'immigration	Motif principal de l'immigration
1	B.	L.	—	1	Bruxelles	En quête d'habitation par suite de mariage.
2	L.	O.	cultivateur	3	Haute-Croix	Location d'une plus grande ferme.
3	M.	P.	briquetier	4	Rixensart	Occuper plus grande maison.
4	P.	P.	ouvrier brasseur	2	Roux	Facilité de communication avec le lieu de travail.
5	O.	F.	ouvrier d'usine	2	Lasne	Changement de profession.
6	R.	D.	maçon	2	Auderghem	Facilité de communication avec le lieu de travail.
7	B.	J.	ouvrier d'usine	1	Ohain	En quête d'habitation par suite de mariage.
8	S.	F.	—	1	Bruxelles	Entrée en service.
9	T.	P.	—	1	Braine l'Alleud	Entrée en service.
10	F.	J.	maçon	1	Céroux-Mousty	En quête d'habitation par suite de mariage.
11	P.	O.	—	1	Etterbeek	En quête d'habitation par suite de mariage.
12	P.	M.	cultivateur	10	Fosse	Location d'une plus grande ferme.
13	L.	R.	cultivateur	7	Marbais	Location d'une plus grande ferme.
14	O.	F.	ardoisier	3	Waterloo	Facilité de communication avec le lieu de travail.
15	V.	P.	—	1	Genval	Entrée en service.
16	V.	F.	domestique	8	Waterloo	Facilité de communication avec le lieu de travail.
17	G.	J.	cultivateur	4	Vieux Genappe	Location d'une autre ferme.
18	F.	F.	maçon	3	Braine l'Alleud	Facilité de communication avec le lieu de travail.
19	C.	Ch.	asphalteur	1	Lillois	Facilité de communication avec le lieu de travail.
20	P.	J.	cultivateur	2	Ottenbourg	Rentiers.

Année 1912

N°	Nom	Prénom	Profession	Nombre	Localité d'immigration	Motif principal de l'immigration
1	P.	A.	plafonneur	7	Nivelles	Facilité de communication avec le lieu de travail.
2	B.	A.	ouvrier d'usine	5	Maransart	Changement de maison.
3	L.	J.	domestique	1	Cureghem	Se trouver près du lieu de travail.
4	P.	F.	—	1	Bruxelles	Entrée en service.
5	M.	O.	journalier	3	Braine l'Alleud	Facilité de communication avec le lieu de travail.
6	M.	D.	ouvrier brasseur	2	Jumet	Facilité de communication avec le lieu de travail.
7	O.	J.	peintre	2	Bruxelles	Rentiers.
8	C.	P.	menuisier	2	Braine l'Alleud	Facilité de communication avec le lieu de travail.
9	R.	P.	agent d'assurances	2	» »	Facilité de communication avec le lieu de travail.
10	M.	O.	commerçant	1	» »	Étendre son commerce.
11	P.	L.	—	1	» »	Entrée en service.
12	F.	L.	peintre	3	Glabais	Rentiers.
13	L.	P.	cultivateur	6	Couture St Germain	Location d'une plus grande ferme.
14	P.	O.	—	1	Braine l'Alleud	En quête d'habitation par suite de mariage.
15	P.	B.	domestique	1	Ohain	Changement de service.
16	M.	D.	piocheur	1	Braine l'Alleud	Facilité de communication avec le lieu de travail.
17	N.	D.	conducteur de tram	1	» »	Changement de profession.
18	M.	R.	imprimeur	2	» »	Facilité de communication avec le lieu de travail.
19	F.	J.	domestique	1	» »	Changement de service
20	P.	J.	journalier	1	Loupoigne	Occuper la maison de son épouse.
21	C.	A.	—	1	Bruxelles	Entrée en service.
22	R.	A.	plafonneur	2	Waterloo	Facilité de communication avec le lieu de travail.

Année 1913

N°	Nom	Prénom	Profession	Nombre	Localité d'immigration	Motif principal de l'immigration
1	G.	L.	piocheur	2	Vieux Genappe	Facilité de communication avec le lieu de travail.
2	P.	F.	ouvrier d'usine	3	Ohain	Changement de profession.
3	M.	D.	maçon	3	Braine l'Alleud	Facilité de communication avec le lieu de travail
4	D.	O.	domestique	1	» »	Facilité de communication avec le lieu de travail.
5	M.	D.	plafonneur	4	Boitsfort	Location d'une ferme.
6	O.	J.	menuisier	1	Braine l'Alleud	Facilité de communication avec le lieu de travail.
7	F.	J.	—	3	» »	Rentiers.
8	L.	M.	tailleuse	1	Nivelles	En quête d'habitation par suite de mariage.
9	C.	Ch.	ouvrier d'usine	1	Glabais	En quête d'habitation par suite de mariage.
10	C.	J.	ouvrier d'usine	1	Maransart	En quête d'habitation par suite de mariage.
11	M.	P.	carrier	3	Braine l'Alleud	Facilité de communication avec le lieu de travail.
12	P.	A.	domestique	3	» »	Facilité de communication avec le lieu de travail.
13	N.	A.	domestique	1	Bruxelles	Entrée en service.
14	B.	R.	—	1	Bruxelles	Entrée en service.

suffisantes pour améliorer le service de la voirie et de la distribution d'eau.

*
* *

Il nous reste à suivre pendant quelque temps cet exode des familles brabançonnes qui disent définitivement adieu au village natal pour aller s'établir dans les principaux centres industriels du pays.

L'immigration en groupes, commencée vers 1850, devint considérable à partir de 1865, pour atteindre son maximum d'intensité au lendemain de la guerre franco-allemande. L'afflux se porta surtout vers les faubourgs de la capitale et vers les bassins houillers de Liége et de Charleroi. Aussi, les 8 communes de l'agglomération bruxelloise qui comptaient 25,000 habitants en 1836, en contenaient 200,000, quarante ans plus tard ; soit une population 8 fois plus grande. Pendant la même période, l'arrondissement de Liége augmentait sa population de 160,878 habitants, celui de Charleroi de 176,214 habitants. (1)

Inégalement sans doute, les divers coins du Brabant prirent leur part de ce mouvement d'exode. Les wallons furent les premiers. Ils avaient moins de répugnance à vaincre, allant chez des frères de même caractère et de même langue. Les Flamands suivirent, en plus petit nombre, bien que l'indigence les pressât davantage. Partagés entre deux alternatives pénibles, les plupart de ces derniers avaient préféré aux absences prolongées loin du foyer, le départ définitif avec leurs familles pour les localités de travail.

Certains s'arrêtèrent dans l'arrondissement de Nivelles, à Braine l'Alleud, à Rebecq-Rognon, à Quenast et à Tubize, les autres poussèrent plus loin et allèrent s'établir principalement dans le bassin de Charleroi, à Fleurus, Gilly, Jumet, Ransart, Marcinelle et Marchienne au Pont.

---

(1) Cfr. Annuaire de Statistique de la Belgique, 1914, p. 46.

Le curieux qui ouvre les registres de la population de ces différentes localités sera étonné de retrouver les noms les plus connus dans le Hageland ou la région de Tirlemont.

Quel sort matériel attendait ces familles émigrées à l'endroit de leur nouveau domicile ?

Déjà en 1843, au cours de l'enquête officielle relative au « *Travail des enfants, des adolescents et des femmes dans les usines et fabriques* », les Commissions provinciales et locales réclamaient l'amélioration des logements ouvriers dans la capitale et les centres industriels.

Voici comment s'exprimait à cet égard le Conseil de salubrité de Bruxelles : « L'ouvrier est plus ou moins bien logé selon que le salaire est plus ou moins élevé et le ménage nombreux. Il est quelques ouvriers possédant pour eux et pour leurs familles, des lits et de la literie, en qualité et quantité convenable. Avons-nous besoin d'ajouter que ce sont encore là des exceptions, et que dans la plupart des cas, une couple de lits garnis d'un mauvais matelas servent au couchage de tous les membres de la famille composée ordinairement de 5 ou 6 personnes de tout âge et de tout sexe? Et cependant ces milieux ne sont pas les plus pauvres, les plus misérables. C'est du sybaritisme en comparaison de ce qui existe chez un grand nombre de familles ouvrières. Vous ne voyez là pour reposer les membres fatigués par le travail, qu'une espèce de large bac, contenant une méchante paillasse, sur laquelle s'étendent pêle-mêle, père, mère, garçons et filles, qui la tête au chevet, qui la tête au pied du lit, et n'ayant pour se garantir du froid qu'une sale et grossière couverture, souvent en lambeaux ! » (1)

Dans le Hainaut, la situation n'était pas meilleure. La Commission médicale de la province la résume en ces termes : « Les habitations sont basses, humides, resserrées,

---

(1) Cité par De Camps dans *l'Évolution Sociale en Belgique*, Bruxelles, Bruylant, 1890.

froides, sans air et sans lumière; leur encombrement le jour et surtout la nuit, les exhalaisons qui les entourent presque toutes, proviennent le plus souvent des dépôts de fumier ou de matières végétales en putréfaction et quelquefois des mares d'eau croupissante » (1).

Le 3 Novembre 1868, M. A. Jamar, Ministre des Travaux publics, adressait une circulaire aux officiers du corps des mines sur la situation particulière des ouvriers houilleurs et métallurgistes. Les rapports nous apprennent que les Sociétés industrielles du Borinage avaient construit à peine un millier de maisons. Dans le bassin de Charleroi, les usines et les charbonnages louaient 413 petites habitations qui ressemblaient plutôt à des chaumières (2).

Le régime alimentaire des ouvriers émigrés était à l'avenant : le matin, du café de chicorée et du pain de seigle ; à midi, des légumes parmi lesquels figurent au premier rang les pommes de terre, les carottes, les haricots et les navets.

Au point de vue religieux et moral, l'abandon où étaient plongées les familles flamandes récemment transplantées ne leur laissait aucune perspective de relèvement (3).

En se détachant de leur milieu, elles s'étaient dépossédées d'un précieux héritage, elles étaient sorties de cette atmosphère de vertus privées et publiques où avaient grandi les aïeux ; désormais, elles se trouvaient mêlées à une population nouvellement constituée, souvent fort

---

(1) *Enquête sur la condition des ouvriers et le travail des femmes et des enfants.* Tome II. Bibliothèque du Ministère de l'Industrie et du Travail.

(2) L. Bertrand, *Le logement de l'ouvrier et du pauvre en Belgique*, Bruxelles, 1868. Peut être peut-on dire à la décharge des sociétés industrielles, que la plupart, ignorant, au début de leur fondation, la prospérité future de leurs entreprises, craignaient d'immobiliser dans des constructions ouvrières un capital improductif.

(3) Par exemple, au quartier flamand de Gilly-Haies, la première messe ne fut dite qu'en 1866; à Gilly-sart-Hallet, 12 ans plus tard, en 1878.

mélangée, et que des mœurs trop faciles avaient déjà en partie fait déchoir.

Le clergé local ne s'était pas multiplié en proportion de l'afflux de l'immigration et ne suffisait plus à la tâche. D'ailleurs, il ignorait la langue flamande, et ne pouvait, de ce chef, nouer avec beaucoup de paroissiens les relations suivies que réclamaient d'urgents besoins. Quand, plus tard, souffla le socialisme, dont les préoccupations étaient plus anti-religieuses que démocratiques, la plupart des immigrés, sans organisation de résistance et non avertis, se laissèrent emporter. Tout en émettant de justes griefs sur le terrain économique, ils se faisaient l'écho d'attaques anticléricales, qu'on forgeait pour eux dans les officines libre penseuses. Nous avons entendu dire de divers côtés, que les premiers immigrants continuèrent courageusement les pratiques de vie chrétienne qu'ils avaient commencées au village natal, mais, peu à peu, leurs enfants, et plus encore leurs petits enfants, désapprirent les leçons du devoir intégral que trop de facteurs contraires contribuaient à faire oublier.

La population ouvrière flamande, en particulier, répandue aujourd'hui dans les bassins houillers, semble avoir brisé sous plus d'un rapport avec ses origines. Elle est restée travailleuse et énergique, mais il faut plus que cela pour assurer la prospérité des familles.

Heureusement, voici que se dessine de plus en plus ce qu'on est convenu d'appeler « l'Œuvre pour flamands en Wallonie ».

L'assemblée annuelle des Associations catholiques, tenue à Mons en 1913, a consacré un rapport à la situation religieuse et sociale des Flamands dans la province du Hainaut.

Des Cercles ont été fondés à Mons, Montignies-sur-Sambre, Ressaix, Houdeng Goegnies, La Louvière, et sont en voie d'épanouissement. Chaque dimanche, la messe est dite devant eux, et ils entendent une instruction dans leur langue maternelle. Ils suivent aussi les exercices de la Retraite annuelle prêchée à leur intention. Des journaux flamands leur sont distribués (1). Au point de vue social, un certain nombre se sont affiliés à des mutualités contre la maladie et l'invalidité. Des fêtes intimes réunissent les familles à diverses époques de l'année.

Tous les quartiers flamands ne peuvent pas encore être l'objet d'une pareille sollicitude. A Ressaix et à Marcinelle, les réunions ont lieu seulement chaque mois ; à Bas long Pré, à Châtelet, à Monceau sur Sambre, à Donstiennes, ils ne reçoivent la visite d'un aumônier qu'à l'époque pascale ; ailleurs, de nombreuses familles sont encore privées de tout secours particulier.

Les sentiments d'hostilité religieuse entretenus chaque jour sur les chantiers par des petits politiciens sectaires recrutés eux-mêmes parmi les flamands, le travail du dimanche, principalement dans les fours à coke, l'immoralité très répandue dans beaucoup de cités ouvrières, toutes ces raisons ont abimé la foi et l'honnêteté foncière des ouvriers flamands. Dans certaines localités, les enfants se wallonisent complètement et, devenus plus grands, ils s'efforcent de dissimuler leur provenance. Sans doute, à cause de l'opinion courante au sujet des flamands, gens à tout faire, serviles et rudes. Cependant, si un groupe d'hommes généreux voulait aller à ce peuple déraciné, lui parler sa langue, et lui prodiguer les ressources de leur intelligence et de leur dévouement, on assisterait bientôt, avec l'aide du clergé, à la renaissance religieuse et morale des émigrés flamands en Wallonie (2).

---

(1) *Het Nieuws van den Dag, Het Volk, Onze Vlamingen in het Walenland...*

(2) *L'œuvre des immigrants* établie à Anvers, Bruxelles et Gand, grâce à une entente entre le clergé des campagnes et celui des villes, procure les moyens de veiller aux besoins religieux des nouveaux immigrés.

* *

S'il existe une émigration rurale, n'y a-t-il pas lieu de parler aussi d'un phénomène contraire, de la migration définitive de la ville vers les campagnes?

Dans l'étude du mouvement de la population en Belgique, on a pu faire cette observation, d'ailleurs générale, qu'au début du développement économique d'une région, les localités immédiatement voisines se dépeuplent en partie au bénéfice de cette région. Lorsque l'immigration a produit une trop forte densité et que les habitants trouvent difficilement des logements à leur choix, le flux s'arrête. Les communes autrefois délaissées se repeuplent, et si la prospérité des affaires continue à s'accentuer, elles dépasseront de beaucoup leur chiffre antérieur de population. C'est la période du reflux. Quand l'accroissement des affaires prend soudain des proportions considérables, le foyer d'activité étend alors au loin sa sphère d'influence et les émigrants de l'intérieur s'arrêtent en chemin, dans ces mêmes localités de la périphérie. Celles-ci primitivement centres de dispersion, sont devenues à leur tour, des points d'attraction puissante.

Dans les arrondissements de Louvain et de Nivelles, on constate à peine cet exode ouvrier des communes industrielles pour retourner à l'habitation rurale, pour cette raison dominante, que les entreprises à personnel considérable sont encore peu nombreuses relativement à la superficie de ces communes, et ne s'établissent guère à proximité l'une de l'autre. L'activité de la région de Louvain, par exemple, s'étend à la fois sur l'ouest de la ville, Hérent, Kessel-Loo et Wilsele. D'autre part, on peut se demander si les bassins de Charleroi et Bruxelles, les foyers les plus proches de la vie intense, n'ont pas provoqué vers nos deux arrondissements l'exode d'une partie de leur population?

La ligne des gisements houillers est trop distante pour

ne pas laisser place à un immense agglomérat d'usines et de chantiers sans forcer les habitants de se transporter ailleurs. En fait, on ne compte presque pas de familles ouvrières occupées dans ce bassin et qui ont élu leur domicile à la frontière sud du Brabant.

Il en est autrement pour Bruxelles. Nous avons vu l'énorme importance qu'a prise la capitale et surtout son agglomération, puisque la population de cette dernière, qui était de 64.584 habitants en 1846, atteignit le chiffre de 455.647 habitants lors du dernier recensement général de 1910. Pendant ce temps, les établissements industriels, les maisons d'affaires se sont multipliées, surtout à l'ouest et au sud; le centre s'est couvert de magasins, de banques et de comptoirs, la construction du port, de jardins publics et de larges artères de communication ont amené l'expropriation de maints quartiers pauvres, beaucoup de familles rentières de province, que n'arrête pas la hausse des loyers, ont continué à se laisser attirer par la métropole, belle, commode et gaie, et il a fallu que la population modeste se déplace en grand nombre vers les extrémités de la banlieue et bien au delà.

Les communes de Cortenberg, Erps-Querbs, Haecht, Vossem, Tervueren, Genval, La Hulpe, Rixensart et Waterloo, doivent une partie de l'augmentation de leur population à cet exode urbain. La plupart des immigrants appartiennent à la catégorie des employés. On compte cependant aussi beaucoup d'ouvriers qualifiés.

Ce retour à l'habitation rurale ne présente pas encore dans nos deux arrondissements un caractère marquant, parce que l'exode de la banlieue de Bruxelles se produit surtout du côté le plus industrialisé, Anderlecht, Cureghem, Laeken et Molenbeek-St-Jean; et aussi parce que le manque d'habitations à la campagne a habitué les familles ouvrières à se contenter de vivre en « quartiers ».

CHAPITRE XIII

CONCLUSIONS

L'essor économique que prend la Belgique dès le milieu du 19e siècle est dû à des circonstances générales et particulières dont notre peuple voulut profiter. Les inventions de toutes sortes, et spécialement le progrès de la mécanique, avaient diminué le prix de revient des marchandises et augmenté la consommation. D'autre part, toutes les nations d'Europe n'arrivaient pas en même temps sur le marché pour se disputer la clientèle. Si les unes jouissaient de la paix, les autres subissaient la guerre ou les révolutions intestines ; à côté de pays saisis par la fièvre des entreprises, il s'en trouvait d'autres dont les principales richesses demeuraient enfouies dans le sous-sol et qui se contentaient du souvenir de leur prospérité passée. Le Belge a l'âme jeune et le tempérament actif, il profita d'une longue période de tranquillité politique et de l'accueil favorable réservé au dehors à ses produits pour recueillir de nombreux capitaux et multiplier ses débouchés.

La population rurale, trop dense pour vivre commodément de l'agriculture encore rudimentaire, et partant moins rémunératrice, répondit avec empressement aux besoins nouveaux de main-d'œuvre. A partir de 1846, année où parut le premier Recensement Industriel, la population agricole s'accrut, pendant 50 ans, de 18 p. c., tandis que le nombre des ouvriers employés dans les ateliers, dans les usines et sur les chantiers augmenta de 135 p. c. On vit alors se développer la concentration urbaine déjà très connue en Angleterre et en France. La proportion des quatre grandes agglomérations du pays qui, en 1856, était de 13.15 p. c. par rapport à la population totale, s'élevait en 1910 à 21.16 p. c. Au cours de la même période, la population des communes de moins de 5000 habitants, qui représentait 63.21 p. c. de l'entière population, n'en occupe plus que 43.54 p. c. On vit en particulier de très petites communes charbonnières jusqu'alors séparées par de vastes terrains de culture, grandir tout à coup, se joindre les unes aux autres et exercer, pour se peupler, leur force d'attraction sur le reste du pays.

La présence de ces masses humaines groupées sur des espaces restreints est un fait nécessaire qui tient avant tout à des raisons d'ordre économique et psychologique. Mais on peut se demander si l'émigration de l'excédent de la population des campagnes, a enrichi le patrimoine total de la nation, ou contribué à son appauvrissement. Au moins a-t-elle permis l'éclosion de talents précieux autrement demeurés incultes, et favorisé l'utilisation des sciences pratiques.

Au phénomène de la migration définitive s'ajouta celui de la migration temporaire. Les campagnards continuèrent l'exode des champs, mais grâce au régime des abonnements à prix réduits inauguré en 1869, il purent s'engager dans les emplois industriels tout en conservant leur habitation dans les localités rurales. On comptait en 1914, environ 350.000 migrateurs.

Le problème de la migration temporaire intéresse au premier chef, nous l'avons vu, la personne des migrants eux-mêmes. Il est certain que les longs voyages, tôt le matin et tard le soir, par les temps pluvieux et froids, sur des routes détrempées et dans des trains bondés, compromettent la santé de beaucoup d'entre eux, sans compter les conditions anti-hygiéniques des logements au siège du travail, et les fréquentes intempérances pendant les heures de loisir.

La situation morale est souvent plus désastreuse encore. En contact nécessaire avec des camarades indisciplinés et sans honneur, l'enfant de la terre oublie vite les leçons de tenue et de probité apprises autrefois dans le cadre bienfaisant de la petite école du village, à l'ombre de l'église. Devenu un déclassé ou un criminel, il sera maintes fois pire que son camarade des villes.

Certains ont vu dans ce flux et reflux incessant de la campagne à la ville et de la ville à la campagne un moyen efficace pour la classe des paysans de sortir de son engourdissement intellectuel. Cette opinion, si elle était acceptée absolument, serait injurieuse pour la profession agricole qui demande, au contraire, plus de connaissances techniques et de souplesse d'esprit que beaucoup d'autres occupations manuelles. Qui ne sait que l'extrême division du travail réduit de nombreux ouvriers à l'état de machines rudimentaires ! Pour ce qui est de la civilisation urbaine, la prospérité bien comprise d'une nation n'exige pas que tous les sujets en bénéficient, et l'on connaît à cet égard la pensée catégorique de Caton l'Ancien : « lorsque nos pères voulaient louer un bon citoyen, disait-il, ils lui donnaient le titre d'agriculteur... c'est parmi les agriculteurs que naissent les meilleurs hommes de la République (1).

La dégénérescence des individus migrants entraîne la désagrégation des familles et la déchéance de l'éducation. Avec quelle efficacité le père essaiera-t-il de conduire l'enfant, s'il ne sait pas se conduire lui-même. Que vaudra la formation du caractère chez le jeune homme, si, alors qu'il est appelé à vivre dans un milieu pervers et séducteur, il est arraché aux sollicitudes des parents, précisément à l'heure où il pouvait écouter les avis avec un peu de réflexion et commençait à redresser lui-même ses tendances mauvaises. Pour la situation de la famille, la fidélité conjugale, le respect et le support mutuel, l'esprit de soumission à l'autorité, nous avons observé combien tout cela

---

(1) *De Re Rustica*, I.

se trouve ébranlé par les absences prolongées et les désordres du père.

A un point de vue plus général, « l'agriculture demeure pour les sociétés humaines non seulement le principal moyen de multiplication, d'indépendance et de progrès moral, mais elle est aussi, dit Le Play, dans l'ordre matériel et dans le régime du travail, la force qui complète le mieux l'œuvre de la création ». La classe des paysans a été regardée de tout temps comme la partie la plus saine et la plus robuste de la population. En conservant jalousement le culte du foyer, en s'attachant aux traditions, par ses mœurs paisibles et simples, elle est une sauvegarde pour l'ordre et la prospérité publique et pour la stabilité des institutions.

Faut-il donc s'opposer à ce mouvement de migration ? Pas absolument, puisqu'il a apporté du mieux-être là où la misère était habituelle, et a permis à de nombreux jeunes gens de révéler leurs aptitudes professionnelles; non encore, puisqu'en favorisant le séjour à la campagne, il a relevé maintes fois des santés chancelantes. Economiquement, la mobilisation de la main-d'œuvre rurale a contribué au développement des grandes entreprises qui, autrement, eussent dû faire appel aux bras de l'étranger. L'agriculture elle-même, si la raréfaction du personnel terrien ne va pas jusqu'à la limite critique, n'aura pas tout perdu par le départ des migrants. Cette désertion aura poussé, en bien des cas, au remplacement du travail humain par les machines, provoqué la hausse des salaires agricoles et contribué, pour une part, à une production plus intensive.

On le voit, le problème est complexe, et il n'est pas susceptible de solution unilatérale. La migration se résume avant tout en une question d'intérêt pour l'ouvrier des campagnes à déserter la terre, question qui conservera son actualité aussi longtemps que l'équilibre n'aura pas été à peu près établi sur le marché du travail entre l'attraction de l'industrie et l'attraction agricole. Déjà peut-on constater en Belgique un acheminement lent, mais sûr, vers l'unification des salaires urbains et ruraux, manifestation principale de cet équilibre.

Nous allons aussi vers une certaine fusion du type campagnard et citadin. Et à ce titre, la migration est un mal sans doute, mais qui ne se produit pas sans un mélange de bien. Sinon, ce serait la condamnation d'activités naturelles qui se déployent librement. Et c'est précisément parce que ce mal offre des avantages d'un autre ordre qu'il ne réclame pas de remède intransigeant.

Il ne semble donc pas que la législation doive s'efforcer d'enrayer directement le mouvement migratoire, mais elle ferait œuvre sage de peser sur l'autre plateau de la balance, en continuant de favoriser l'instruction et l'éducation professionnelle de l'agriculture, en développant la petite culture, en relevant le sort de l'ouvrier agricole, en encourageant la mutualité sous toutes ses formes, et l'organisation du crédit, en donnant au bail à ferme sa formule définitive, et en perfectionnant le régime successoral.

Il est également urgent de multiplier les initiatives privées pour l'amélioration de la situation matérielle et morale des migrateurs. L'extension du mouvement syndical justement conçu, et la multiplication des logements ouvriers, nous apparaissent être sous ce rapport des facteurs de relèvement efficace.

Mais l'activité syndicale ne dispensera jamais les directeurs d'entreprise de remplir leurs devoirs de paternité sociale. Un économiste très averti a décrit en excellents termes la mission de patronage : « Le Patronage, c'est cette bienveillance du chef d'industrie faite de justice, d'équité et de charité à la fois, qui fait des ouvriers ses enfants, auxquels il prodigue ses bontés, ses bienfaits... Il subsiste toujours, mais il se transforme avec le caractère même de son personnel... il ne peut plus avoir le caractère d'autrefois, l'ouvrier ne le supporte souvent qu'avec répugnance, aigreur, esprit de révolte. Dans les meilleurs exemples, le vrai cas de patronage, c'est plutôt, désormais, une autorité de persuasion et de bonté. » (1)

La Commission parlementaire de 1845, chargée d'examiner les moyens de relèvement de la classe ouvrière, recommandait déjà « d'intervenir officieusement auprès des maîtres pour qu'ils dirigent la vie des ouvriers » (2). Mais nous sommes encore loin de la pratique de conseils aussi sages. L'entente cordiale et la confiance réciproque ne tempèrent plus la raideur du droit. L'individualisme économique, en soutenant la thèse de la pleine liberté des contrats, a permis pendant longtemps aux patrons de fixer seuls les conditions de salaire et de travail. C'est dire qu'un grand nombre d'entre eux ont poursuivi leurs intérêts au mépris de leurs obligations de justice et de charité. Le peuple ouvrier, souvent victime de spéculations honteuses, impatient, d'autre part, d'égalitarisme, a conservé au cœur de la méfiance, du ressentiment et même de la haine. D'où, ces rapports hostiles et cette absence profonde du paternalisme souhaité. Ajoutez cette considération, que le régime de la grande industrie, où se trouvent actuellement groupés des centaines et des milliers de travailleurs, a donné à la direction une forme administrative qui empêche, pour une part considérable, les relations étroites entre les chefs et le personnel. Ce n'est plus l'ouvrier pris à part, mais la collectivité qui est traitée par le patron. L'embauchage, la protection du faible à l'usine, la visite des malades, l'assistance des familles dans le besoin, tout cela est, ou bien confié à un sous-ordre, ou bien totalement négligé. « Qui ne sait, cependant, que la cordialité des relations entre employeurs et employés résoudra plus aisément et

---

(1) V Brants, *Hier et Demain*. Les Conseils d'ouvriers et la Paix sociale. Bruxelles, 1893, p. 16.

(2) De Camps, *L'Évolution sociale en Belgique*, Bruxelles, Bruylant, 1890, p. 62.

plus vite les difficultés occasionnelles, que des heures d'arbitrage ou des mois de grève coûteuse... » (1)

Sans doute, l'exercice de la tutelle patronale n'est pas chose aisée. L'industriel peut être inspiré par le désintéressement et la charité, il peut aussi avoir en vue un rendement excessif et l'exploitation de l'ouvrier. Le paternalisme expose à cet autre danger de ne pas assez respecter le sentiment de fierté et le besoin d'indépendance, si perceptibles dans la classe ouvrière d'aujourd'hui. En offrant des aides multiples pour répondre à toutes les indigences matérielles et morales, il risque de tenir le personnel, même en dehors de l'usine, sous une sujétion, qui sera d'ailleurs secouée aussitôt. Voilà précisément pourquoi il faut se convaincre ici encore de la nécessité du christianisme dans toute réforme sociale. Lui seul est capable d'entretenir cet esprit de sacrifice qui doit guider ceux qui veulent faire régner la justice et la charité.

Lui seul, aussi, pourra contribuer le plus efficacement à faire entrer le vrai bonheur aux foyers des migrants. Sans doute, les salaires plus élevés perçus au dehors ont apporté cette aisance nécessaire en dehors de laquelle les jours se passent dans de cruelles privations, mais est-ce que le contentement sera jamais réduit à une affaire d'estomac ? Ne se trouvera-t-il pas principalement dans la considération et la recherche des réalités supérieures, dans la maîtrise de soi et la paix de l'âme, dans cet équilibre stable entre la vie matérielle et la vie morale et religieuse !

Malheureusement, le migrateur, en améliorant les conditions de son travail, a négligé d'entretenir sa vigueur surnaturelle. A la place de l'idée de Dieu, inspiratrice de toute conduite normale et réglée, il a entretenu la soif des jouissances inférieures, le besoin d'un égalitarisme maladif et impossible. Il s'est laissé aller à oublier qu'alors que

---

(1) J. François, *Patrons et Employés* dans la Revue «*Action Économique*», 15 février 1914.

l'ouvrier serait entièrement favorisé par la fortune présente, il gardera toujours au fond du cœur un désir d'infini que le monde ne comblera jamais.

Léon XIII qui connaissait l'importance du rôle social du clergé dans l'œuvre de la régénération des masses, lui recommandait avec instance : « *prodire in populum in coque salutariter versari.* » (1) Le prêtre des campagnes ne pourra plus désormais borner son zèle à cultiver la population sédentaire qui travaille alentour du clocher, il veillera en même temps aux intérêts de la nombreuse population migrante dont une grande partie de l'existence se passe au dehors. Son premier soin sera de rappeler les devoirs de l'éducation aux parents des jeunes gens qui vont bientôt prendre le chemin de l'usine. L'éducation, c'est moins une chose qu'on impose à l'enfant, qu'une chose que l'enfant sagement guidé se donne à lui-même. On se forme sans doute par une discipline ordinairement acceptée, mais surtout par la spontanéité de la volonté qui se détermine librement à faire le bien. Les pères et mères n'ignoreront pas d'avantage que leurs devoirs d'éducateurs se continuent lorsque l'enfant est entré à l'atelier, quelque soit le caprice qu'éprouve ce dernier de secouer l'autorité familiale.

Le prêtre restera en relation avec l'ouvrier lui-même. Quel genre de vie mène-t-on là-bas sur les chantiers ; les dirigeants veillent-ils au respect des bonnes mœurs et de la liberté de conscience ? Quelle est la condition des maisons de logement ? Est-il opportun de grouper dans une ou plusieurs maisons les migrateurs d'un même village ? N'est-il pas avantageux de les syndiquer, de les constituer en cercle ouvrier, de s'intéresser aux conflits qui surgissent entre eux et le patronat ?

---

(1) L'Encyclique « *Graves de communi* ».

Ces problèmes et bien d'autres, le pasteur devra s'habituer à les envisager et contribuer à les résoudre dans l'intérêt de ses ouailles. Demeuré trop exclusivement, jusqu'ici, le pasteur de la partie stable de la population, il ignorait les détails de la vie à l'usine, dans les charbonnages, aux ateliers, il ne s'adaptait guère à la mentalité des habitants migrateurs et n'exerçait pas sur ces derniers l'influence moralisatrice qu'ils sont encore prêts d'accepter. Désormais le prêtre rural ne limitera plus son activité à créer et à promouvoir les institutions agricoles, il devra, en outre, et de plus en plus, s'occuper des questions ouvrières dans la grande industrie.

Cette tâche sera d'autant moins ingrate que la classe dirigeante, en général, apportera plus de participation désintéressée et généreuse. Si le migrateur contracte des obligations vis-à-vis de la société, l'élite influente qui l'entoure a aussi les siennes. Les rapports du capital et du travail sont une question d'échange. Or, le capital, c'est l'argent, le rang, les connaissances acquises, l'expérience, c'est à dire une dépense, non une épargne ; une mise en valeur, non une force au repos.

La loi de la circulation des richesses est avant tout d'ordre moral. Il faut que l'avoir accomplisse sa mission sociale, se donne, en se faisant l'initiateur, le facteur de toutes les améliorations de la condition humaine. En d'autres termes, le patronage déborde le cercle des chefs de l'industrie. C'est un devoir général à l'égard de ceux qui dépendent d'autrui à titres divers. « Ceux qui possèdent les éléments d'une supériorité sociale, quelle qu'elle soit, en ont la charge, de par la loi naturelle aussi bien que de par la loi surnaturelle de la charité chrétienne » (1). Que les privilégiés restent moins enfermés dans leurs demeures ou le cercle de leurs occupations habituelles, qu'ils apprennent à contempler de très près les ouvriers migrateurs

---

(1) Cf. Ch. Périn, *Le Patron*, Paris, Lecoffre, 1886, p. 165.

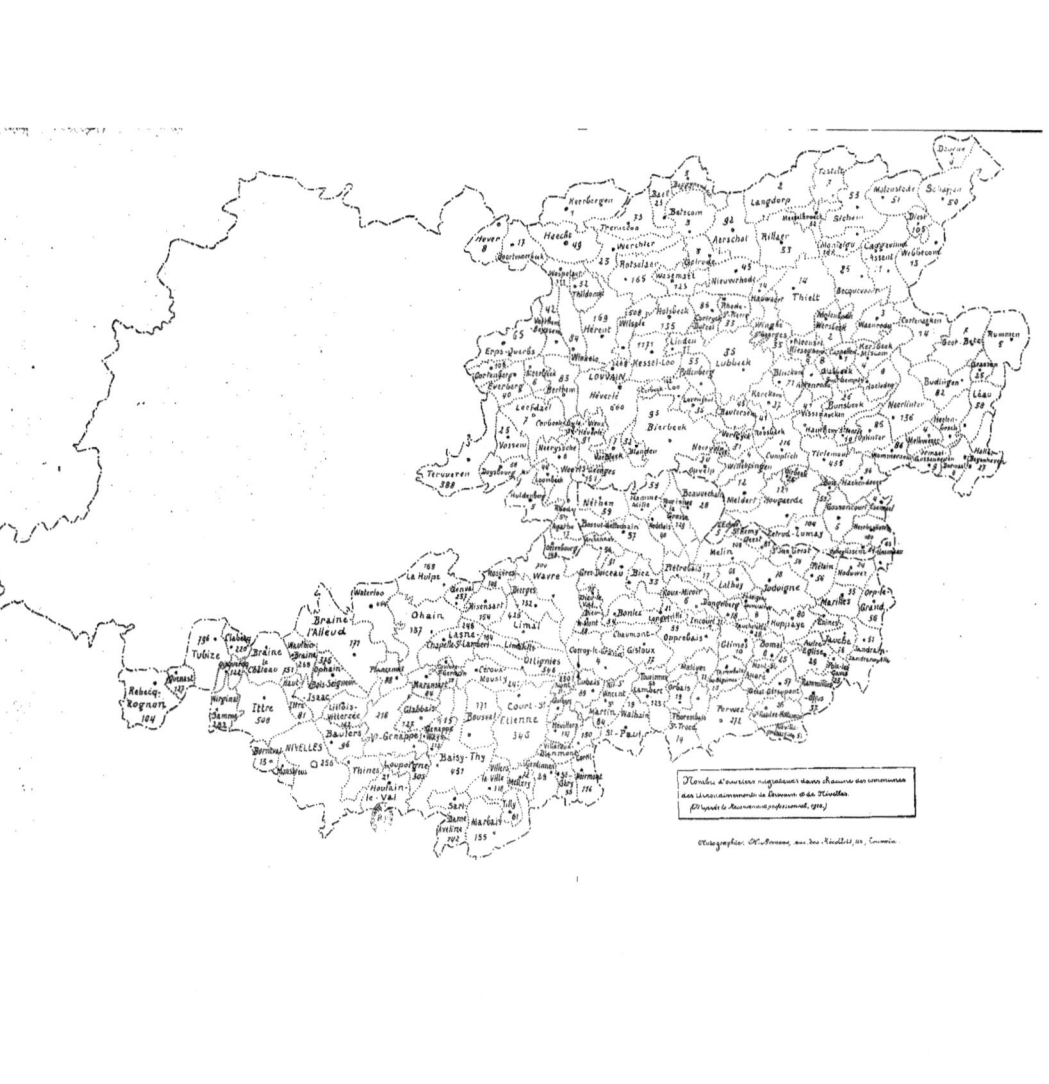

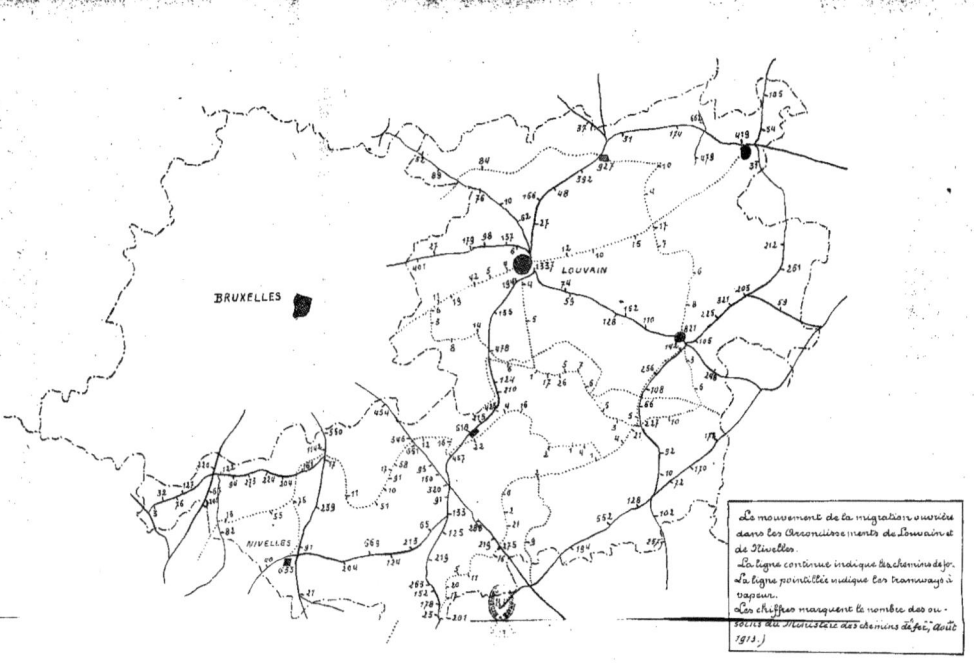

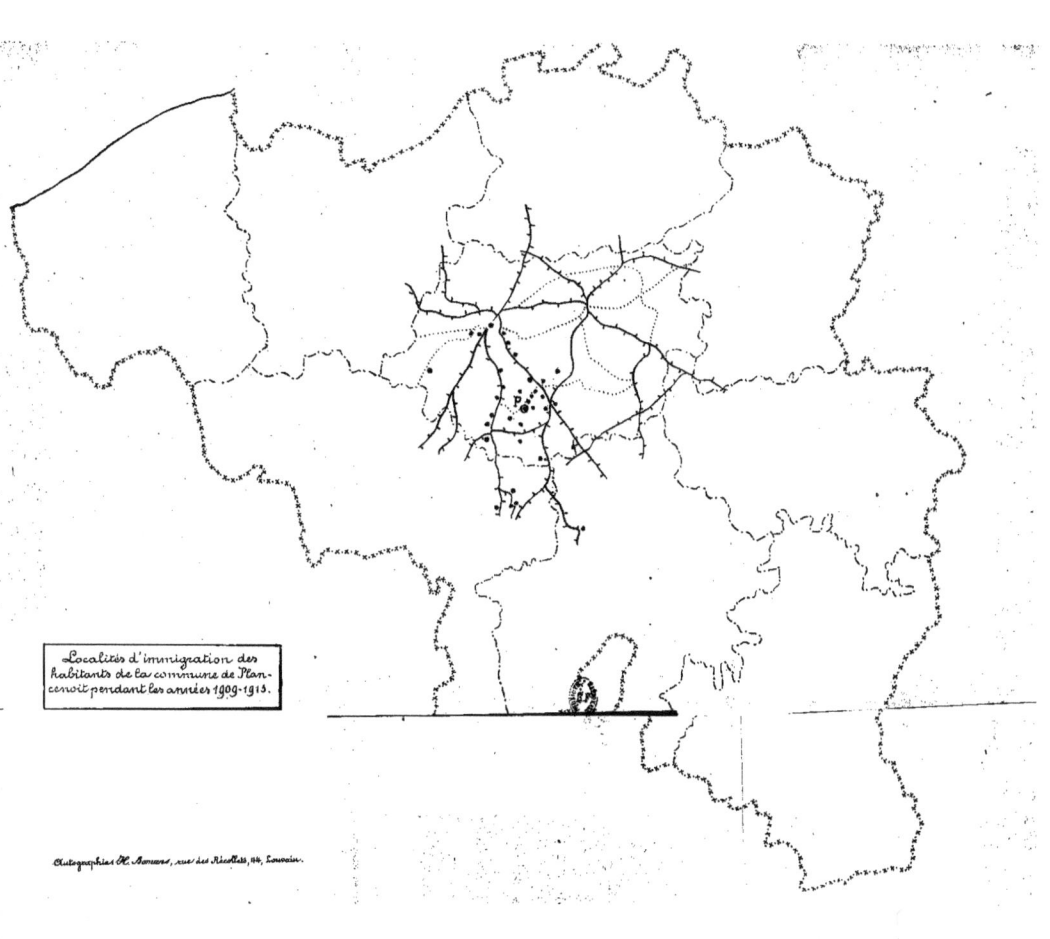

Localités d'immigration des habitants de la commune de Plancenoit pendant les années 1909-1913.

Localités des Arrondissements de Louvain et de Nivelles qui envoyaient des ouvriers travailler dans la ville de Louvain. Le chiffre indique le nombre de ces ouvriers.
(D'après le Recensement professionnel, 1910, Vol. III.)

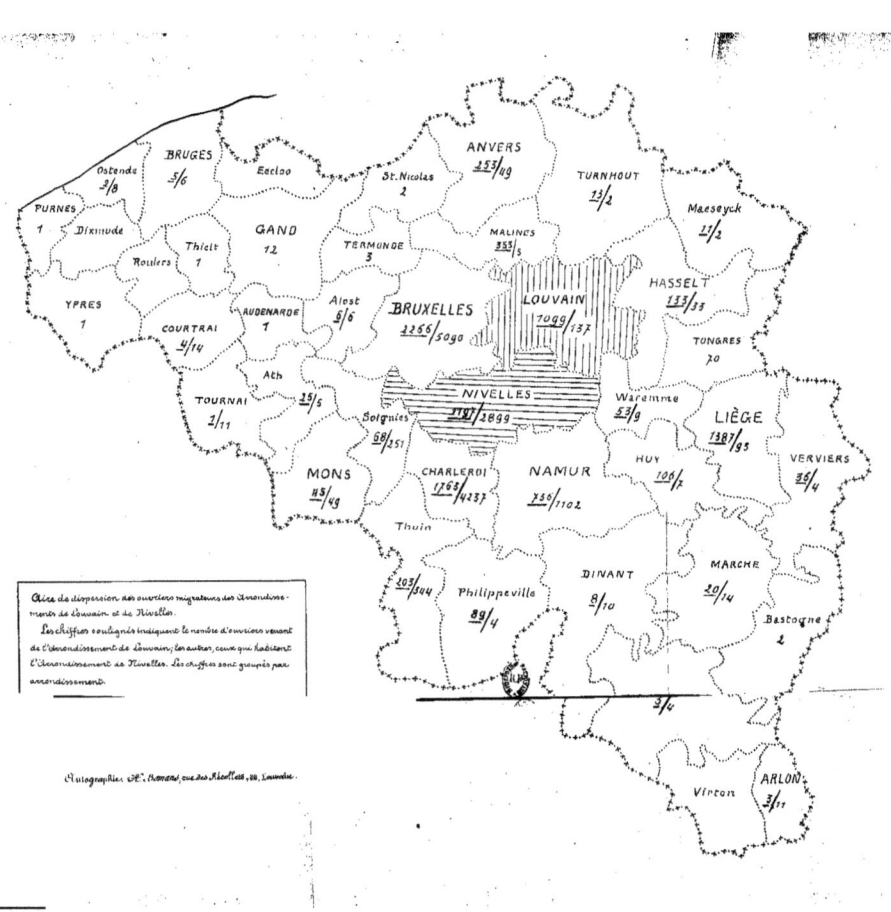

acceptant, la tête baissée, les difficultés journalières de leur vie voyageuse et rude, supportant avec une tranquille patience un labeur humble et monotone ; qu'ils réfléchissent à ce qu'il faut à ces travailleurs de courage, de grandeur morale et de foi pour mener une existence heureuse ou au moins résignée ; et ils comprendront la nécessité de se mettre au service d'autrui et de l'aimer efficacement. « Ce qui soutient le monde, a écrit Brunetière, et, de génération en génération, pour ainsi dire, ce qui l'empêche de retomber à la barbarie, ce ne sont pas les progrès des mathématiques et de la chimie, ni ceux de l'histoire ou de l'érudition, mais ce sont les vertes actives, le sacrifice de l'homme à l'homme, et cette abnégation de soi dont le christianisme a fait la loi de la conduite humaine. » (1)

---

(1) Cf. Brunetière, dans *Missions Catholiques françaises au 19me siècle*, par J. B. Piolet, Colin, 1903.

ANNEXE I

QUESTIONNAIRE.

L'enquête dans les localités d'habitation a été conduite oralement. On est arrivé ainsi à des réponses plus claires, plus complètes et plus facilement controlables.

1. Comment se compose la population agricole de la localité ?
2. Quelle est la quantité de terres exploitées, respectivement par les grands, moyens et petits cultivateurs, et par les ouvriers agricoles (pour leur compte personnel) ?
3. Les grandes exploitations tendent-elles à se diviser en lots pour la vente ou la location ?
4. Quels avantages et désavantages présente le morcellement des grandes exploitations au point de vue agricole et comme moyen d'arrêter la migration ouvrière ?
5. Quel est, en moyenne, le chiffre de la natalité atteint par un ménage normal de petit cultivateur ?
6. Quelle est l'étendue moyenne de terre exploitée par le petit cultivateur ?
7. Une parcelle de terre offerte en vente ou en location obtient-elle facilement un amateur ?
8. Quelles facilités ou difficultés rencontre le cultivateur qui veut agrandir ses terres ?
9. Quelle est la condition de vie du petit cultivateur et de l'ouvrier agricole ?
10. Quel est le salaire moyen de l'ouvrier agricole, quels sont ses autres moyens habituels de ressources ?
11. Quels sont les gages du domestique de ferme et du journalier ainsi que ses autres moyens habituels de ressources ?
12. Quelle est en général la profession exercée par les fils du petit cultivateur et de l'ouvrier agricole ?
13. Y a-t-il manque de bras dans les campagnes de votre région ?
14. Quels sont les motifs qui pressent l'enfant du petit cultivateur et de l'ouvrier agricole à prendre de l'ouvrage dans l'industrie ?
15. Indiquez les remèdes locaux à employer pour favoriser le maintien à la terre des fils du cultivateur et de l'ouvrier agricole ?

16. Quel est le nombre approximatif d'ouvriers migrateurs engagés dans l'industrie et habitant le village — hommes, femmes, jeunes gens, jeunes filles — proportionnellement au reste des travailleurs ?
17. Combien le village compte-t-il de familles occupées exclusivement dans l'industrie ?
18. Ces familles sont-elles d'origine terrienne ou d'origine urbaine ?
19. Depuis quelle époque date l'abandon de la terre par ces familles et quels en sont les motifs ?
20. L'industrialisation des familles rurales tend-elle à s'accroître ?
21. A quel âge les enfants partent-ils habituellement pour les travaux du dehors ?
22. Quelles sont les localités de travail où se rendent généralement ces personnes ?
23. Ces migrateurs rentrent-ils au logis chaque soir ou au bout de la semaine ? Pourquoi choisissent-ils tel mode de voyage plutôt que tel autre ?
24. Ce va-et-vient vers les villes et les localités industrielles présente-t-il des avantages et des désavantages au point de vue de la santé physique — de la santé morale ?
25. Peut-on désigner une catégorie spéciale d'ouvriers moins recommandables par leurs mœurs ?

---

26. Quelles sont les ressources ordinaires et extraordinaires dont jouit généralement une famille normale d'ouvriers agricoles et d'ouvriers industriels ?
27. Comparez le bien être matériel des familles industrielles habitant la campagne au bien être des familles agricoles ? — au point de vue du logement — du vêtement — de la nourriture — des plaisirs ?
28. Quelle est, à cet égard, l'influence des villes sur la mentalité des ouvriers industriels ?
29. A quel âge contracte-t-on habituellement mariage dans la jeunesse industrielle et agricole ?
30. La natalité est-elle, en général, moindre dans les familles industrielles que dans les familles agricoles ?
31. Quelles raisons apporte-t-on parmi les milieux ouvriers pour diminuer intentionnellement la natalité ?
32. Quelle différence remarque-t-on entre la femme de l'ouvrier industriel et celle du petit cultivateur au point de vue du

travail — de la propreté — de l'ordre et de l'économie domestique ?

33. Comparez le niveau des vertus familiales, la probité, le dévouement, l'esprit d'autorité et d'obéissance, autrefois et aujourd'hui.
34. Comparez l'éducation donnée en famille dans les milieux agricoles et dans les milieux industriels.
35. Quels moyens convient-il de préconiser pour maintenir l'honneur et la prospérité morale des familles de migrateurs ?

---

36. Quelles transformations extérieures subit un village habité par un nombre considérable de migrateurs ?
37. Les migrateurs participent-ils à la vie politique ?
38. Constate-t-on la pénétration d'idées nouvelles dans les villages grâce au phénomène de la migration ?
39. Quel est l'état de la vie religieuse à la campagne ? Quel est à ce point de vue l'action mutuelle des familles industrielles et agricoles ?
40. Quelle influence ont produit les migrations temporaires au point de vue de la moralité publique ?
41. Quelles sont les manifestations de la vie publique des migrateurs au village ?

---

42. Quelles sont les différentes espèces d'ouvriers saisonniers qui habitent le village ?
43. Quelles sont les causes de la migration saisonnière ?
44. Où se rendent les saisonniers ? Quand partent-ils ? Quand reviennent-ils ?
45. Quelles sont les conditions de la vie des saisonniers au lieu du travail ? Comment est organisé le recrutement ? Comment est organisé le travail ?
46. Le nombre des saisonniers tend-il à s'accroître ?
47. Quelles professions diverses exercent les saisonniers de retour au foyer ?

---

48. Existe-t-il un mouvement de migration définitive ? Ce mouvement va-t-il s'accentuant ou diminuant ?
49. Quelles sont les causes qui déterminent ce mouvement ? Appréciez-les.
50. Vers quelle partie du pays se dirigent les émigrants ?

ANNEXE II

Courtes monographies de quelques familles types d'ouvriers industriels migrants.

C. D., tourneur en fer, à B.....

Cette famille occupe une petite maison à étage située à 10 minutes de la gare dans un quartier ouvrier. L'habitation a été construite grâce à un emprunt de 6500 francs accordé par une société de crédit « *le Foyer Brainois* », emprunt remboursable en vingt années. Les versements mensuels dépassent légèrement le prix du loyer qu'il eût fallu payer pour une maison analogue, mais ils couvrent une assurance sur la vie de manière qu'en cas de mort prématurée du chef de famille, les héritiers demeurent les propriétaires insaisissables de l'immeuble. Un jardin potager de 50 mètres carrés est attenant. Cette demeure possède un étroit corridor, un petit salon sur le devant, une cuisine derrière ; à l'étage, deux chambres à coucher. Sous le toit, il y a une mansarde et un grenier. Les chambres sont meublées simplement, excepté le salon dont l'armoire, la table et l'édredon sont surchargés de vases, de vaisselle, de vieux portraits de famille et de quelques bibelots nouveaux d'un ton criard.

Le père exerce le métier de tourneur en fer dans un atelier de Charleroi. Il part chaque matin par le train de 5 heures 10 minutes et commence son travail à 7 heures. Il rentre le soir à 7 heures et demie. Son salaire s'élève à 42 francs par semaine. Autrefois, il faisait, chaque dimanche, le tour de tous les cabarets de la commune, mais l'âge mûr l'a rendu casanier, et aujourd'hui il consacre presque tous ses loisirs à élever des pigeons pour les concours et à cultiver son jardin.

Le fils aîné, âgé de 16 ans, est apprenti ajusteur dans la même usine que son père. Il revient aussi chaque soir, mais en compagnie d'autres camarades. Habillé avec une élégance qui cependant ne trompe pas, il s'échappe tous les dimanches de la maison, parcourant à bicyclette les localités voisines.

La jeune fille, âgée de 14 ans, travaille depuis deux ans déjà dans une filature de B. Elle semble avoir beaucoup oublié des leçons de modestie et de maintien apprises autrefois sur les bancs de l'école. Elle gagne un salaire de moitié égal à celui de son frère, soit 1,50 franc.

La mère demeure toute la semaine au foyer, à la garde d'un garçon en âge d'école. Les soins du ménage paraissent lui laisser encore beaucoup de loisir qu'elle remplit habituellement par de longues causeries avec les femmes du voisinage.

La famille est dépensière ; le mari perd plus qu'il ne gagne dans les paris aux concours de pigeons, le fils aîné consacre près de la moitié de son salaire à la boisson et aux menus plaisirs, la fille s'habille à grands frais, la mère pourvoit aux besoins du ménage sans souci d'économie. Sans la modicité du prix du loyer et les ressources spéciales qu'apportent les légumes du jardin et l'entretien d'un poulailler, cette famille clôturerait chaque budget annuel par un déficit.

X. L., Ouvrier hiercheur à Saint Nicolas-Liége, habitant T....

Le chef de famille est originaire d'un village voisin. A la mort de son père, cultivateur, la petite ferme passa au fils aîné, et il toucha avec ses autres frère et sœur sa part compensatoire en argent. Cet héritage l'aida à acquérir, au moment de son mariage, la maison occupée par les parents de sa femme. Il serait resté cultivateur comme son père, mais le petit domaine contenait à peine un hectare et demi et il était impossible d'espérer de l'agrandir un jour. Il quitta donc la terre et se fit hiercheur dans les charbonnages de Liége. D'ailleurs, il n'a pas abandonné définitivement la culture, il compte y retourner dans sa vieillesse, et, chaque année, pendant plusieurs mois, à l'époque des récoltes, il reprend la vie des champs.

Il s'absente toute la semaine, quittant sa demeure chaque dimanche après midi pour arriver à Liége le soir et commencer sa besogne le lendemain matin. A dix minutes du puits, en compagnie de 4 autres camarades qui habitent son village, il loue une chambre 20 francs par mois.

La mère et la fille aînée entretiennent la petite ferme, soignent l'étable, la porcherie, fabriquent le beurre qu'ils vont vendre au marché voisin. Un garçon et deux filles plus jeunes fréquentent encore l'école. Le garçon fera comme son père, il s'emploiera dans l'industrie. Il demeure trop étranger aux travaux de la maison, et se mêle trop volontiers aux camarades qui travaillent déjà au dehors pour ne pas prendre goût, lui aussi, à la migration.

F. R., manœuvre d'usine à Couillet, habitant N.....

Ce jeune ouvrier est le troisième des sept enfants d'une famille d'ouvrier agricole. Le père est propriétaire de 60 ares de terre qu'il cultive pour son compte. Mais ce lopin de terre ne peut l'occuper tout entier et il se fait journalier pendant presque toute l'année. En Août, au temps de la moisson et en Octobre à l'époque de l'arrachage des betteraves, il se met au service d'un grand fermier du Hainaut avec trois de ses enfants, et il rapporte au retour environ 500 francs. Ces bénéfices, ajoutés aux 600 francs, montant de ses gages comme journalier, aux produits de sa petite ferme et aux apports du fils engagé dans l'industrie — environ 40 francs chaque quinzaine — permettent au père d'entretenir sa jeune et nombreuse famille.

C'est par nécessité, par suite de l'impossibilité de trouver une occupation au village, que le fils est devenu manœuvre d'usine. Il a gardé de profondes attaches à la terre, et, chaque année, il accompagne son père dans les fermes, comme saisonnier.

Arrondissement administratif de LOUVAIN

Station de Wygmael.

Liste : 1° des Ouvriers, 2° des Ouvrières qui se sont déplacés à la faveur de billets d'abonnement à prix réduit, pendant le mois d'AOUT 1913.

Nom	Prénom	Domicile	Age	Si l'ouvrier-ère n'est pas marié (X) — Si l'ouvrier-ère est marié, a-t-il des enfants et combien ?	Cet ouvrier de l'industrie privée exerce la profession de	Cet ouvrier de l'administration exerce la profession de	Mode de voyage					Combien de semaines voyage-t-il par an ?	Station d'arrivée	Lieu de travail
							Billets simples		Billets aller-retour					
							6 voyages simples par semaine	7 voyages simples par semaine	1 voyages A. R. par semaine	6 voyages A. R. par semaine	7 voyages A. R. par semaine			
1° Ouvriers														
L...	A...	Wijgmael	21	X	charpentier					X		52	Schaerbeek	Schaerbeek
L...	J...	id.	46	9	charpentier					X		52	Schaerbeek	Schaerbeek
S...	J...	id.	56	1	ajusteur					X		52	Wespelaer	Wespelaer
C...	J...	Wilsele	18	X	monteur					X		52	Bruxelles	Bruxelles
O...	F...	Wijgmael	21	X	raboteur					X		52	id.	id.
R...	J...	id.	28	non	menuisier					X		52	Louvain	Louvain
C...	E...	Herent	50	2	imprimeur					X		52	id.	id.
D...	J...	Wijgmael	18	X	commissionnaire					X		52	Hever	Hever
T...	V...	Wilsele	18	X	paveur					X		4	id.	id.
V...	E...	id.	24	non	id.					X		4	id.	id.
F...	A...	id.	23	X	ajusteur					X		52	Malines	Malines
B...	E...	id.	19	X	paveur					X		4	Haecht	Haecht
R...	A...	Holsbeek	16	X	id.					X		4	id.	id.
G...	O...	id.	23	X	id.					X		52	Malines	Malines
B...	F...	Wilsele	38	3	ajusteur					X		52	id.	id.
O...	L...	id.	14	X	menuisier					X		52	Bruxelles	Bruxelles
T...	F...	Wijgmael	22	X						X		52	Charleroi (sud)	Charleroi
M...	J...	id.	22	X	ajusteur			X				52	Bruxelles	Bruxelles
G...	C...	Wilsele	30	non	horloger			X				52	Jemeppe s/S.	Jemeppe s/S.
V...	L...	Wijgmael	35	non	menuisier							52	Malines	Malines
V...	L...	id.	28	6		manœuvre à l'arsenal					X	52	id.	id.
V...	C...	id.	33	non		id.					X	52	id.	id.
V...	E...	id.	23	1		id.					X	52	id.	id.
R...	F...	id.	22	non							X	52	Schaerbeek	Schaerbeek
M...	D...	id.	22	1		ajusteur					X	52	Bruxelles	Bruxelles
V...	J...	id.	20	X		agréé					X	52	Muysen	Muysen
D...	D...	id.	23	non		id.					X	52	id.	id.
P...	A...	id.	23	1		id.					X	52	Louvain	Louvain
V...	V...	id.	35	2		ajusteur					X	52	Hambosch	Wijgmael
V...	A...	Hambosch	48	3		garde-route		X		X		52	Bruxelles	Bruxelles
H...	V...	Wijgmael	25	non	menuisier							52	Louvain	Louvain
V...	F...	id.	40	3		lampiste					X	52	Schaerbeek	Schaerbeek
D...	E...	id.	22	non		manœuvre de gare					X	52	Louvain	Louvain
M...	H...	id.	28	1		agréé					X	52	id.	id.
H...	L...	id.	23	non		agréé					X	52	Anvers C.	Anvers
A...	L...	id.	19	X	apprenti diamantaire				X			4	Hever	Hever
V...	A...	Wilsele	22	non	paveur					X		4	id.	id.
V...	F...	id.	20	2	paveur					X		4		
2° Ouvrières														
P...	L...	Wilsele	19	X	tailleuse					X		52	Louvain	Louvain
W...	J...	Kessel Loo	60	9	nettoyeuse de légumes					X		20	Wespelaer	Wespelaer
V...	J...	Wilsele	17	X	id.					X		26	id.	id.
D...	M...	id.	20	X	id.					X		26	id.	id.
V...	C...	id.	17	X	id.					X		26	id.	id.
C...	M...	id.	17	X	id.					X		26	id.	id.
V...	A...	id.	22	X	id.					X		26	id.	id.
V...	M...	Wijgmael	19	X	id.					X		26	id.	id.
M...	J...	id.	15	X	id.					X		26	id.	id.
V...	F...	id.	15	X	id.					X		26	id.	id.
D...	M...	id.	19	X	id.					X		26	id.	id.
P...	J...	id.	16	X	id.					X		26	id.	id.
V...	M...	Herent	15	X	id.					X		26	id.	id.
S...	A...	Wijgmael	15	X	id.					X		26	id.	id.
D...	A...	id.	19	X	id.					X		26	id.	id.
T...	P...	id.	20	X	id.					X		26	id.	id.
D...	A...	id.	22	X	id.					X		26	id.	id.
H...	E...	id.	15	X	id.					X		26	id.	id.
J...	M...	id.	15	X	id.					X		26	id.	id.
W...	M...	id.	17	X	id.					X		26	id.	id.
M...	C...	id.	34	1						X		52	Louvain	Louvain
G...	M...	id.	17	X	tailleuse					X		52	Louvain	Louvain
V...	L...	Wilsele	18	X	tailleuse					X		52	Louvain	Louvain
H...	C...	Wijgmael	20	X	tailleuse					X		52	Bruxelles	Bruxelles

ANNEXE III

Arrondissement administratif
de LOUVAIN

STATION DE WIJGMAEL

Groupement des abonnés
au point de vue des stations d'arrivée et des localités de travail.

Stations d'arrivée	Localités de travail desservies par ces stations :	Nombre d'ouvriers et d'ouvrières se rendant dans ces localités	Total par station d'arrivée
Anvers central	Anvers	1	1
Bruxelles nord	Bruxelles	8	8
Charleroi sud	Charleroi	1	1
Haecht	Haecht	2	2
Hambosch	Hambosch	1	1
Hever	Hever	5	5
Jemeppe s/s	Jemeppe s/s	1	1
Louvain	Louvain	9	9
Malines	Malines	7	7
Muysen	Muysen	2	2
Schaerbeek	Schaerbeek	4	4
Wespelaer	Wespelaer	21	21

Arrondissement administratif de LOUVAIN

STATION DE WIJGMAEL
Groupement des abonnés au point de vue du domicile, de l'âge et du mode de voyage.

Ouvriers (Industrie privée et Administration)

Localités de résidence	Chiffre total par localité	Subdivisions selon l'âge : Combien y a-t-il dans chaque localité, d'abonnés ayant :					Subdivision selon le mode de voyage : Combien y a-t-il dans chaque localité d'abonnés qui effectuent :		
		de 0 à 20 ans	de 20 à 40 ans	de 40 à 50 ans	de 50 à 60 ans	de 60 ans et plus	1 voyage A. R. par semaine	6 voyages A. R. par semaine	7 voyages A. R. par semaine
WYGMAEL	25	2	19	3	1		2	9	13
WILSELE	10	4	6				1	9	
HERENT	1				1			1	
HOLSBEEK	2	1	1					2	
TOTAUX par station d'embarquement	38	7	26	3	2		3	21	13

Ouvrières :

Localités de résidence	Chiffre total par localité	de 0 à 20 ans	de 20 à 40 ans	de 40 à 50 ans	de 50 à 60 ans	de 60 ans et plus	1 voyage A. R. par semaine	6 voyages A. R. par semaine	7 voyages A. R. par semaine
WYGMAEL	15	11	4					15	
WILSELE	7	5	2					7	
HERENT	1	1						1	
KESSEL-LOO	1					1		1	
TOTAUX par station d'embarquement	24	17	6			1		24	

Arrondissement Administratif de LOUVAIN

STATION DE WIJGMAEL
Groupement des abonnés au point de vue des métiers exercés.

Ouvriers de l'industrie privée				Ouvriers de l'administration				Ouvrières			
Énumération des métiers	Localités de résidence	Nombre d'ouvriers de chaque métier par localité	Total par métier	Énumération des métiers	Localités de résidence	Nombre d'ouvriers de chaque métier par localité	Total par métier	Énumération des métiers	Localités de résidence	Nombre d'ouvriers de chaque métier par localité	Total par métier
Charpentier	Wygmael	2	2	agréé	Wygmael	5	5	Tailleuse	Wilsele	3	
	Wygmael	4		garde-route	Hambosch	1	1		Wygmael	1	
Menuisier			5	lampiste	Wygmael	1	1	nettoyeuse d. légm.	Wygmael	13	
	Wilsele	1		ajusteur	Wygmael	2	2		Wilsele	5	
	Wygmael	2		manœuvre à l'arsenal	Wygmael	4	4		Herent	1	
Ajusteur			4	manœuvre de gare	Wygmael	1	1		Kessel-Loo	1	
	Wilsele	2									
Monteur	Wilsele	1	1								
Raboteur	Wygmael	1	1								
Imprimeur	Herent	1	1								
Commissionnaire	Wygmael	1	1								
	Wilsele	5									
Paveur			7								
	Holsbeek	2									
Horloger	Wilsele	1	1								
Apprenti diamᵗ.	Wygmael	1	1								

Arrondissement administratif de NIVELLES

HALTE de CÉROUX-MOUSTY

Groupement des abonnés au point de vue des stations d'arrivée et des localités de travail

Stations d'arrivée	Localités de travail desservies par ces stations :	Nombre d'ouvriers et d'ouvrières se rendant dans ces localités	Total par station d'arrivée
Basse Laloux	Basse Laloux	2	2
Bellecourt	Bellecourt	1	1
Bousval	Bousval	1	1
Br^{elles}-ch.-Louv.	Bruxelles	1	1
» Nord	»	1	1
» Q. L.	»	23	23
Charleroi ouest	Marcinelle	3	4
»	Gilly	1	
Charleroi sud	Charleroi	1	2
»	Marchiennes	1	
Couillet	Couillet	1	1
Gembloux	Gembloux	3	3
Genappe	Genappe	1	1
Genval	Genval	5	5
Groenendael	Groenendal	1	1
Haine St Pierre	Haine St Pierre	1	1
La Croyère	La Croyère	1	1
La Hulpe	La Hulpe	3	3
La Sambre	Marchiennes	1	1
Lodelinsart	Lodelinsart	1	1
Marchiennes	Marchiennes	7	7
Marcin. Blanch^{ie}	Marcinelle	2	2
Mont St Guibert	Mont-St Guibert	1	1
Namur	Namur	2	2
Nivelles Nord	Nivelles	3	3
Noirhat	Noirhat	1	1
Ostende	Ostende	2	2
Ransart	Ransart	1	1
Roux	Jumet	15	15
Wavre	Wavre	2	2
Montignies s/S.	Châtelineau	2	2
		91	91

Arrondissement administratif de NIVELLES

Halte de Céroux-Mousty.

Liste : 1° des Ouvriers, 2° des Ouvrières qui se sont déplacés à la faveur de billets d'abonnement à prix réduit pendant le mois d'AOUT 1913.

Nom	Prénom	Domicile	Age	Si l'ouvrier-ère n'est pas marié (X) Si l'ouvrier-ère est marié, a-t-il des enfants et combien ?	Cet ouvrier de l'industrie privée exerce la profession de	Cet ouvrier de l'administration exerce la profession de	Mode de voyage					Combien de semaines voyage-t-il par an?	Station d'arrivée	Lieu de travail
							Billets simples		Billets aller-retour					
							6 voyages simples par semaine	7 voyages simples par semaine	1 voyage A.R. par semaine	6 voyages A.R. par semaine	7 voyages A.R. par semaine				
1° Ouvriers														
D...	V...	Céroux M.	37	1		ajusteur	*			X		52	Bruxelles Q. L.	Bruxelles
D...	J. B	Ottignies	55	1	maçon					X	52	La Hulpe	La Hulpe
M...	C...	Mousty	60	8	scieur de long					X	52	Genval	Genval
D...	E...	Céroux	22	X	monteur					X	52	Bellecourt	Bellecourt
D...	G...	»	23	non	ajusteur					X	52	Bousval	Bousval
F...	T...	Mousty	19	X	tailleur limes					X	52	La Sambre	Marchienne Est
M...	A...	Ottignies	40	2	ajusteur				X		52	Bruxelles Q. L.	Bruxelles
L...	J...	Court S. Ene	55	4	machiniste					X	52	Genval	Genval
P...	F...	Ottignies	56	2	veilleur de nuit					X	52	Ransart	Ransart
P...	T...	»	21	non	cantonnier					X	52	Wavre	Wavre
T...	F...	»	43	2	ajusteur					X	52	Bruxelles Q. L.	Bruxelles
G...	J...	»	54	6	manœuvre					X	52	Nivelles Nord	Nivelles
L...	L...	»	70	2	briquetier				X		52	Noirhat	Noirhat
D...	J...	Céroux	23	non	monteur				X		52	Bruxelles Q. L.	Bruxelles
M...	J...	Céroux	16	X	raboteur				X		52	Marchienne Est	Marchienne
M...	L...	»	21	X	mouleur				X		52	»	»
R...	P...	Ottignies	18	X	tourneur				X		52	La Hulpe	La Hulpe
R...	J...	»	44	4	ajusteur				X		52	Namur	Namur
										X		52	La Croyère	La Croyère
D...	A...	Céroux	30	non	lamineur				X		52	March. au Pont	Marchienne
M...	I...	Céroux	19	X	soudeur				X		52	Marchienne Est	Marchienne
H...	J...	»	18	X	électricien				X		52	Bruxelles Q. L.	Bruxelles
D...	J...	Mousty	31	non	menuisier				X		52	»	»
J...	O...	»	25	X	serrurier				X		52	»	»
P...	J...	Céroux	35	3	mouleur				X		52	Couillet Mⁱᵉ	Couillet
H...	J...	»	25	2	betonneur				X		52	Bruxelles Q. L.	Bruxelles
N...	I...	»	24	1	mouleur				X		52	»	»
N...	J...	Court S. Ene	22	non	mouleur				X		52	Nivelles Nord	Nivelles
N...	V...	»	45	7	»				X		52	Genappe	Genappe
L...	L...	Mousty	25	non	menuisier				X		52	Hne-St-Pierre	Hne-St-Pierre
D...	L...	»	35	non	mouleur				X		52	Namur	Namur
R...	S...	»	34	2	charbonnier serre-frein				X		52	Lodelinsart	Lodelinsart
M...	J...	Ottignies	35	2						X	52	Genval	Genval
T...	»	»	27	non	forgeron				X		52	Marchienne Est	Marchienne
C...	»	Mousty	19	X	mouleur				X		52	Charleroy Sud	Charleroi
C...	A...	Court S. Ene	21	X	forgeron				X		52	Marcinelle Bⁱᵉ	Marcinelle
S...	L...	Ottignies	22	X	ajusteur				X		52	Bruxelles Q. L.	Bruxelles
S...	F...	»	26	non						X	52	Genval	Genval
N...	A...	Céroux M.	28	4	déchargeur				X		52	Bruxelles Q. L.	Bruxelles
B...	H...	»	54	4	menuisier				X		52	»	»
L...	L...	Court S. Ene	60	non	peintre				X		52	»	»
G...	A...	Ottignies	40	1	burineur				X		52	Roux	Jumet
H...	A...	»	33	1	maçon				X		45	Charleroi Sud	Marchienne
D...	L...	Lasnes	37	1	»				X		52	Roux	Jumet
D...	J...	»	60	2	plafonneur			X	X		52	»	»
V...	O...	»	17	X	maçon			X			52	»	»
D...	A...	»	20	X	maçon			X			52	»	»
D...	L...	»	18	X	»			X			42	»	»
D...	F...	»	18	X	»			X			52	Charleroi O.	Marcinelle
B...	A...	»	14	X	aide maçon			X			52	Roux	Jumet
B...	E...	»	44	2	»			X			52	»	»
B...	»	»	18	X	»			X			52	»	»
G...	J. B	»	28	4	ardoiseur			X			52	Charleroy O.	Gilly
S...	»	»	16	X	maçon			X			52	Roux	Jumet
V...	L...	»	18	X	»			X			52	»	»
H...	E...	»	25 1/2	X	plafonneur			X			52	Monthgnies s S	Châtelineau
L...	G...	»	21	X	maçon			X			52	»	Châtelineau
P...	O...	»	22	non	»			X			52	Roux	Jumet
V...	A...	»	18	X	»			X			52	Charleroi O.	Marcinelle
V...	J. B.	Céroux	46	4	menuisier				X		52	Bruxelles Q. L.	Bruxelles
V...	L...	»	20	X	ardoisier				X		52	Charleroi O.	Marcinelle
D...	F...	Lasnes	52	6	ajusteur				X	X	52	Marchienne Est	Marchienne
P...	L...	Ottignies	30	X		chef-manœuvre				X		52	Gembloux	Gembloux
A...	E...	Court S. Ene	50	6	burineur				X		52	Marchienne Est	Marchienne
M...	A...	Céroux M.	22	X	plafonneur				X		52	Bruxelles Q. L.	Bruxelles
H...	G...	Ottignies	28	non	menuisier				X		52	»	»
C...	F...	Céroux M.	23	X	forgeron				X		52	»	»
V...	C...	»	23	X	typographe				X		52	Bruxelles Q. L.	Bruxelles
B...	F...	Ottignies	19	X	piocheur				X		52	Bruxelles N.	Bruxelles
C...	J...	Ottignies	26	2	maçon				X		52	Marcinelle B.	Marcinelle
C...	H...	»	32	non	sabotier				X		52	La Hulpe	La Hulpe
D...	E...	»	55	3	mouleur				X		52	Marchienne Est	Marchienne
C...	A...	Céroux M	35	3	maçon				X		52	Mont St Guibert	Mont St Guibert
D...	A...	Ottignies	36	1	rejointoyeur				X		52	Groenendael	Groenendael
C...	L...	Court S. Ene	17	X	cantonnier				X		52	Wavre	Wavre
M...	H...	Céroux M.	18	X		messager agréé				X		52	Bruxelles Q. L.	Bruxelles
C...	A...	Ottignies	20	1						X		52	»	»
T...	J...	»	23	non	maçon			X			52	Roux	Jumet
B...	A...	Lasnes	35	2	»			X			52	»	»
2° Ouvrières														
E...	H...	Mousty	17	X	tailleuse				X		52	Brux. Ch. Louvain	Bruxelles
L...	E...	Ottignies	19	X	fileuse				X		52	Basse Laloux	Basse Laloux
W...	B...	»	16 1/2	X	»				X		52	Basse Laloux	Basse Laloux
C...	L...	»	14	X .	emballeuse				X		52	Genval	Genval
D...	E...	Mousty	20	X	o/ sucrerie				X		15	Gembloux	Gembloux
D...	E...	»	21	X	»			X			12	Gembloux	Gembloux
L...	C...	Q. L.	24	X	tailleuse				X		52	Bruxelles Q. L.	Bruxelles
C...	E...	»	21	X	»				X		52	Ostende	Ostende
C...	P...	»	20	X	»				X		52	»	»
D...	J...	Court S. Ene	26	X	»				X		52	Bruxelles Q. L.	Bruxelles
K...	O...	Mousty	20	X	»				X		52	»	»

Arrondissement Administratif de NIVELLES

HALTE DE CÉROUX-MOUSTY

Groupement des abonnés au point de vue des métiers exercés.

Ouvriers de l'industrie privée				Ouvriers de l'administration				Ouvrières			
Énumération des métiers	Localités de résidence	Nombre d'ouvriers de chaque métier par localité	Total par métier	Énumération des métiers	Localités de résidence	Nombre d'ouvriers de chaque métier par localité	Total par métier	Énumération des métiers	Localités de résidence	Nombre d'ouvriers de chaque métier par localité	Total par métier
Ardoisier	Lasnes	2	2	agréés	Ottignies	1	1	emballeuses	Ottignies	1	1
Ajusteur	Cér.-Mousty	1	7	ajusteur	Cér.-Mousty	1	1	fileuse	»	2	2
»	Ottignies	6		chaudronnier	»	1	1	ouvrière merceries	Cér.-Mousty	2	2
Betonneur	Cér.-Mousty	3	3	chef-manœuvre	C. St Etienne	1	1	tailleuse	Cér.-Mousty	5	
Briquetier	Ottignies	1	1	messager	Ottignies	1	1	»	C St Etienne	1	6
Cordonnier	Cér.-Mousty	1		serre-frein	»	1	1				
»	Ottignies	1	2								
Burineur	Cér.-Mousty	1									
»	Ottignies	1	2								
Déchargeur	Cér.-Mousty	1	1								
Domestique	Lasnes	1	1								
Electricien	Cér.-Mousty	1	1								
Forgeron	Cér.-Mousty	1									
	C. St Etienne	1	3								
	Ottignies	1									
Lamineur	Cér.-Mousty	1	1								
Machiniste	C. St Etienne	1	1								
Maçon	Cér.-Mousty	1									
»	Lasnes	15	20								
»	Ottignies	4									
Manœuvre	Ottignies	1	1								
Menuisier	Cér.-Mousty	5	5								
Mouleur	»	2	2								
Monteur	»	5									
»	C. St Etienne	2	7								
Peintre	»	1	1								
Piocheur	Ottignies	1	1								
Plafonneur	Lasnes	2									
»	Ottignies	1	3								
Raboteur	Cér.-Mousty	1	1								
Rejointoyeur	C St Etienne	1	1								
Sabotier	Ottignies	1	1								
Scieur de long	Cér.-Mousty	1	1								
Serrurier	»	1	1								
Soudeur	»	1	1								
Tailleur de limes	»	1	1								

Ouvriers de l'Industrie privée. (Suite)

Énumération des métiers	Localités de résidence	Nombre	Total
Tourneur	Ottignies	1	1
Typographe	»	1	1
Veilleur de nuit	»	1	1

Arrondissement administratif de NIVELLES

HALTE DE CÉROUX-MOUSTY
Groupement des abonnés au point de vue du domicile, de l'âge et du mode de voyage.

Localités de résidence	Chiffre total par localité	Subdivisions selon l'âge : Combien y a-t-il dans chaque localité, d'abonnés ayant :					Subdivision selon le mode de voyage : Combien y a-t-il dans chaque localité d'abonnés qui effectuent :		
		de 0 à 20 ans	de 20 à 40 ans	de 40 à 50 ans	de 50 à 60 ans	de 60 ans et plus	1 voyage A.R. par semaine	6 voyages A.R. par semaine	7 voyages A.R. par semaine
Ouvriers (Industrie privée et Administration)									
CÉROUX-MOUSTY	29	7	19	1	2	—	»	29	»
COURT ST. ÉTIENNE	7	1	2	1	3	—	»	7	»
LASNES	20	9	7	2	2	—	20	—	»
OTTIGNIES	24	2	15	2	4	1	1	22	1
TOTAUX par station d'embarquement	80	19	43	6	11	1	21	58	1
Ouvrières :									
CÉROUX-MOUSTY	7	3	4				2	5	
COURT ST. ÉTIENNE	1		1					1	
OTTIGNIES	3	3	3					3	
TOTAUX par station d'embarquement	11	6	8		—	—	2	9	—

ANNEXE IV

Nombre d'ouvriers houilleurs habitant les différentes localités de l'arrondissement de Louvain.
(D'après la statistique des chemins de fer, Août 1913).

Localité	N	Localité	N	Localité	N
Aerschot	67	Herent	1	Ransberg	2
Bael	18	Héverlé	13	Rhode St. Pierre	6
Bautersem	7	Hoeleden	8	Rillaer	10
Becquevoort	6	Holsbeek	28	Roosbeek	2
Beggijnendijck	2	Hougaerde	8	Rotselaer	7
Berthem	4	Hulenbosch	5	Rummen	20
Betecom	13				
Bierbeek	13	Keerbergen	6	Saint Remy Geest	2
Binckom	11	Kerkom	25	Schaffen	10
Blanden	1	Kessel-Loo	34	Sichem	12
Bost	31			Terhaegen	3
Budingen	59	Langdorp	40	Testelt	3
Bunsbeek	4	Léau	5	Thielt Notre D.	22
		Linden	12	Tirlemont	136
Caggevinne	4	Louvain	41	Tremeloo	36
Corbeek-Loo	2	Lubbeek	44		
Cortenaeken	10			Velthem	1
Cortrijck-Dutzel	43	Meldert	2	Vertrijck	14
Cumptich	9	Melkweser	2	Vieux Héverlé	15
		Messelbroek	1	Vissenaeken	16
Deurne	2	Molenstede	1		
Diest	104	Montaigu	102	Wackerzeel	1
Drieslinter	30			Waenrode	1
		Neerheylissem	33	Webbecom	13
Esemael	14	Neerlinter	24	Werchter	11
		Neervelp	3	Wesemael	7
Geet Betz	67	Nieuwrhode	80	Wespelaer	4
Gelrode	12			Willebringen	6
Gossoncourt	30	Oirbeek	6	Wilsele	10
Graesen	17	Oplinter	67	Winghe St. G.	13
Grimde	21	Opvelp	15	Wommersom	57
Haecht	1				
Hackendover	12	Pellenberg	12	Zetrud Lumay	10
Hauthem St. M.	12				
Hauwaert	<30				

TABLE DES MATIÈRES

Bibliographie VII

CHAPITRE I. — État de la question.

Objet et limites de l'enquête. — Les sources. — La méthode.
— L'importance du sujet. 1

CHAPITRE II. — Histoire de la migration temporaire.

La situation des campagnards au milieu du XIXe siècle. —
L'essor de l'industrie nationale. — Le développement du
réseau des voies ferrées. — Les abonnements d'ouvriers
et les billets à prix réduits. — Les divers modes de
voyage 8

CHAPITRE III. — La carte des migrations temporaires.

1. La population industrielle et le nombre des ouvriers migrateurs en Belgique 30
2. La population industrielle et le nombre des ouvriers migrateurs en Brabant.
3. Le nombre des ouvriers migrateurs dans les arrondissements de Louvain et de Nivelles. — Leur répartition à travers les communes d'habitation. — La variété des hommes de métier dans chaque commune. — Les centres d'attraction. — Les modes de voyage. — La fréquence des voyages. — L'âge des ouvriers migrants.

CHAPITRE IV. — Les causes de la migration temporaire.

1. Causes d'ordre économique : Le faire valoir direct et la location. — Le manque des terrains à cultiver . . . 69

2. Causes d'ordre psychologique : L'attrait de la liberté. — L'attrait des villes

3. Remèdes.

Chapitre V. — Les conditions physiques de la vie des ouvriers migrants.

1. Durée et difficultés des voyages. — L'hygiène des trains. — Les logements dans les localités de travail. . . 87

Chapitre VI. — Les conditions morales de la vie des ouvriers migrants.

1. La vie dans les trains. — Les maisons de logement dans les centres industriels. — Les délits. — La police locale. — La loi du 15 mai 1912 sur la Protection de l'Enfance. 100

Chapitre VII. — Les ouvriers migrants et la famille.

1. Le Budget familial 113
2. La natalité. — La fidélité conjugale. — L'éducation.

Chapitre VIII. — La Physionomie du Village.

La vie publique. — La vie religieuse. — La vie morale . . 129

Chapitre IX. — Les Saisonniers.

L'intensité du mouvement saisonnier. — Les conditions de vie des saisonniers. — Les foyers de dispersion. — Les foyers d'attraction. — Le recrutement et l'organisation du travail. 141

Chapitre X. — La migration et le marché du travail.

L'influence des migrants sur la production et l'organisation du travail industriel. — Le chômage des migrateurs en Belgique 158

Chapitre XI. — Les migrateurs et les initiatives privées et publiques.

L'institution des abonnements de chemin de fer pour ouvriers. — L'Enseignement professionnel. — Les Unions professionnelles. — La Bourse du Travail. — Les Sociétés mutualistes 167

Chapitre XII. — Les migrations définitives.

Situation démographique des Arrondissements de Louvain et de Nivelles. — L'Émigration et l'Immigration. — Causes d'Émigration. — Centres d'Immigration. — Situation matérielle et morale dans les centres d'Immigration . 188

Chapitre XIII. — Conclusions. 202

CARTES

1. Nombre d'ouvriers migrateurs dans chacune des communes des arrondissements de Louvain et de Nivelles. (D'après le Recensement professionnel.)
2. Le mouvement de la migration ouvrière dans les gares de chemin de fer, haltes et points d'arrêt.
3. Localités d'immigration des habitants de la Commune de Plancenoit, pendant les années 1909-1913.
4. Louvain, centre d'attraction pour les migrateurs des Arrondissements de Louvain et de Nivelles.
5. Aire de dispersion des ouvriers migrants des Arrondissements de Louvain et de Nivelles.

ANNEXES

1. Questionnaire de l'Enquête 213
2. Courtes monographies de quelques familles d'ouvriers industriels migrants 216
3. Relevé de deux gares types, en pays flamand et en Wallonie, d'après le cadre de présentation. — Groupement des abonnés au point de vue, a) du domicile, de l'âge et du mode de voyage ; b) des métiers exercés ; c) des stations d'arrivée et des localités du travail 219
4. Nombre d'ouvriers houilleurs répartis dans l'arrondissement de Louvain 224

Table des matières 225

Albert Müller, S. J. *La Controverse des Fondations charitables en Belgique*. Un vol. in-8 de XVI-345 pp. Bruxelles, A. Dewit, 1909.

Alexandre Woycicki. *La classe ouvrière dans la grande Industrie du royaume de Pologne*. Un vol. in-8 de XII-266 pp. Louvain, Ch. Peeters, 1909.

Alexandre Szembek (Comte). *Les Associations économiques des Paysans polonais sous la domination prussienne*. Un vol. in-8 de 461 pp. Bruges, Desclée-De Brouwer et Cie, 1910.

Emile Savoy. *L'apprentissage en Suisse*. Un vol. in-8 de VIII-616 pp. Louvain, Ch. Peeters, 1910.

Gino Sarti. *Le Partizipanze agrarie nella Provincia di Ferrara*. Un vol. in-8 de 92 pp. Bologne, Garagnani, 1910.

Valere Claes, O. M. Cap. *Le contrat collectif de travail ; sa Vie juridique en Allemagne*. Un vol. in-8 de XXVIII-468 pp. Bruxelles, Dewit, 1910.

Gino Sarti. *Saggio sulla Legislazione agraria in Italia*. Un vol. in-8 de 224 pp. Bologne, Garagnani, 1910.

Ignace Sinzot. *Les Traités internationaux pour la protection des travailleurs*. Ouvrage couronné par l'Académie royale de Belgique. Un vol. in-8 de XVI-231 pp. Louvain, Ch. Peeters, 1911.

Hubert Pierlot. *La législation scolaire de la province de Québec*. Un vol. in-8 de 156 pp. Bruxelles, Dewit, 1911.

Edouard de Moreau. *Adolphe Deschamps (1807-1875)*. Un vol. in-8 de VII-550 pp. Bruxelles, Dewit, 1911.

Berthold Missiaen, O. M. Cap. *L'Appauvrissement des masses*. Un vol. in-8 de XIV-488 pp. Louvain, Ch. Peeters, 1911.

Albert Janssen. *Les Conventions monétaires*. Ouvrage couronné par l'Académie royale de Belgique. Un vol. in-8 de IX-570 pp. Bruxelles, veuve Larcier, 1911.

Luigi Rizzi. *Le Privilège de l'émission des billets de banque en Italie*. Un vol. in-8 de 217 pp. Lausanne, Couchoud, 1911.

Emmanuel Descamps. *L'État neutre à titre permanent*. Un vol. in-8 de 238 pp. Bruxelles, Larcier, 1912.

Louis de Lichtervelde. *Les Méthodes budgétaires d'une démocratie. Étude sur le budget Suisse*. Un vol. in-8 de 180 pp. Bruxelles, Larcier, 1912.

Laurent Deckers. *De Landbouwers van den Noordbrabantschen Zandgrond*. Un vol. in-8 de XVI-288 pp. Eindhoven, Vervoort, 1912.

Gustave Sap. *Le régime légal des Bourses en Allemagne*. Un vol in-8 de VII-298 pp. Louvain, Peeters, 1912.

Guilio Testaferrata. *La questione delle classi medie*. Un vol. in-8 de 220 pp. Rome, Voluntas, 1912.

Emile van Dievoet. *Le bail à ferme*. Louvain, Ch. Peeters.

Cesar J. Colinet. *L'organisation professionnelle de la Bourse en Belgique*. Bruxelles, Van Fleteren, 1912.

Prosper Thuysbaert. *Monographie sociale et économique du pays de Waes*. Courtrai, Vermaut, 1913.

www.ingramcontent.com/pod-product-compliance
Lightning Source LLC
Chambersburg PA
CBHW070642170426
43200CB00010B/2104